英语翻译教学与交际能力培养研究

国静嘉 ◎ 著

吉林出版集团股份有限公司

图书在版编目（CIP）数据

英语翻译教学与交际能力培养研究 / 国静嘉著. —长春：吉林出版集团股份有限公司，2021.11
ISBN 978-7-5731-0648-3

Ⅰ. ①英… Ⅱ. ①国… Ⅲ. ①英语－翻译－教学研究－高等学校 Ⅳ. ①H315.9

中国版本图书馆 CIP 数据核字 (2021) 第 237651 号

英语翻译教学与交际能力培养研究

著　　者	国静嘉
责任编辑	郭亚维
封面设计	林　吉
开　　本	787mm×1092mm　1/16
字　　数	240 千
印　　张	10.75
版　　次	2021 年 12 月第 1 版
印　　次	2021 年 12 月第 1 次印刷
出版发行	吉林出版集团股份有限公司
电　　话	总编办：010-63109269
	发行部：010-63109269
印　　刷	北京宝莲鸿图科技有限公司

ISBN 978-7-5731-0648-3　　　　　　　　定价：78.00 元

版权所有　侵权必究

前　言

　　随着我国教育事业的不断改革，英语作为教育当中的一部分，近年来得到了人们的高度重视。在如今这个跨文化发展的社会中，英语翻译的应用不但有助于学生在英语学习的过程中了解其他民族的文化精髓，开阔学生的视野，而且对于学生今后，在跨文化的交际过程中，也将带来十分有意义的帮助。并且，在全球经济一体化的发展下，英语在社会上的地位变得极为重要。翻译是英语教学的一个重要依据。因此，为了能够在英语翻译教学中，培养并不断提高学生们的跨文化交际的能力，成为相关教育者们必须要重视的问题。基于此，本书将针对跨文化交际能力培养在英语翻译教学中的重要性进行相关的分析，然后再提出相关的解决策略，以供参考。

　　翻译，是学生学习英语的必要前提，在英语翻译学习的过程中，学生不仅要拥有大量的词汇，而且还要学会怎样的去灵活的运用。翻译，是进行英语教学的关键内容。它包含了对信息的接受，对语言的输入以及对语言的存储等。所以，在教学中，教师的首要任务就是在英语翻译教学中，培养学生的交际能力。

　　在如今全球化的今天，英语翻译逐渐显得越来越重要。所以，在新课改的不断深入之下，英语翻译教学，逐渐得到了人们的高度重视。在现如今跨文化视阈的时代当中，我国的跨文化交际活动也变得越来越频繁。因此，在英语翻译教学的过程中，这将给英语翻译教学带来十分积极的作用。基于此，本书首先将针对跨文化进行相关的阐述，其次在对跨文化在英语翻译教学中的应用进行分析，以供参考。

　　总而言之，由于培养学生跨文化交际能力，能给教学带来十分积极的影响，且对学生今后在跨文化交际的过程中，带来一定的帮助，因此，相关人员需要加大对这方面的研究。英语翻译，作为重要的教育，相关组织部门应该更加注重平时教学的质量和方式，并且还要在不断更新的基础上，对现有的教学模式进行改善，对教学内容和教学方法进行相应的改革，只有这样，才能在推动我国教育事业的同时，也为我国培养出更多的人才。

作者
2021 年 3 月

目　录

第一章　翻译基础认知 ··· 1
第一节　翻译的定义 ··· 1
第二节　翻译的要求和实质 ··· 5
第三节　翻译的标准与过程 ··· 11
第四节　翻译的注意事项 ··· 14

第二章　英语翻译策略 ··· 19
第一节　中观研究的理据 ··· 19
第二节　翻译策略的特征 ··· 26
第三节　翻译策略的要素 ··· 29
第四节　翻译策略的构成 ··· 31
第五节　翻译策略分类 ··· 33

第三章　英语翻译的技巧和方法 ··· 39
第一节　词汇层面上的翻译技巧和方法 ··· 39
第二节　句子层面上的翻译技巧和方法 ··· 46
第三节　语篇层面上的翻译技巧和方法 ··· 52
第四节　文体层面上的翻译技巧和方法 ··· 58

第四章　英语教学中的翻译教学 ··· 61
第一节　翻译教学的现状 ··· 61
第二节　翻译教学的教学内容与原则 ··· 63
第三节　翻译教学的教学目标与方法 ··· 67
第四节　翻译教学的教学模式与课堂设计 ··· 74

第五章　网络环境下的英语翻译教学 ··· 88
第一节　信息时代下英语教育的诉求 ··· 88

第二节　基于信息技术的翻译教学模式 …………………………………… 91

　　第三节　网络环境下的翻译教学 …………………………………………… 94

第六章　英语翻译中的跨文化意识研究 …………………………………………… 99

　　第一节　跨文化语篇与跨文化转换策略 …………………………………… 99

　　第二节　英语翻译中的跨文化意识 ………………………………………… 104

　　第三节　英语翻译教学中译者的跨文化意识培养策略 …………………… 107

第七章　跨文化交际的内涵与途径 ………………………………………………… 111

　　第一节　跨文化交际的内涵 ………………………………………………… 111

　　第二节　跨文化言语交际 …………………………………………………… 114

　　第三节　跨文化非言语交际 ………………………………………………… 119

　　第四节　跨文化交际研究 …………………………………………………… 121

第八章　跨文化交际的影响因素 …………………………………………………… 124

　　第一节　环境因素 …………………………………………………………… 124

　　第二节　语言文化因素 ……………………………………………………… 126

　　第三节　心理因素 …………………………………………………………… 128

第九章　大学生跨文化交际能力的培养 …………………………………………… 133

　　第一节　跨文化人的身份与能力培养 ……………………………………… 133

　　第二节　跨文化交际能力培养 ……………………………………………… 139

　　第三节　英语教学中跨文化交际能力培养 ………………………………… 142

　　第四节　跨文化交际意识培养 ……………………………………………… 145

第十章　跨文化交际教学策略 ……………………………………………………… 149

　　第一节　语言教学的跨文化维度 …………………………………………… 149

　　第二节　元认知与跨文化交际能力 ………………………………………… 152

　　第三节　跨文化交际教学法概论 …………………………………………… 155

　　第四节　文化教学 …………………………………………………………… 160

参考文献 ……………………………………………………………………………… 165

第一章 翻译基础认知

第一节 翻译的定义

　　翻译教学的目标是培养有良好双语转换能力的人才，对预期译入语读者的阅读需求、身份、审美标准及其所处的文化语境的高度敏感，并自觉根据这些因素灵活调整翻译策略，从而创造出满足特定历史时期、特定社会群体需求译作的翻译工作者。多数情况下，翻译教学中采用的是一种绝对化的、僵化的"忠实"翻译标准，课堂讲授和讨论都是在"真空"状态下进行的，忽视了翻译活动的社会文化属性，学生被训练成缺乏自主性的翻译机器，毕业后不能很好地适应社会的需要。造成这种结果的根源是传统译论在翻译教材编写者和翻译教师头脑中留下的根深蒂固的对翻译的限制性定义。要改变翻译教学与社会严重脱节的现状，需要对翻译定义进行重新厘定。本节拟以维特根斯坦的语言哲学观、认知语言学的原型理论和描写译学为基础，对翻译的定义进行重新审视，把它看作一个开放性的概念，并建议翻译课堂引入 Toury 等学者的开放性翻译定义。

一、翻译定义的重新审视

　　"定义是揭示事物本质属性的逻辑方法。""任何学术领域，定义都是一个必要的步骤。如果不对研究对象进行定义或限制，就不可能展开抽象或具体的研究。"在过去的半个多世纪里，翻译理论家们从没停止过揭示翻译本质属性的尝试——对翻译的定义。然而，绝大多数定义缺乏足够的概括力，未能真实反映多种多样的翻译活动，经不起事实检验。请看如下几个具有代表性的定义。

　　1.Translation maybe definedas follows : there placement of text ualmaterialin one language (SL)by equivalen t text ualmaterialin another language(TL).

　　2.Translating consistsinreproducing in the receptor language the close stnatura lequivalent of the sourcelanguage message，first interms of meaning and second lyintermsofstyle.

　　3. 翻译是把一种语言文字所表达的思想内容和艺术风格正确无误地、恰如其分地转移到另一种语言文字中去的创造性活动。

　　4. 翻译是译者将原语文化信息转换成译语文化信息并求得二者相似的思维活动和语言

活动。

这四个定义的共同之处是在定义中加入了翻译标准，强调翻译结果的"对等""正确"或"相似"。"对等"是社会对翻译的普遍期待，强调"对等"本身没错，但把它作为概念的内涵之一，导致了外延的缩小。中西翻译史上，误译、不对等和不完全对等的翻译广泛存在，人们并没有因为错误和"不忠"而否认它们是翻译。实际上，大量与传统定义格格不入的翻译实践同样推动了交际和人类文明的进程，它们理应被纳入翻译的范畴。传统翻译定义"对定义项限制过度"，无法包容客观存在的形式和多样的翻译活动。翻译教学中采用传统翻译定义的做法较为普遍，这掩盖了翻译活动的复杂性、多重性及其社会文化属性，禁锢了学生的思想，严重制约了他们的翻译实践。翻译教学迫切需要一个能真实反映各种客观存在的翻译活动的翻译定义作指导。

（一）维特根斯坦哲学视角下的翻译定义

维特根斯坦反对本质概念，因此在谈到语言概念的时候，他说："我无意提出所有我们称为语言的东西的共同之处何在，我说的是：我们根本不是因为这些现象有一个共同点而用同一个词来称谓所有这些现象，不过它们通过很多不同的方式具有亲缘关系。由于这一亲缘关系或由于这些亲缘关系，我们才能把它们都称为'语言'。"接下来，维特根斯坦考察了棋类游戏、牌类游戏和球类游戏，以论证语言范畴边界的模糊性。他说，棋类游戏之间有许多共同点，但在牌类游戏中，这些共同点很多都消失了，而出现了一些新的共同点，再转到球类游戏，与前两者相比还有些共同点，但更多的是不同之处。有些游戏有竞争，但单人牌戏就没有；球类游戏有输赢，可小孩对着墙壁扔球接球玩就没有输赢。"这种考察的结果是这样的：我们看到了相似之处盘根错节的复杂网络——粗略精微的各种相似。"按照维特根斯坦的说法，各种语言、各种游戏分别构成一个家族，它们内部存在着各式各样的亲缘关系，"家族相似"的说法最能体现这些亲缘关系的特征；我们用"语言"和"游戏"来称谓所有语言和游戏，并不是因为它们有什么相同的本质特点，而是因为存在着把它们连接起来的"家族相似性"。

维特根斯坦关于语言的观点同样适用于我们看待翻译。文学翻译、非文学翻译及其下属的各个子类之间何尝不也是亲缘关系？艺术文体翻译"不求字面对应，但求精神一致，讲究语言艺术"，应用文体翻译"严守格式法度，讲究字面对应"；合同翻译、法律翻译注重信息功能，广告翻译信息功能与祈使功能兼顾。每一类翻译活动跟另一类翻译活动之间有相同之处，但也有不同之处，它们之间没有一条明晰的界限。我们很难找出一个包容所有翻译现象的本质特点，从而也不可能以这个所谓的本质特点为标准来判定什么是翻译、什么不是翻译。维特根斯坦的哲学思想给我们的启示是：跟语言和游戏一样，各种翻译活动之间的边界是模糊的；充分必要条件下定义的翻译存在着本质缺陷，不能涵盖和真实反映所有的翻译现象。

（二）认知语言学原型理论视角下的翻译定义

20世纪60、70年代，人类学家B.Berlin和P.Kay对颜色范畴进行了研究，提出了人类是依赖焦点色对颜色进行范畴化的观点。心理学家E.Rosch也对颜色进行了认真的研究，得出了相似的结论。此外，她还对鸟、水果、交通工具、蔬菜等十个范畴进行了实证研究，并在此基础上提出了"原型理论"，认为大多数认知范畴不可能制定出必要和充分的标准，人类是依赖原型对事物进行分类的。后来，语言学家Lakoff和Wierzbicka等人给该理论完善了语言学内容，"原型"成为认知语言学中的一个基本概念。原型不是一个特定事物，而是整合了一类事物最常见特征的抽象物，对具体事物的范畴划定起着牵拉作用。原型具有抽象性、整合性、优先性（容易优先被识别）和可扩展性（原型产生于对所有范畴成员的体验，遇到新成员时，原型就会发生一些细微变化）。原型理论打破了经典范畴观根据充分必要条件对事物进行二元划分的做法，更接近人类对世界的心理体验，真实地反映了事物的客观存在，因而具有较强的解释力和说服力。

从原型理论的视角重新审视翻译，可以得到一个新的认识。翻译是一个原型范畴，各种类型的具体翻译呈现出翻译原型典型程度的差异，反映了翻译原型在特定社会文化背景下的各种属性，它们只是翻译原型范畴的成员，不能代表所有的翻译。由于翻译原型的抽象性和整合性，我们不可能对翻译下一个明确的定义；由于具体翻译不能代表所有翻译，也不能以个别范畴成员的特征为概念内涵对翻译定义，只能从整体上把握它。此外，由于翻译原型的可扩展性，翻译定义应该是开放的，应该能随时把新产生的翻译类型和翻译现象纳入翻译原型范畴。

（三）描写译学视角下的翻译定义

描写译学的创始人Toury认为，"翻译是一项受制于规范的活动"。特定历史时期、特定人群的翻译规范决定什么是翻译、什么不是翻译和翻译的标准。在翻译规范论的基础上，Toury指出，"不论基于什么理由，译入语系统中任何以翻译的形式出现或被看作是翻译的译入语文本都是翻译"。这一定义被描写译学的另一代表人物Tymoczko誉为"翻译定义研究分支中最引人注目的部分"。Toury的翻译定义并非源自先验猜测，而是实证研究的结果。该定义充分考虑到了翻译活动的民族性、地域性和历史性，"容许在不同的文化语境下对翻译作不同的定义和赋予不同的外在形式"，如实地反映了翻译的客观存在。它没有对概念的内涵做过多的限制，因而外延相当宽泛，能够涵盖所有的翻译现象。

Tymoczko把翻译看成是一个开放的集合概念。她认为，"被不同历史时期、不同地域的人们视为翻译的这一类事物之间没有简单的共核。相反，跟游戏一样，翻译是一个由许许多多部分或完全的'家族相似性'连接起来的概念，人类文化的多样性导致了翻译和游戏的多样性，正是这些多样性使得我们不可能采用经典范畴观，在实践和理论层面给翻译范畴划上一条明晰的界线"。Tymoczko说，"翻译研究中对定义的冲动不能以完全限定研究对象为目标。把翻译看成一个开放的或边界模糊的概念，那么大多数的研究成果将具广阔的前景（反之，其适用面将非常狭窄）"。Tymoczko 本人没有给出一个明确的翻译定义，但是她为翻译定义指明了方向：翻译定义可能只是开放性的，它应该标明翻译的外延，让我们了解大多数翻译过程和翻译作品的本质。

二、翻译教学中的开放性翻译定义

维特根斯坦的语言哲学观、认知科学的原型理论和描写译学给翻译定义的启示是：人类文化的多样性导致了翻译的多样性，翻译是一个集合概念、一个原型范畴，翻译的定义应该是开放的。

翻译教学必然涉及翻译的定义。科学、客观的定义可以让学生清楚认识翻译活动的本质属性及其多重性，对它的翻译观、翻译标准取向和译作的最终形态产生深远而持久的影响。据笔者调查，较多的翻译教材与翻译教师采用的是传统的翻译定义。传统翻译定义过多强调"忠实"或"准确"，较少考虑翻译发起人的需要、译入语读者的阅读期待和社会文化因素对翻译过程的干预，致使学生对翻译的认识单一化、译文取向单一化，以为只有忠实、准确的翻译才是唯一存在的翻译和好的翻译，不会根据具体情况灵活调整翻译策略。描写译学告诉我们，翻译标准是由译入语系统中翻译规范决定的，它具有文化相对性且变动不居。因此，翻译活动多种多样，译文的价值取向也不是一成不变。从翻译定义开始，包括教学的各个环节，让学生正确认识翻译的本质属性和产生高度的社会文化敏感性，是翻译教学与社会接轨的重要途径，而 Toury 的定义在这方面的作用最为明显。Toury 的翻译定义与维特根斯坦对语言和游戏的描述有着惊人的相似，它真实地反映了翻译活动的客观存在，是翻译理论界迄今为止提出的最开放的定义。其深刻内涵在于：翻译就其本质而言是一项受制于规范的语言符号转换行为；翻译标准取决于译入语系统的翻译规范，符合规范的是好的翻译，不符合规范的是不好的翻译；特定情况下，翻译可以不完全对等或甚至不对等。对等与否、哪些方面对等、应该有多大的对等度取决于译入语系统的翻译规范；译者是具有主体意识的行为主体，可以根据译入语系统翻译规范的要求，随时灵活调整翻译策略。

翻译教学中采用传统翻译定义的最大弊端在于我们培养出来的学生成为缺乏个性、缺乏创造力的翻译机器，他们无视翻译活动的社会文化属性，不分具体情况执行相同的翻译标准、采用千篇一律的翻译策略，译作不能很好满足社会的需要。翻译课堂引入 Toury 的定义并辅以翻译规范的概念，向学生深入剖析该定义的内涵，此举意义重大。它能改变学生对翻译的单维、狭隘认识，帮助他们看清翻译受制于社会规范的本质属性，而看清这个本质属性后，学生就初步具备了翻译工作者最基本的素养。

现代译学的不断发展也把其他开放性翻译定义推入了我们的视野，如"翻译的主要任务是在相对狭窄的语义空间内，把潜在的对话转化为和谐的对话，达到调解协商的效果"，"翻译是以符号转换为手段，意义再生为任务的一项跨文化的交际活动"。跟 Toury 的定义一样，这些定义不对翻译过程和翻译结果作任何限定，能让学生跳出传统翻译定义中人为设立的藩篱，摆脱束缚他们思想的桎梏。翻译教师和翻译教材编写者完全可以根据个人的理论取向，采用这些或其他开放性定义。本节重点推荐 Toury 的定义，是因为它有一整套先进的理论作支撑，能更好地指导翻译教学。

翻译能力不仅仅包括娴熟的双语转换能力，还包括对翻译本体科学、客观的认识和高度的文化敏感性。要帮助学生正确认识翻译，提高他们的文化敏感性，应当从翻译定义开始。传统翻译定义对翻译的社会文化属性重视不够，预先捆住了学生的手脚，容易让他们产生单维、狭隘的认识。开放性的翻译定义能真实反映翻译活动的客观存在，把它们引入翻译课堂，将开放学生的思想，帮助他们正确认识翻译的复杂性与多重性，为从事翻译实践打下良好的认识基础。

第二节 翻译的要求和实质

一、翻译的要求

随着改革开放政策的日益深化，中外交流日益广泛，翻译工作也显得日益重要。那么，何谓翻译？翻译是把一种语言所包括的思想、所表达的内容以及所隐含的意义用另一种语言恰如其分地、妥善完整地重新表达出来。与此同时，还需克服时空、文化背景、宗教信仰等方面因差异带来的诸多困难。翻译要尊重原著，忠实于作者，贴切地展现其立意和首创性，以求一个"信"字；保持原著风格，体现不同作者、不同体裁的特性，以求一个"达"字；吃透原著，不断地对两种语言进行对比、切换，注意其异同性，提高自身的文化修养，以求一个"雅"字。

翻译是一种语言活动，其范围极其广泛，它涉及人们生活的方方面面，如引进外国的家用电器、医药食品、护肤化妆品等需要翻译其使用说明书；撰写论文时一些国外文献、书籍的部分篇章或段落；随着国际交往的日益增多，尤其是在加入世界贸易组织之后，经济交往日趋频繁，再加上科学技术的迅猛发展，对翻译的要求越来越高。它要求译者不仅要拥有扎实的外语基本功，还要拥有本国语的语言基础和丰富的文化知识。英国文人 Dr.Sanmel Johnson 说："A translator must be a master of two languages.His mastery must not be of the same sort in both tongue, for his knowledge of the foreign language must be critical, while that of his own must be practical." 意为：译者必须精通两门语言 [是两门语言的大师（双关语）]，他所掌握的两门语言各不相同，他的语言知识必须严谨；他的本国语知识必须实用。译者的语言素养是翻译质量最基本的保证。鲁迅也说过："我向来以为翻译比创作容易，因为至少无须构思，但到真的一译就会遇到难关，比如一个名词或动词写不出时，创作的时候可以回避，翻译上却不成，也还得想，一直想到头昏眼花，好像在脑子里摸一把急于要想打开箱子的钥匙，却没有。"这句话明确地告诉译者，翻译的要求是完整地、不折不扣地再现原著的风采。

翻译是一种极其古老的人类活动形式，在人类历史上刚刚形成一些语言不同的种类时，就出现了"双语人"，帮助语言不同的集体之间进行交往。翻译从一开始就执行了极其重要的社会功能，使人们的语言交往成为可能。其实说到翻译，大概总离不开如下十二个字："辩证论译、实践出艺、才学打底。"不管当今的译论如何繁多、精彩纷呈、令人目不暇接，也不管今后的翻译如何发展、如何充满层出不穷的新术语，或引进多少令人炫目的新系统、新模式，都要始终坚持这十二个字，用它们来指导人们的翻译教学、实践与理论研究。

随着文字的产生，除了这些做口译的人外，又出现了笔译工作者，他们翻译各种官方的、宗教的和商业的文件。笔译的推广使人们能够广泛地了解其他民族的文化成就，使不同民族的文学和文化能够互相作用、互相丰富。翻译在许多民族语言和文学的形成和发展中也起了重要作用，某类作品的出现往往以翻译为先导。众所周知，翻译是一门矛盾或问题最多最复杂的学科，这是因为：

（1）翻译范畴的不确定性。
（2）翻译体裁的多样性。
（3）翻译内容的广泛性。
（4）翻译主体对客体理解的差异性。
（5）翻译者时空位置的变化性。
（6）译文读者口味要求的不同性等。

诸多变化不定的因素，决定了翻译是一门跨学科、跨文化的综合学科。

翻译作品介绍了新的语言形式和文学形式，培养了广大读者。西欧各国的语言和文学在很多方面应归功于古典作品的翻译，翻译在古代俄罗斯文学中占有重要地位，在亚美尼亚、格鲁吉亚，以及其他许多民族文学的形成过程中起了重要作用。它涉及哲学（翻译学的指导学科）、语言学、符号学（翻译学的两大主要基础学科）、心理学、文化学、文艺学、美学、社会学、人类学、系统论、信息论等（翻译学的重要基础学科）。翻译对东方的印度、中国，以及亚洲其他国家文化发展也具有重大贡献。

翻译是人类社会发展到一定阶段产生的一种必不可少的语言中介手段，它是一种社会现象、是一种语际交际，即把一种语言话语转换为另一种语言话语的行为。因此，翻译所提出的问题，所遇到的矛盾，往往是多领域、多方位、多层次的。这就是为什么有的学科可以列举出很多定理、公式，而翻译中的几乎每一个重大问题都存在争论、分歧，长期得不到解决，始终没有一个"放之四海而皆准"的"翻译模式"被世人普遍接受与认同。但并不是任何语际转换都是翻译。也就是说，翻译或语际转换必须严格控制在一定范围之内，超出这个范围，就不能称其为翻译了。既然是翻译，那么在译语话语替换原语话语时必须保留某种不变的东西，保留的程度决定译文和原文的等值程度，而翻译的目的是尽可能使不懂原文的读者了解原文的内容。翻译应当忠实而完整地用另外一种语言的手段传达原文语言手段表达的东西（内容）。在翻译过程中，陷阱遍布，例如：语言陷阱、文化陷阱、历史陷阱等；稍有不慎，就会身陷其中，出现译文有悖原文的错误。并且常常会遇到"剪不断，理还乱"的各种关系与矛盾。这些关系与矛盾表达得确切与完整是翻译同改写、转述或简述等的区别所在。但是，保持原文表达的内容只是相对而言，在语际转换中不可避免地会有所损失。译文绝不可能与原文百分之百地等值，只能争取尽可能地等值，争取把损失减少到最小。

译者应当客观地表现原文，选择忠实解释原文所必需的、相应的译文表达手段。大而言之有：科学性与艺术性、可译性与不可译性、主体与客体、忠实性与创造性、原作风格与译文风格、直译与意译、形似与神似、异化与归化、等值与超越、语言与文化等；尤其是在翻译文学作品时，需要用另外一种文化语言氛围替代原文，而且要发挥译者的再创作能力。小而言之有：如何再现原文风格之藏与露、曲与直、疏与密、淡与浓、文与质，再现原文句式或表达方式之急与缓、短与长、强与弱、行与歇、纵与横、点与面，以及翻译技巧之增与减、顺与逆、分与合、正与反、抽象与具体、主动与被动等。语言在翻译中的作用和它在社会生活中一向所起的作用一样，它也是人类交往的最重要手段。因此，在翻译中用另外一种语言表达原作的思想时，必须使译文翻译全面、明确、真实，必须使译文符合译语规范。对于翻译中的诸多矛盾，古今中外的译论均有论述，但由于论者所取的立场与角度不同，或所涉及的翻译客体性质有别，或所处的语言、文化环境及时空位置不一，更重要的是，由于论者所持的世界观、认识论不同，往往造成对同一个问题的看法不一致，乃至相互对立、各执一词而互不相让。原作的内容同原作语言的形式有直接联系。翻译中必须突破原文和译文的语言单位在表达方面，即形式上的不同，以求得它们在内容上的一致。

翻译过程必然要分为两个阶段。为了进行翻译，首先必须透彻地理解原作，然后进一步在译语中寻找相应的表达手段（词、词组、语法手段）。自觉工作的译者，在任何条件下，都不可能在选择语言手段时持无所谓的态度。翻译本身的任务是客观地反映原作，它要求从正确诠释原作的角度选择相应的语言手段。国外的语言学派与文艺学派之争、国内的直译派与意译派之争，都是旷日持久、人人皆知的。要正确解决这些争论与矛盾，必须运用唯物辩证法。也就是说，要把翻译中所遇到的作者、译者、读者之间以及内容、形式、风格之间所引发出来的各种矛盾，看作对立与统一、作用与反作用、制约与反制约、互动与互补、相对稳定与不断发展的关系。翻译是一种言语活动，这就决定了在翻译过程中语言起决定性作用。但是在翻译过程中起作用的不仅仅是语言，还有超语言，它首先表现在能够揭示多义的语言单位，包括词汇意义和语法意义。在翻译过程中，由于译语具有与原语不同的文化背景，因而交际层次和话语层次都可能产生两种文化的差异和冲突。明确这一点对于全面理解翻译的实质是十分必要的，其中包括关于周围世界的知识和关于客观现实的知识。这些知识对于解释言语产物也起着很重要的作用，有时甚至起着比语言更大的作用。译界中的许多争论,很难说哪一方绝对正确,哪一方绝对错误,也很难说中西译论孰优孰劣;它们各有所长,亦各有所短;各有其真知灼见,亦各有其局限性。正确的态度应该是互相吸收、取长补短、彼此融合,即所谓"兼容并蓄""统筹兼顾",用一种相对的而非绝对的、唯物的而非唯心的、发展的而非凝固的观点,对具体问题进行具体分析。不论是中国的传统译论,还是引进的外国译论,也都要运用辩证法进行正确分析。除此之外,翻译的非语言方面还包括翻译意图。在这方面,帕斯捷尔纳克和莫罗佐夫翻译的《奥赛罗》的两个不同译本就很能说明问题。帕斯捷尔纳克的译本是供阅读和作为剧本使用的,它的对象是读者和观众,目的是使读者和观众产生一定的情感和美学感受;莫罗佐夫的译作则是供演员和导演使用的,其主要任务是将莎士比亚悲剧的思想内容最确切、最完整地传达给读者。不同的翻译意图形成了不同的译文,这样的事例并不鲜见。这也属于翻译的非语言方面。近几十年来,我国先后引进了泰特勒、奈达、费奥多罗夫、巴尔胡达罗夫、加切齐拉泽、纽马克、卡特福德、穆南等人的译论。关于翻译理论的定义,翻译理论界不同的人在不同的时期有不同的提法,其中具有代表性的有:

1953年费奥多罗夫曾提出,翻译是用一种语言手段忠实全面地表达另一种语言手段表达的东西。

1954年巴尔胡达罗夫提出,翻译是将一种语言的言语产物(话语)在保持内容,即意义不变的情况下改变为另一种语言的言语产物的过程。从巴尔胡达罗夫的这一定义中可以清楚地看到一门新兴的语言学科——话语语言学对翻译理论的影响。

对于他们的这些译论,也要一分为二、辩证地去看。一方面,外国的某些译论以其系统性与科学性令我国译界眼前一亮,开拓了我国翻译理论研究者的视野,也确有不少启迪与借鉴作用;但是另一方面,平心而论,它们究竟对我国的汉外互译实践起到了多大的指导作用,却有待研究。正是在这样的背景下,费奥多罗夫于1983年也修改了他为翻译所下的定义,提出翻译是将一种语言(原语)的言语产物用另一种语言(译语)予以再现。

基于西方各国语言、文化比较接近而总结出来的某些规律、规则、模式、系统,究竟在多大程度上符合我国的汉外互译实践,1988年什维采尔在翻译的定义中增加了"文化"内容,他提出翻译是单向的语际和文化交际过程。在此过程中,在对原话语进行有针对性(翻译)分析的基础上,创造另一种语言和文化介质中的次生话语以代替原话语。翻译的目的是传达原话语的交际效果,但因两种语言、两种文化、两种交际情景的不同,局部会有变化。谈到外国译论,有人乐于称道的是它们的"科学性",说它们有着"坚实的学科基础"。言下之意是"中国的传统译论缺乏科学性",全是些没有上升为理论的"经验之谈""登不得大雅之堂"羞于同立于世界译论之林。殊不知,翻译的指导学科乃是哲学,要考察某种译论是否具有科学性,首先就得看它是否运用唯物辩证法的哲学观点来研究翻译,同时是否把对翻译问题的认识上升到哲学高度。

我们认为,应当把翻译的定义与对翻译质量的要求区别开来,这两者属于不同的范畴。"忠实""全面""等值"等是对翻译质量的要求,把它们纳入"翻译的定义"未必恰当。"我们的翻译哲学应是以辩证唯物主义与历史唯物主义为指针的认识与实践的哲学，是世界观与方法论相统一、唯物论与辩证论相统一、认识论与价值论相统一、决定论与选择论相统一的翻译哲学。"因为存在各式各样的翻译，如有全译，有节译；有意译，有直译；有优质翻译，有劣质翻译等。初学翻译的人，其翻译质量未必都能"忠实""全面""等值"，但终归是翻译。其次，应当把"翻译的定义"与"翻译理论研究"的重点区别开来。我国传统译论缺乏系统性尚可，因为至今的确难以找到几部囊括翻译中的所有问题、从各相关学科全面探讨翻译的系统著作；话语的翻译可以是翻译理论研究的重点，但翻译的对象并不仅限于话语。例如，双语词典词条中提供的是词、短语和例句，以及它们的译文，而不是、也不可能是话语和它的译文。但是说我国传统译论缺乏科学性，却绝不敢苟同，因为双语词典还可以称作翻译词典，而不是其他物体；研究专有名词的翻译问题，不一定都要通过话语；对音译和意译的选择也不一定都要通过话语来论证。因为，那些长期以来对汉外互译实践有着实际指导意义的传统译论，几乎都闪耀着唯物辩证法的哲学思想光辉，而这正是它们科学性的集中体现和经久不衰的魅力所在。总之，把翻译界定为话语的语际转换是片面的，把话语作为翻译理论研究的重点则是完全必要的。

二、翻译的实质

翻译究竟是什么？这是从事翻译的人一直想弄清楚的问题。在中外翻译史上，许多人从翻译实践和翻译理论研究出发，为翻译下了这样一些定义：

前国际译联主席、保加利亚女学者安娜·利洛娃教授在《普通翻译理论概要》一书中说：作为一种过程，翻译是一种口头的或笔头的活动，目的在于把一种话语用另一种语言再现出来，并且保持原话的内容基本不变。就翻译的结果而言，译作是原文的类似物。

美国语言学家和翻译理论家奈达在《翻译的科学探索》一书中认为：翻译是指在译语中用最切近而又自然的对等语再现原语的信息，首先是意义，其次是文体。

英国翻译理论学家彼得·纽马克说："What is translation? Often, though not by any means always, it is rendering the meaning of a text into another language in the way that the author intended the text."（A Textbook of Translation）在另外一本书中，他说："Translation is a craft consisting in the attempt to replace a written message and／or statement in one language by the same message and／or statement in another language."（Approaches To Translation）

英国著名语言学家、翻译理论家卡特福德说："Translation may be defined as blows : the replacement of textual material in one language (SL) by equivalent material in another language (TL)."

苏联语言学家巴尔胡达罗夫认为：翻译是把一种语言的言语产物在保持内容方面，也就是意义不变的情况下改变为另一种语言的言语产物的过程。

张培基在《英汉翻译教程》一书中说：翻译是运用一种语言把另一种语言所表达的思维内容准确而完整地重新表达出来的语言活动。

范仲英在《实用翻译教程》中认为：翻译是人类交流思想过程中沟通不同语言的桥梁，使通晓不同语言的人能通过原文的重新表达而进行思想交流。翻译是把一种语言（即原语）的信息用另一种语言（即译语）表达出来，使译文读者能得到原作者所表达的思想，得到与原文读者大致相同的感受。

钟述孔在《英汉翻译手册》中说：Translation, essentially, is the faithful representation, in one language, of what is written or said in another language.

古今明在《英汉翻译基础》一书中指出：翻译是把一种语言所表达的思维内容用另一种语言表达出来的语言活动。

杨莉黎在《英汉互译教程》中说：广义的翻译指语言与语言、语言变体与语言变体、语言与非语言等的代码转换和基本信息的传达。狭义的翻译是一种语言活动，是把一种语言表达的内容忠实地用另一种语言表达出来。

杨自俭认为：翻译是译者的一种特殊而复杂的思维活动过程。

王寅认为：翻译是一种认知活动，是以现实体验为背景的认知主体所参与的多重互动为认知基础的，译者在透彻理解源语言语篇所表达的各类意义的基础上，尽量将其在目标语言中映射转述出来，在译文中应着力勾画出作者所欲描写的现实世界和认知世界。

郭著章和李庆生在《英汉互译实用教程》中认为：翻译是一种艺术，一种双语艺术。严格地说翻译也是一门科学。

李运兴在《英汉语篇翻译》一书中给翻译下的定义是：翻译就是用译语语篇传达原语语篇的信息，以实现原语语篇及译者的交际目的。

陈宏薇在《汉英翻译基础》中认为：翻译是跨语言、跨文化的交际活动。翻译是科学，翻译是艺术，翻译是技能。

冯庆华在《实用翻译教程》一书中说：翻译是许多语言活动中的一种，它是用一种语言形式把另一种语言形式里的内容重新表现出来的语言实践活动。翻译是一门艺术，是语言艺术的再创作。

叶子南在《高级英汉翻译理论与实践》中给翻译下的定义是：把原文中的意思在译文中表达出来。

就中外学者给翻译下的定义来看，有这样一些共同的东西在里面：其一，翻译是一种语言活动；其二，翻译的目的是传递信息，进行交流；其三，信息（思维代码）不能失真，传递过程是一种艺术。根据笔者对翻译的研究和翻译实践的经验总结认为：翻译是通过一种语言活动实现两种文字之间所传递的文化信息的有效交流。翻译的目的就是促进各国不同文化的传播和交流；翻译的过程，要遵循文化信息传播和交流的有效途径的目的，要为人们所广泛接受和认同。

第三节 翻译的标准与过程

一、翻译标准

众所周知,"信达雅"的翻译原则源于严复的有影响力的翻译著作《天演论》一书。在这本书中,严复在一开始就说过:"译事三难,信达雅"。这一翻译准则始终被视为翻译界的黄金原则。长期以来,许多学者致力于研究这一翻译原则,取得了新的理解和成就,这也恰恰说明了"信达雅"的翻译原则在文学翻译中起着非常重要的作用,值得译者采用并进行持续的研究。

(一)"信"的含义

严复表示,对原文中内容和思想的忠实表达是译者应遵循的首要原则。翻译家杨宪益曾说,翻译应该遵循信达雅的原则。"信"即忠实于原文。忠实于原文是翻译的基础。若译者随意添加内容或思想,那就是重新写作而非翻译。"信"意味着翻译应忠实原文,不应偏离,它就好比玫瑰是英国人最喜欢的花朵,而牡丹是中国人喜爱的花朵。但如果你把玫瑰译为牡丹,那么就是遵循了翻译的"达"但却并不"信"。"信"的实现,要求译者在准确理解原文本的基础上忠实地传达原文意思、风格特色和语言风格。

(二)"达"的含义

"达"指译作的语言通顺流畅、符合译入语的语言规范。中西语言在句法的组织上,差别较大,逐字逐句的翻译,不但不能"信",而且也不能"达"。从文法上来看,英文多复句,修饰较多比较复杂。而中文弹性较大,如若用字颠倒排列,意义并无变化,且中文没有英文的关系代名词之类,所以很少有复句。如果按照原文的顺序翻译,非但不"信",也不能"达",所以结果也等于不"信"。因此,为了确保翻译的连贯性和完整性,译者必须通篇理解文章的含义,然后才能在笔下传达整个意义。如果原文内容太过深刻,译者应该阐述其含义。具备所有这些条件,译文才能够通顺流畅,才能忠实原文。

(三)"雅"的含义

"雅"则是更高的一则翻译标准,是严复翻译原则的最高境界。完美的翻译不仅忠实通顺,而且文雅。在严复看来,译文的美感和优雅品味可以促使译本广泛传播。但需要进一步明确的是,译文追求"雅",并不能一味追求其文雅,应注重译文尽可能再现原文的意境神韵,再现原文风格特色。文学作品的翻译需要艺术美,"雅"则是传递原文本的文学之美。在文学翻译中,最困难和最具挑战性的任务是传达诗歌意象、原文本的风格,因此译者应该尽可能地达到"雅"这一标准,这也决定了译本的质量和水平。但若原文本身意境朴实无华，而译文一味追求文雅，则会令目标语读者感受不到原文本的魅力，因此追求"雅"也需要反复斟酌。正如王佐良先生曾言："雅不是美化，不是把一篇原本就不典雅的文章译得很典雅，而是一种努力，传达原作者的心智特点，原作的精神光泽。"

（四）对"信达雅"的思考

在翻译的发展过程中，"信达雅"的翻译标准经受住了考验。显然，这三个字是独立存在的，每个字符都对翻译者提出了不同的翻译要求。但如果深入研究它们，就会意识到这三个角色之间的联系。信、达、雅是紧密联系的，它们不是相互分离的翻译标准，而是相互依存的整体。对"信达雅"三字的解读有助于更好地理解其内在的关系。

严复更加注重准确自然的意义传达和渲染，而不是严格遵循源语言的语法表达。"信"和"达"同样重要并且相互支持，如果翻译中只有一方实现，那便是不完美的，所以两者都是必要的。翻译不是盲目地模仿源文本的信息，而是忠实地呈现其内容和意义。因此，译者不应该逐字翻译。严复说过，没有实现"达"和"信"也称不上是好的翻译。因此，翻译必须"信"且"达"。人们都认同"信"在翻译中的重要性，而其中很多人可能忽视了它与其他两者之间的统一关系。在严复翻译的《天演论》中，他明确指出译者需要以适当的方式将源文本的内容（包括信息，精神和风格）转换为目标语言，以使得翻译能够使目的语读者获得同源语读者相同的感受。这正是"达"所要求译者所做的事情。只有"达"的补充，才能实现"信"的完成。

将"雅"的含义局限为文风典雅绝对是错误的。严复在《天演论》中解释说，在翻译中追求"雅"有两个原因，获得更多的读者以及实现"达"的标准。作为翻译大师，严复在追求"雅"的同时实现了"达"的目标。因此可以得出结论，这两个标准是统一的。正如已经证明的，在翻译中"达"是为了实现"信"，同时"雅"是服务于"达"的标准。因此可以得出，"雅"也是为了"信"而服务。

严复的"信达雅"翻译标准并不过时，它对今天的翻译实践与批评仍然具有广泛的指导意义。优秀的翻译应该是忠实、通顺和典雅的有机统一。总而言之，信达雅是不可或缺的统一体，它们是紧密联系、相互依存的整体，应将这三字标准的精髓继续传承发展下去。

二、翻译的过程

中国翻译追溯千年，起于佛经翻译，盛于清末和民国年间。随着世界大格局的改变，理论更加成熟，翻译作品硕果累累。英汉翻译理论以及实践历来是国内外从事翻译工作的学者的关注点和研究方向，并且形成了众多的成熟和完备的理论体系。下面我将从翻译的具体实践出发，结合众多国内外理论知识，浅谈英汉翻译过程中的三个步骤。

（一）分析

分析原文，主要是为了理解原文的意思，并且挖掘出句子中的潜台词。宏观分析包含了对整个文本的归类，从而有整体的理解和大概的方向把控。在微观的分析过程中，要考虑到翻译单位，特别是要对词义有准确的分析和认识。

文本分析。在对文本研究中，著名学者纽马克做出了巨大的贡献。他采用语言功能分类的方式，将文章分为三个语言功能：表达功能、信息功能和呼唤功能。第一类以表达作者的主观思想为主，第二类以信息为主，比较客观。第三类以读者为中心，旨在唤起某种感情或行为。中国学者叶子南根据纽马克的理论，做出了一些补充。他指出，在文本分析时，还有四个方面是可以考量的方向。一是逻辑驱动二是情感驱动。强者更关注的是行文的逻辑性，而后者注重的行文的流畅性。二是文本评价性的强弱。作者在文中的褒贬态度和情感趋向越明显，文章的流畅性越重要。三是文本与文化和紧密程度的联系。文本与文化离得越远，就越不需要在翻译中调整语言格式。四是语域问题，即词语的正式非正式的问题。根据这些理论，对文本进行宏观上的把握，更好的理解原文，为下一步的翻译工作打下基础。

词语意义。在划分词义时，有三种情况，即所指意义、关联意义和结构意义。所指意义指的是词的最基本的意义，客观稳定，不容易被误解。而关联意义则由于和上下文以及语言之外的大环境有关，文化色彩浓重，且经常变化。结构意义指的是词语本身的语言结构所带来的意义，比如说句法结构和语域问题。

（二）转换

转换位于分析和重建之间，是连接两者的中间桥梁。转换是将线性的语言转化成立体的图像或概念。对于具体的事物来说，译者通过理解分析，在头脑中形成了具体的画面或一系列的可视的动作，从而摆脱了原文中语言结构的限制，为译入语的重建做基础。而对于抽象的事物来说，因为不能够或很难在头脑中形成可视的理解，所以译者自然而言地就形成了概念，并从概念入手，对抽象的事物进行理解。具体的方法可以从认知隐喻的角度入手，恢复核心意义所诱发的图像和概念，从而更加准确地完成信息和词义的提取。

（三）重建

翻译的最后一步重建，就是用译入语将分析中形成的图像或抽象的概念再次用线性结构的文字表达出来的过程。在重建过程中会涉及翻译准则，翻译单位及翻译技巧等方面的问题。

翻译准则。翻译界对准则的争论从来就没有停止过，内容和形式之争、源语和译入语之争、作者和读者之争，这些都是译者在最后的翻译过程中需要考虑的因素。无论是直译还是意译，功能对等还是形式对等，每种原则都有自己存在的意义。但这些准则不应该成为僵化的规矩，译者应该做的，应该是结合文本的类型，了解出原作者写作的目的以及自己翻译的目的，同时结合源语读者和译入语读者的心理活动，灵活交替地变换原则，并灵活使用翻译方法。

翻译单位。翻译单位分为六个层次，从音位到语段或文本。音位本身不承载语义，所以在翻译时主要遵从的是音译的原则，有时也可以采用音译兼顾的译法。词素，词以及词组作为语言单位的机会很少，因此不予赘述。句子是写作的基本单位，也是译者翻译的基本单位。以句子为翻译单位是指在翻译的过程中可以将句子内小的语言单位的位置进行调整，从而可以使译入语更加流畅地道。最大的翻译单位是语段或文本。对于这两个的概念，至今也没有一个明确的定义。不过，有一点可以确定的是这两个都是跳出了句子的思路，将视野放置于更大的语义单位中，从而使翻译的工作更加的灵活，也是解决英汉语言结构方面差异的一个有效的方式。

  翻译技巧。翻译技巧是译者在翻译实践过程中，通过大量的实践而总结出的规则。这些规律虽然不能解决翻译过程中所有的问题，但了解这些，对于初涉翻译的人来说，可以更快地了解翻译活动并进行实践。翻译技巧种类繁多，但大都集中在词性、语义结构以及句法结构三方面。词性转换是最常用的方法。在翻译过程中，不应过度强调词性功能及搭配，而应该结合尤金奈达的关于词性的理论，以意义为主，灵活地转变词性。加词一是为了解释说明一些比较抽象的、难以理解的词，二是为了调整语言结构，使译入语更加地道。减词符合英文重形和、中文重意和的特点。因此在英译汉时，常常删去代词，连接词等以防累赘。正说反译是指译者从相反的方向进行考虑，可以是主谓宾的调换或是肯定否定的转变等。

  英汉翻译历史悠久，理论层出不穷，关于翻译的争论也从没有间断过。不同的译者有自己不同的翻译见解，对同一作品也可能译出完全不同的作品。其实，无论是怎样分析作品，运用怎样的技巧翻译，译者最终目的还是引入外国精髓，并使作品为国人所接受。本着这项原则，译者才可能创作出好的作品，更好地为读者服务。

第四节　翻译的注意事项

  英语和汉语是两种不同文化背景和国家背景下产生的两种不同类型的语言文化体系。英语和汉语作为国际社会应用范围最广和应用人数最多的语言类型，其相互之间的沟通与交流对于文化的发展具有非常重要的意义。由于文化背景、语言习惯等因素的影响，在英语和汉语的翻译中存在很大的障碍，应分析原因，阐明文化因素对于英汉翻译所造成的影响，尽可能克服文化差异，减小对翻译工作的负面影响。

  对于两种不同的语言类型和语言环境来说，翻译工作的质量直接影响到两种语言的沟通交流和两方面人员相互之间意图的理解。虽然本节探讨的英汉翻译工作具有非常显著的专业性特点，在工作的开展中也有其专业的方法，但文化差异对于这项工作的开展仍然有着非常重要的影响。

一、中英文化差异

文化作为一个宽泛的概念，其在实际应用中涉及多个层面的问题。例如，不同地域造成的文化差异、不同文化领域之间的差异，都属于文化差异的范畴。本节探讨的是以语言文化为出发点的汉语和英式英语在文化内涵上的差异。如果对语言文化的差异进行细分，其实语言上的差异和文化上的差异，是不同的两个侧面上的差异类型，但语言上的差异在一定范围反映文化方面的差异，而文化方面的差异又在一定范围内包含语言方面的差异。从本节研究的方向上来讲，中国和英国的文化差异，实际上是指由于地域上的差异引起的语言文化上的差异。而从语言的角度来说，由于地域差异引起的语言结构和表达方式上的不同，实际上是作为中西方文化差异的一个典型表现而出现的。因此，适应中西方文化交流需要的英汉翻译工作的优化和改进是非常必要的，只有对中英文化的差异有一个清晰全面的认识，才能在克服英汉翻译中文化差异因素所带来的不利影响，促进中英文化的良好、高效交流。最后，中英文化差异，从其影响角度来看，能够影响其产生差异的因素具有显著的多样性特征，但从影响程度的角度分析，可知语言文化对于英汉翻译工作的影响是最为显著和深刻的。

二、开展英汉翻译研究的意义

（一）为中英文化交流提供服务

关于英汉翻译的研究，其存在的主要意义在于，现阶段我国社会和经济发展都进入一个相对稳定的新阶段，经济发展进入新常态，社会主义建设也走向了全面建成小康社会的决胜阶段。这种社会背景和历史发展阶段中，习近平主席也在十九大召开期间明确提出了"构建人类命运共同体"的要求。这种从世界范围内出发，越来越趋于融合化和一体化的社会发展趋势，决定了世界各国之间的交流和互通将成为未来发展的主要趋势，英语和汉语作为全球范围内应用面积最广的两种语言体系，中英文化的交流，英语和汉语必然成为主要的载体和通道，对英汉翻译的研究，首先基于为中西方在社会、经济、文化等各个领域的发展提供有力保障。

（二）促进专业化英汉翻译人才的培养

中英文化交流必然进入新的阶段，这意味着，要想保证为两方的文化交流提供更好的服务，就需要一批具有过硬的专业技术水平的翻译人才作支撑。因此，对英汉翻译的相关问题进行研究，有利于为专业人才培养计划的制定和实施提供基础引导和参考意见，从而促进专业人才培养，培养高素质、高质量、高效率的应用型人才。从性质上来讲，英汉翻译是讲求实用性的专业类型。可见，人才培养工作的开展，也需要结合中英文化发展的历史和实际的发展状态，这也是本节立足于研究文化差异对英汉翻译影响的主要原因。只有从与语言表达最接近的文化层面,对英汉翻译工作的影响进行研究,才能在专业人才培养过程中实现提高其针对性和实用性的目的。

三、不同层面文化差异的具体类型

(一)地域性因素带来的文化差异

这里所指的地域方面的因素带来的文化差异,实际上是从物理环境和地理位置的维度对中英文化的差异找到了一个形成标准。不同的地理环境,意味着人们生长生活的自然环境和语言文化氛围的形成环境会产生本质上的不同。对于中国和西方国家而言,这种由于地理环境和位置上的差异引起的西方文化差异,主要表现在不同民族和文化背景的人群,对于同一事物的认知效果和认知角度上的差异。例如,关于天气和气候方面的英语表述方式,与我国的常规认知就存在一定差异,在我国的语言文化中,风向的不同,可以辅助表现不同的季节特点。例如,东风一般代表春天的气息,而西北风,则是寒冷冬季的代表。但在英语翻译中,"biting east winds"这个句子的汉语直译结果却是"刺骨东风"的意思。这种文化差异,就是由地域方面的因素引起的对于同种词汇含义的相反方向的理解和翻译的现象。分析这种现象产生的原因,与翻译人员未充分全面了解西方文化有密切关系。

(二)风俗习惯因素带来的文化差异

风俗习惯,同样是中西方文化差异形成的主要因素,一个地区的风俗习惯,是该地区社会状态、经济发展和文化教育等多方面因素综合作用形成的。由于中英在各方面都存在很大差异,这种差异也会延伸影响人们的文化生活和精神生活,语言表达方式和内涵上的差异也是一个典型表现。例如,在英语词汇中,有一个典型的词组是"blue blood",如果按照字面意思直译为汉语,则这个词汇的字面意思是"蓝色的血液",但由于受风俗习惯因素引起的文化差异的影响,在英国语言文化环境下,这个词组代表西方阶级中的"贵族"。这个词组翻译的结果本身,就带有非常浓厚的风俗习惯色彩。在西方文化背景下,贵族是特指一批坚持不向通婚政策妥协的西班牙人。而由于血统纯正的原因,这批人群的血管颜色呈蓝色。正是由于这个原因,血统纯正的贵族在西方文化中被定义为贵族。这种与社会发展中所形成的历史维度和阶级认知维度的差异,实际上可以归结为在社会风俗和习俗因素的驱动下,形成的一种文化差异。

四、英汉翻译的具体方法

通过上文的分析可知,翻译效果上差异的引发因素,在很大程度上与不同的文化背景有直接关联,但要想更加准确地分析文化差异对英汉翻译产生的影响的原理和形式,还需要从英语翻译的专业角度,对不同翻译方法进行了解。

（一）直译法

直译法，是直接根据英语词汇的字面意思进行翻译。这种翻译方法的形成，是基于中西方文化在差异的背景下，同样存在一定的相似性的因素。在直译法的具体应用中，虽然从方法和原则上来讲，可以直接通过对英文单词进行翻译，但基于保持语言文化的美感的要求，在实际翻译过程中，对于同义词汇的选择还应注意其修饰感。例如"鳄鱼的眼泪"实际上具有非常深刻的寓意，是一种具有伪装和掩饰意味的谚语类型。但在翻译中，却可以直接翻译为"crocodile tears"，这就是直译法最显著的体现。这种方法的主要优点在于能通过一定的简化和灵活表现方法，为中西方英汉翻译的效果提供更大的便利。

（二）意译法

意译法，是一类注重翻译内涵的方法。要求翻译人员对翻译内容的深层次内涵理解到位。这无疑增加了英汉翻译的难度。另外，翻译过程中，在对翻译内容的深层含义深入理解的基础上，还需要结合语境和语意对其进行修饰，以便营造最佳的翻译效果。例如，对成语"不辞而别"的翻译，通常应是"to take French leave"，句子中的 French 这个词的应用，实际上是取法国人懂得浪漫的含义。

五、文化差异对英汉翻译的影响

（一）地域因素的影响

地域文化对英汉翻译的影响，以地理环境的客观因素引发的文化背景的主观因素为代表。上文已经从宏观的文化方面，针对地域性因素的影响进行分析。在下面的分析中，主要细化到英汉翻译的维度，对地域文化的影响进行分析。语言是人们交流和沟通的主要工具，而语言表达从根本上来说，是由词汇和句子两种元素组织而成的。语言表达习惯在不同的地理环境中都会有其具体的差异，这使翻译工作进行时，由于受地理环境差异的影响，需要尊重不同地区人们的语言习惯，以一种能够习惯和接受的方式开展翻译工作。而英语和汉语作为两个不同的语言种类和体系，其在客观上的发源和产生属于不同的地域，这使两方的语言表达习惯有所差别，只有通过翻译对其完成调整和优化，才能克服客观上的地缘差异，达到良好的英汉翻译效果。

（二）歧义因素的影响

所谓歧义，是中英民众由于对具有多重含义的英语或汉语的词汇和语言在理解上发生的偏差。这种现象的产生，最初是由英语词汇方面开始发生和表现出来的。随后，逐渐表现在英语句式的表达上。上文已经提到，从本质上来说，英语和汉语还是两个完全不同的语言体系，其词汇的结构和含义，必然存在同一词汇所表达的含义有差异或者是一个词汇的表达方式，在不同的语言环境和场合下，所表达的意思发生很大变化。例如，在中国文化中，狗更多的原始含义是作为一个发挥看家护院功能的动物出现的，因此狗在中国文化中虽然也有忠诚方面的含义，但更多的存在一定的贬义内涵，而在英国文化中，狗代表的主要含义是忠诚。因此，在英语表达方式中，一些积极意义的英语短语表达中，常常会用到"狗"这个单词。最为典型的代表成语是"爱屋及乌"，英语翻译为"Love me, love my dog"，虽然将狗这个词带到句子中，但在实际表达含义上却是更加深层次的含义的现象，可以理解为歧义因素对中西方英汉翻译造成的影响。

（三）民族文化背景的影响

这里所指的民族文化背景，主要是从历史的角度对语言之间的相互影响进行阐释。无论是汉语还是英语，都具有非常悠久的发展历史，这种状态决定了汉语与英语作为语言在发展过程中，必然经历了许多不同的历史发展阶段和应用人群。从汉语的角度来讲，方言是语言文化差异化的典型表现，而对于西方国家而言，一些具有显著的地域性特征的俚语，也是语言文化和历史发展阶段的差异带来的语言体系和表达方式在细节上的差异。这些差异的产生都会对英语翻译中一些具有地方特色的语言文字在表述和翻译过程中呈现差异化的特点。

综上所述，文化差异是我国和以英国为代表的西方国家存在的对语言表达方面影响最为显著的因素，且从文化交流的角度来说，语言是实现我国和英国等西方国家沟通交流的工具和途径，同时语言交流也是实现文化层面的进一步交流的重要条件。而从交流沟通的实现方法角度来讲，英汉翻译工作，是通过一种专业的转化手段，实现两方面文化交流的渠道。同时，这项工作的开展又受双方所存在的文化差异的影响，可见文化差异与英汉翻译具有非常密切的关系，需要相关人员在翻译工作中充分考虑这种影响因素。

第二章 英语翻译策略

第一节 中观研究的理据

翻译研究一般简单地分为宏观研究和微观研究。宏观指"大范围或涉及整体的",包括译学体系及其分支的构建。微观"泛指部分或较小领域的"(《现代汉语词典》商务印书馆,1996),一般指翻译方法和技巧之类。宏微两分对翻译研究庞大而复杂的体系而言难分难解。就译学研究的可分性而言,宏微之间加入中观研究,作为两端的过渡和衔接,更有利于把理论研究和实践研究衔接起来。在翻译学中,宏观研究涉及翻译的性质、价值、目的、动因、方法论等。微观研究涉及翻译过程中具体问题的处理。中观视域处于宏微之间,是宏观理论和微观实践研究的桥梁,研究的本体问题包括翻译策略和翻译方法、翻译模式和翻译模块,本体外的包括翻译政策和翻译纲要、翻译计划和翻译管理等。

一、引论

学界在讨论翻译问题时,习惯上"一分为二",如说翻译理论与翻译实践、理论研究或实践研究,非此即彼,容易造成翻译理论与实践的脱节。当理论深入到应用,经常遇到两个的尴尬:或把翻译策略和技巧的研究归入理论研究,或把它归入实践研究。哲学上"一分为二"不是认识事物的唯一途径,可以"一分为三",甚至"一分为多"。一分为三既是世界观、价值观,又是认识论和方法论。作为世界观,它展开了一个动态、多元、宽广的视域,对于理解翻译本质、翻译各要素之间和与外围学科之间的关系具有深刻的启示。作为价值观,它承诺了一个尊重差异又谋求认同与合作,具有上下贯通、左右协调、三位一体的观念,有利于全面地、整体地探究翻译业态和翻译理论的各类问题。作为认识论,它摆脱了二元思维定式,开启了翻译研究的新视域,拓展了范畴体系。作为方法论,它是平衡综合与分析的工具,架起翻译理论和翻译实践之间的桥梁。翻译策略、模式、纲要、方案等中观理论促使宏观理论与实践相结合。在传统译论和现代译论中,已不乏从"一分为三"的视域来论证和阐述翻译的理论和实践问题,不少译家用"一分为三"对其翻译研究作高度的理论概括。

佛经翻译史上慧远的"厥中之论"是结束文质之争的中庸译论。近代马建中的"善译论"

融通了两个三分的格局,兼顾语言、义理、神情以及原文(作者)、译文(译者)、阅读(读者)。而严复的信、达、雅三元标准是相互关联、相互依赖的统一体,雅不可或缺地唤起人对言的敬畏和尊重,作为中介能动地使信和达结合、互动升华为完善、适切的译文。既有"中庸"的伦理根基,又有"和合"的美学理想。现代翻译观中三元标准还有形似、意似、神似(陈西滢)、忠实、通顺、美(林语堂),译言、译意、译味(金岳霖)等。

在中外译论家中,许渊冲是最彻底的三分论者。他以"三美论"(音美、形美、意美)、"三确论"(明确、正确、精确)为本体论,以"三似论"(意似、音似、形似)、"三势论"(优势、劣势、均势)为认识论,以"三化论"(浅化、等化、深化)为方法论,又以"三之论"(知之、好之、乐之)为目的论。加之,他的优化论、竞赛论、艺术论等都渗透着"一分为三"的辩证思想。笔者把本体之外、按历史轨迹及与翻译的相关度,把各交叉学科分为三个层次,恰好与这一视角耦合,称为"一体三环"。"一体"即译学本体。紧靠着本体的是内环(一环),这是20世纪五六十年代由语言学及其分支学科构筑起来的,它的意义在于使翻译研究从感性走向理性,从经验走向科学。内环之外是中环(二环),是七八十年代由哲学、思维科学、心理学、信息论、交际学、符号学等相关学科开辟和发展起来的,它的意义在于使译学研究从静态走向动态,从单一的语言学科走向多学科的交叉研究,并向综合性学科过渡。中环(二环)之外又有外环(三环),这就是文化和翻译技术。翻译的文化研究兴旺于90年代,新世纪以来,翻译技术又成了翻译和翻译研究的翅膀。所以三环的意义在于把翻译研究跟政治、经济、社会、意识形态以及现代科学技术全面地联系起来,从而使翻译研究成为真正意义上的多学科、多层次、多角度、全方位的综合研究(方梦之,2013:8-14)。当然,"一分为三"只是看问题的总体视角,在学术研究上不排斥"一分为二"或"一分为多"的视域。

二、研究层次

笔者把翻译理论分为宏观理论、中观理论和微观理论三个层次。宏观理论为核心理论,包含翻译研究的本体论、价值观、方法论、认识论及其范畴体系。中观理论在本体上包括翻译策略、翻译方法、翻译模式、翻译模块等,本体之外有翻译政策、翻译纲要、翻译方案、翻译计划、翻译管理等。微观理论指翻译技巧。宏观理论是较高层次的理论,它在翻译思想层面上关注翻译的普遍问题和根本问题,对翻译实践的指导主要是世界观、方法论、价值观、认识论上的指导。中观理论是宏观理论向微观理论过渡的理论,受其支配和调节。微观理论直接来自于实践,受中观理论的制约和调节。

三个理论层次自上而下的推导是:宏观理论(翻译原理)衍生出中观的翻译策略、模式或框架,中观理论引发翻译技巧,翻译技巧用于实践。自下而上的关系从翻译实践开始:由翻译实践总结、归纳而得翻译技巧;翻译技巧的集约化、概念化、范畴化而得到中观的翻译策略、模式或框架;再由中观理论抽象、升华为宏观理论。

宏观理论制约翻译策略，翻译策略决定翻译技巧的运用。例如，宏观的翻译思想如以原作为圭臬——"不增不减不改"，则不会有"忠诚+功能"和"达旨"以及解释性翻译等策略，更谈不上"增译""省译"的技巧。有的翻译策略是宏观理论的衍生物，如勒弗维尔的"改写"是以他的诗学理论、意识形态理论、文化研究为先导的。翻译策略可滋生翻译技巧，如以变译为策略，则有编译、摘译、节译等方法和技巧。三者以不同的方式作用于实践，理论与实践得以互动。

理论的分层有助于明确不同层次理论的不同作用和内涵，也有利于明确翻译技巧在翻译理论中的地位。译论家们对翻译技巧是否属于理论范畴，观点不一；有的学者含糊其词、模棱两可，或者抽象肯定具体否定，一方面承认翻译技巧是实践经验的总结和提升，另一方面又说"翻译技巧需上升为翻译理论"等等。

宏观理论研究翻译主体和客体之间的各种关系，包括作者、作品、译者、译品、读者、中介人。宏观理论涉及客观世界、评价体系和基本范畴体系，包括它的本体论、价值观、方法论和认识论是学科的灵魂。中观理论针对翻译过程中存在的普遍问题和现象，为翻译过程顺利进行提供策略、模式（模块）、框架、方案。中观理论或由宏观理论推导出来，或由翻译技巧集约化、范畴化而得，可在一定范围内通过具体的技法来加以实施。这是"对从源语到目的语的转换形态特征进行定性概括，或者说是对转换的语言形式及其内容的本质特征或关系的转换形式的具体概念化认识，是有助于我们把握具体真理的思维形式"。中观理论承上启下，上有宏观理论为依托，下有微观技法为支撑。翻译的微观研究可直接作用于翻译操作的技巧或方法的研究，贴近翻译实践和具体操作。

三、研究性质

中观理论是衔接宏观理论和微观技巧的桥梁，是贯彻宏观理论的手段。成熟的以实践为指向的翻译理论体系都配有可以付诸实践的策略、方法、模式、模块或框架，如纽马克的交际翻译与语义翻译，豪斯（House）的显性翻译和隐性翻译，勒费弗尔的改写，韦努蒂的归化、异化、阻抗、同化和文化移植，德国功能目的论的"功能+忠诚"，严复的"达旨"，胡庚申生态翻译学的"三维转换"等。此外，传统翻译理论中包含直译、意译或变译，变译中又可分为摘译、节译、编译、综述等。凡此种种，中观策略要么由宏观理论推演而出，要么是对语言转换的具体手段加以总结、归纳并使之范畴化。中观理论向上可作为特定理论的表征，向下有运用具体方法技巧指导翻译实践的功能。

由上可知，大凡以实践为指向的系统翻译理论都有其独特的翻译策略、翻译模式为支持。但是，也从大量翻译实践中提炼的翻译策略游离于某一特定的理论体系之外，但可用不同的宏观理论来阐释，如"解释性翻译""零翻译"等。

恩格斯说："一切差别都在中间阶段融合，一切对立都经过中间环节而互相过渡。"在译学研究中理论和实践的矛盾关系有时被理解为对立或对抗关系。不过增加一个中间视域，即通过"中介"连接"对立"，问题往往可迎刃而解。张经浩对翻译学的建构持怀疑态度，认为"翻译学是一个未圆难圆的梦"，但他并不排斥理论，在他1996年的专著《论译》中有专节讨论翻译观、翻译性质、翻译标准之类的宏观理论问题。他在书中分章讨论了直译、意译和音译的翻译策略，为后续大量微观技巧的描述做了铺垫。可见，中观研究是翻译教师和研究者的必由之路，不论他对翻译学的建构持何种态度。

切斯特曼认为"翻译策略因此就是把翻译看作一种行为，应把它放在更宽泛的行动理论语境下来看待"。切斯特曼采用斯坦纳对认知行为的层级划分方法，认为最上层是文化或心理需求引发的人类行为，称为activity；第二层是为了实现activity采取的必需的action；第三层是更为具体的operations（如动机、计划、执行和评价等）。采用这种层级结构来看待翻译的话，翻译策略是关注中间层次的行为（action）。

如果从认知行为理论的角度来解释翻译中策略的执行过程特点就相对容易。切斯特曼认为："策略是译者寻求符合规范的方式，不是寻求对等，而是仅仅寻求译者所认为的最好的译本。因此，策略是一种过程，一种做事的方法。"策略是可供译者选择的一种"做事的方法"，也是一种与翻译实践桥接的中观理论。当特定的中观理论（如某种策略）与宏观理论联结起来，将保证宏观理论的衔接。皮姆认为，"翻译模式"（models of translation）后面常常隐藏着某种非常强大的指导思想。这些模式又形成了理论，为翻译可能或应该做什么设置了思想背景，指导具体的翻译实践。翻译模式"后面隐藏着某种非常强大的指导思想"无疑就是宏观理论。

四、理论特征

在翻译理论的宏—中—微的系统研究中，中观研究居中，既受宏观翻译理论的指导，又受微观技巧的检验，具有上通下达的衔接性。翻译策略、翻译模式处于翻译理论系统的中间层面，更接近于翻译实践，更具实践性。翻译策略、翻译模式随宏观翻译理论的发展和微观技巧的积累而发展，具有开放性。翻译策略、翻译模式可由宏观理论推导而出，也可由微观技巧的综合、归纳，加以范畴化、概念化而得。经过范畴化和概念化之后的翻译策略可复制、可传授，可成为翻译专业教学的重要内容和手段。

（一）衔接性

现有的翻译理论与实践研究有两大缺陷：要么用理论来注解实践经验，形成理论与实践的"两张皮"；要么"遵循'实践—现象—问题—性质—特点—归纳—概括'式研究路向，基于对有限翻译实践作经验总结，提出对策性原则，形成概念或命题化表征"。前者把理论问题简单化，把实践问题玄虚化；后者的"不足之处在于抽象孤立的概念或命题难以对具体复杂的应用翻译实践给予有依据的阐释，尤其是对翻译教学缺乏可描写和可证性的方法论指导"。翻译研究是宏—中—微相统一的系统性研究，既要宏观地建立核心理论，又要有中观策略的过渡，还要有微观技巧为手段。中观研究是为宏观"理论与实践的桥接，找到中介物——技术理论范畴，即在实践主体的主观认识和实践客体的区间规律性之间形成认识结构、实践结构和方法论结构的统一"。切斯特曼的翻译策略是在翻译规范的理论背景之下的描述，突出以目的为导向、以问题为中心。"Chesterman 在'规范'与'行为'之间加进了'策略'的概念，而'策略'正是将规范行为与目的行为关联起来的衔接概念。在社会学的概念里，如果不止一个行为者具有相同的目的行为倾向与期待，那么目的行为就会发展成为'策略行为'，因此社会学里谈及目的行为时也使用'目的（策略）行为'一词。Chesterman 的'规范行为'实际上就是规范约束下的'策略行为'。"

（二）实践性

翻译研究的宏—中—微研究层次分明、视域各异、相辅相成。宏观理论在认识层面，着重对翻译本质的描述、解释和认知。中观研究在技术层面，着重对翻译技术的设计和规划。微观研究在操作层面，着重对翻译操作的启示和示范。经常有人抱怨翻译理论不能联系实际。准确地说，宏观翻译理论直接指导翻译实践的功能较弱，因为宏观理论的主要功能是认识功能、解释功能、批判功能、预测功能和方法论功能，它对翻译实践的指导往往通过中观策略和微观技巧来实现。尽管宏观理论来自实践，但它又高于实践。

翻译策略一方面可由宏观理论自上而下地推衍出来，另一方面又可从翻译实践中不断滋生。进入全球化、信息化时代后，翻译实务面广量大，新经验日新月异，从大量翻译实践中不断萃取的实践性策略，如解释性翻译、"看易写"、深度翻译、陌生化、译前处理、"零翻译""双向理解""壮词淡化""突出主题信息""模仿、借用、创新"模式等等，从实践中产生的中观理论与实践的关系与生俱来。加上以直译、意译、音译为代表的传统型翻译策略，不断地丰富着可供实现翻译目标的思路和途径。

（三）开放性

翻译策略随着翻译研究的发展而不断丰富。20世纪后，翻译研究学派纷呈、新理踵出。翻译学派的特征不仅表现在宏观理论上，而且也表现在以翻译策略为表征的中观理论上。自成体系的翻译理论总有与其匹配的翻译策略，两者相辅相成。译者在翻译过程中对传达原作内容和形式的总的设想、途径，都与宏观理论及其学派有关。一定的宏观理论有一定的中观策略，一定的策略常以一定的理论为依据。诺德（Nord）为实现目的原则而提出"纪实翻译"（documentary translation）和"工具翻译"（instrumental translation），"纪实翻译"和"工具翻译"自然成为目的论的组成部分。纽马克的"语义翻译"（semantic translation）和"交际翻译"（communication translation）以其语言学翻译理论为依据。文化学派的"改写""归化"和"异化"有意识形态、政治和历史背景的考量。苏联文艺学派对文艺作品的翻译方法就有自由主义、现实主义和形式主义之分。胡庚申生态翻译学的"三维转换"凸现生态平衡的原则。翻译理论和翻译实践在不断发展，宏观原理卵翼下的以翻译策略为表征的中观理论也在不断发展。

切斯特曼根据生物学家道金斯提出的模因论概念认为，翻译策略可以看作是被译者广泛使用的并且被公认为概念性工具的标准，受训的译员学习这些标准，并将其代代相传成为一个模因池。而这个模因池不是一成不变的，它是开放的，处在不断地发展、调整和变化之中。

（四）可复制性

模因的概念最早是由生物学家道金斯提出。"根据道金斯的观点，模因是一个文化信息单位，那些不断得到复制和传播的语言、文化习俗、观念或社会行为等都属于模因。模因可以看作是复制因子，也可以看作是文化进化单位。人们的观念可以经由与生物进化相类似的方式进化。有些观念比另外一些观念更具生存力、观念可以因人们的传播得到流传，并可能在流传过程中发生变异。"

切斯特曼特别指出翻译策略可以通过习得行为被教授。也就是说翻译策略可以通过有意识地培养而得以发展和完善，从而形成翻译策略能力。翻译实证研究学派一直坚持策略中心说，并且将翻译策略能力与认知能力结合起来。切斯特曼把翻译策略能力的培养分成四个阶段：新手阶段，即翻译策略被作为一种概念来习得，学生被教授通过对比模式来辨认分析文本中预先设定的翻译策略；高级初学者阶段，即学生们可以通过对比自己的译文列出所观察到的翻译策略，同时也可以让学生用某一特定的翻译策略来翻译某一文本中有标记特征的段落；能力阶段，即关注策略的分析，回答为什么的问题，分析译者选择某些翻译策略可能的原因、优先性和目的；成熟阶段，即翻译策略能力的培养从分析思维过渡到直觉行为。也就是说，切斯特曼对学生翻译策略能力的培养是从 operations 到 actions 的过程。

当然，翻译策略只起导向作用，对于翻译过程中的具体问题，译者还要通过提高翻译能力来解决。

五、研究任务

中观是介于宏观和微观之间的一个视域，这个视域的宽窄深浅很大程度上取决于宏观理论的发展和翻译实践经验的积累。从以上中观理论的开放性可知，中观理论随宏微二观的发展而发展。就目前的情势而言，中观研究本体内外的主要任务有四个方面：翻译策略与方法、翻译模式与模块（以上为本体研究）、翻译政策和纲要、翻译计划与管理。

（一）策略与方法

翻译策略是指翻译过程中的思路、途径、方式和程序。这四个方面相辅相成、互有影响。思路与某种宏观理论一脉相承，途径是达到目标的可行之路，方式是达到目标的具体手段或工具，程序是实现目标的先后次序。可见，翻译策略就是宏观理论桥接翻译实践的必由之路。

我国"翻译策略"这一术语差不多与归化异化同时引进于 20 世纪 90 年代中后期。韦努蒂将翻译策略界定为选择文本和拟定一种翻译方法。在文化学派代表人物那里，翻译策略和翻译方法并没有分得很清楚。这里，我们把翻译策略作为中观理论的表征只是为了便于中观研究。实际上，翻译策略、翻译模式、翻译框架或模块之间是有区别的，更不用说本体之外的研究了。《现代汉语词典》将"方法"解释为"关于解决思想说话、行动等问题的门路、程序等"。翻译方法是我国译论的早期术语，习惯上包括两方面：译者在翻译过程中对传达原作内容和形式的总体设想、途径和策略以及美学态度，大致属于中观理论的范畴。翻译方法指在翻译过程中解决具体问题的办法，也称翻译技巧。本节当指前者。

翻译策略和翻译方法有天然的联系，中外论者在运用时常流变不居。韦努蒂在 The Translator's Invisibility 一书中提到异化、归化时，以"翻译方法"为多，以"翻译策略"为少。杨自俭认为："'策略'强调……谋划、对策、手段。'方法'强调程序、模式、过程、规则。"

引进翻译策略这一外来概念已20年。它是翻译研究链条上的中间环节。翻译研究在宏—中—微相统一的系统中，对宏观理论的研究、介绍、应用普遍重视，对微观技巧的研究不遗余力，而对中观策略的系统研究却郁结不畅。

（二）模式或框架

奈达在20世纪60年代在《翻译科学探索》(Toward a Science of Translating)中提出"动态对等"，意思是：译文对译文接受者所起的作用，跟原文对原文接收者所起的作用大体对等。为达到动态对等，奈达提出四步翻译模式：分析（analysis）—转换（transfer）—重组（restructuring）—检验（testing）。分析即从语义和语法的不同层面作文本分析；转换即把分析得到的意义从原语转移到目的语；重组即按目的语规则重新组织译文；检验即对照原文检查译文。奈达将分析阶段分为语法分析、所指意义分析与内涵意义分析、四个语义范畴（semantic category）、七个核心句（kernel sentence）和五个逆转换步骤（back-transformation）等。在分析中强调对原文要有准确的理解，如何将每一个词定性为某一种语义范畴，如何才能将表面上复杂的句子变成简单的核心句，从而为下一步"转换"做好准备。奈达对分析过程不厌其烦地——阐明细节，分别处理细事，都是为充分地理解原文。而转换、重组、检验又是表达阶段的任务。奈达的"四步模式"：分析—转换—重组—检验，逐一进行，不可颠倒，也不可缺漏，按奈达规定的四个步骤的具体做法，顺序而为，目标就达到动态对等。

在第一届全国应用翻译研讨会上，"针对应用翻译的实际情况，林克难教授提出'看、易、写'的翻译标准。所谓'看'就是阅读、熟悉在相同环境中操英语母语者是如何表达的；所谓'易'就是变易，翻译时模仿英语的表达方式，而不是逐字照搬，使译文符合英语为母语者的习惯；所谓'写'就是根据翻译发起人的意图直接用英语写作。'看、易、写'内容丰富，符合应用翻译的实际情况，简便易懂，可操作性强。"

（三）政策与纲要

翻译政策服务于国家的政治纲领、意识形态和文化需要，大至国家层面的翻译事业建设、翻译立法、人才培养、市场规范，小至科研立项、设立基金、译作奖励、教科书编撰等。

实际上规定了翻译选材（译什么）、翻译对象（为谁译）和译者行为方式（如何译）。如"外宣三贴近"政策：贴近中国发展的实际，贴近国外受众对中国信息的需求，贴近国外受众的思维习惯。黄友义认为，一般情况下，凡是要对外介绍的素材，理所当然是贴近中国发展的实际和贴近国外受众的需求的。对于从事外宣工作的翻译人员来说，最应该注意的是要细心研究外国文化和外国人的心理思维模式，善于发现和分析中外文化的细微差异和特点，时刻不忘要按照国外受众的思维习惯去把握翻译。

翻译纲要是翻译委托人对翻译提出的要求，是弗米尔（Hans J. Vermeer）于20世纪70年代提出来的目的论中的重要概念之一。这一概念的前提是，翻译是"通过指派任务"来完成的。在这一过程中，参与者包括了翻译的发起人、委托人、译者等。发起人或委托人出于某种目的而需要一个文本，他发出要求，让译者进行翻译。在一般情况下，委托人会详细地介绍翻译目的及文本的预期功能等情况，这些信息形成了一份明确的翻译纲要。不过，翻译纲要并不会告诉读者如何进行翻译工作，因为如何翻译完全依赖于译者自己的经验与判断力来做决定。理想的翻译纲要应该明示或暗示以下信息：译文的预期功能、译文接受者、（预计的）译文接受时间及地点、文本传播媒介、译文目的或出版译文的动机等。只有清楚地了解翻译纲要，译者才能了解译文功能与动机，才能决定合理的翻译步骤。

（四）计划与管理

翻译计划是当代翻译项目管理中必备的要素。"翻译项目管理过程按时间序列可分为译前准备、项目跟踪、译后审订、项目提交、项目总结等五个主要阶段。"翻译项目管理涉及人（译员工作安排、培训等）、财（成本核算、资金管理等）、物（技术应用和管理等），包括术语管理、流程控制、质量保障、成本核算、时间掌控等各环节。其中以质量管理、时间控制和成本管理为三大核心内容。翻译项目管理要保证效率与质量，促使工作流程的优化和组织成员的协调，并以严密的质量保证体系确保所有工作都按规定的要求进行。从而保证最终产品的质量。随着大中型翻译项目的增多，翻译项目管理已成为翻译公司必备的职业手段。

第二节 翻译策略的特征

互联网的出现和发展正在深入人们生活的各个角落，对国民的生活学习产生潜移默化的影响，同时也衍生出了很多新鲜事物。互联网催生了网络语言，同时英语网络用语也开始逐渐流行，不但简单易懂且有着较为丰富的趣味性，深受广大网民的青睐。为了进一步加强对网络英语的研究，针对网络英语的形成、特点、翻译等方面进行一些简单的探讨。

一、英语网络用语主要特征分析

（一）词汇方面

1. 缩略与简化

网络英语常采用缩略首字母的方式。首字母缩略是利用几个单词的第一个字母合在一起且大写的词，便于记忆，减少字符冗长之扰。如 IMO 是 in my opinion 的缩写，表示"在我看来"；ASAP 指的是 as soon as possible，表示"尽快"。网络用语中有时还会缩略整个句子，比如 have a nice day 缩写成 HAND；KIT 是 Keep In Touch 的缩写等。又如 WAG 代表 Wild Ass Guess；WAI 代表 What An Idiot；WB 代表 Welcome Back；WCA 代表 Who Cares Anyway；WDYS 代表 What Did You Say；WDYT 代表 What Do You Think；WE 代表 Whatever。

2. 复合构词

剪截缩略词是裁剪原有两个词汇，选择原词的首部或者尾部重新进行组合形成新英语单词，在语法和语义上都能够充当一个单词，如 second+killing=seckilling（秒杀），net+citizen=netizen（网民），information+anarchist=infoanarchist（资讯无政府主义者），net+tiquette=netiquette（网络礼仪），netiquette+citizen=netizen（网际公民），situation+comedy=sitcom（情景喜剧），pro-professional（专业的）。

3. 大量使用派生词和旧词引申新义

派生词，是英语主要的构词法，前缀或后缀为其"原料"。其中 cyber- 意为网络的、计算机的：cyberlove 网恋，cyberchat 网络聊天，cyberbank 网银，cybercafe 网吧，cyberpunk 计算机朋客，cyberspace 网络空间，cyberstar 网络明星。e-（electronic）意为电子的、网络的、计算机的：e-book 电子书，e-commerce 电子商务，e-card 电子名片，E-mail 电子邮件，e-pal 网友，e-sports 电子竞技，e-zine 电子杂志。tele- 意为远距离、远程、电信：telecast 电视广播，telecine 电视电影，telecom 电信，telecontrol 遥控，telefax 电传等都是网络上非常常见、活跃的英语词汇。

而使用词语引申的方式使很多网络英语词汇产生了新的语义，充分体现了英语语言丰富、灵活与生动的特点。

4. 谐音现象

构词手法还包括同音异形方式，将复杂的异形词用简单的同音词进行替换，如 U（you）、R（are）、CU（See you）等，还可以根据读音进行词汇缩略。借助数字、字母发音等混合使用，形成新的词汇，比如常见的、经常用到的网络热词：如 B4（Before），F2F（Face to Face），B2B（Business To Business），I 1 2 go（I want to go）等。

5. 符号化

为了能够更加鲜明、直接地表达英语网络用语寓意，很多组合符号成为广大网民利用的对象，通过一些符号制成表情能够有效地表达相关情感和心情，比如目瞪口呆可以用符号"(⊙o⊙)"表示；"Zzzzzz……"代表熟睡人的呼噜，也可以代表睡觉等意义。

（二）语义特征

1. 明确语义指向，词汇简洁

现如今人们的生活节奏日渐加快，很多人希望能够尽快传达自己想要表达的内容，所以英语网络用语词汇缩略和简化成为一种备受青睐的交流方式，但是其前提是意思表达和理解应当不受影响，比如在网上交流沟通时用"IT"能够简单快速地表明自己想要表达的是"Information Technology"，而全拼需要敲击二十次左右键盘，浪费了大量时间。

2. 生动形象，视觉性强

现如今很多符号已经被组合形成表情应用于网络英语中，传递着不同的意义。组合符号有着非常形象生动的表达能力，在网络交流中备受关注，比如笑脸可以用符号"：—）"表示；失望、难过可以用"：—（"表示；吐舌头可以用"：—p"表示。人们的表情和动作可以通过这些符号进行标识和传达，同时也直观地表达了人们的情感，具有较强的视觉性，人们可以通过表情符号传达并体会到双方要传达的情感和语调。

3. 诙谐幽默，新颖独特

在网络这个虚拟的世界里，人们可以尽情地想象，充分发挥自己的创造力。在网络世界中，各种新鲜、幽默的词汇被创造出来，并在网络中得到广泛的应用。比如在问对方年龄、性别时使用 asl 便十分简便。

（三）书写和语法的随意性和特殊性

网络上，人们通常追求信息交流的速度，所以只要能清楚地表达自己想要表达的意思，他们会不知不觉地将一些语法规则忽略掉。一般在网络英语交流中不会特别注意大写，比如，nice to receive ur mail. Recently i am very busy so i am afraid that i cannot write back to u in time. 在这个句子里，很多字母应该大写，还有一些应该大写的首字母没有得到重视在编写过程中直接写成小写字母，比如 america、china、john、white house 等。

同时，人们在一定情况下表达观点和想法时习惯使用数字。例如，2B or not 2B that is a question本应该是 to be or not to be, that is a question（生存还是死亡，这是一个问题）。又如，3G 指的是 Third Generation（第三代）。现在 3G 成为一个通用的术语。

在互联网技术不断发展的当今，各种语言都会产生一定的变化，出于人们的好奇心理，很多英语网络用语得到推广和应用。

二、英语网络用语的翻译

英语翻译要遵循一定的原则，如严复的"信、达、雅"、许渊冲的"三美"等翻译原则。英语网络用语的翻译也有自身的原则，即"明确、通顺、简练"（阎文培与阎庆甲）。想要更好地明确网络英语的含义，对其翻译首先要依据网络交际的情景确定语义，再将译文的表达贴近行业用语习惯且富有行话特色，最后使译文凝练、简洁。

（一）直译

所谓直译，是将英语网络用语的语义再现到汉语中，也就是英汉双语对等翻译，可以使语义清晰明了，例如异地恋（long-distance relationship）、裸婚（naked wedding）、潮人（trendsetter）、卡奴（card slave）、亚健康（sub-health）、橙色预警（orange signal warning）、水货（smuggled goods）、闪婚（flash marriage）、网络世界（cyber world）、软件（software）等。

（二）意译

所谓意译，是在网络交际英语中无法直译成汉语而采用的通过字面含义来推断汉语译语语义的翻译方法，如：山寨（copycat），潮人（trendsetter），骨感美女（boney beauty），下午茶（high tea），愤青（young cynic），小白脸（toy boy），百搭（all-match），裸妆（nude look），扫货（shopping spree），拼车（car-pooling），暴走（go ballistic），跳槽（jump ship）等。又如，lol=laughing out loud/laugh out loud= 大笑；lmao=laughing my ass off= 笑得屁滚尿流；lame= 滥，衰（例句：dude, that's the lamest thingive ever heard. 哥们，这是我听过的最愚蠢的事情。）；dude=d00d=（原意：花花公子）哥们，朋友；pffffff=whatever= 随便，爱咋咋地（"f"的多少和"pffffff"的长短代表你的感情激烈程度）；n00b=newbie= 新人，新手，小嫩手；sry= 不好意思；laterz=later=cya later=see ya later=see you later= 再见。

（三）音译

所谓音译，是因为很多英语词汇在汉语中没有相对应的译法，没有应对词语，通常采用的一种翻译方法，其优点是直接简易，如：阿司匹林（aspirin），拷贝（copy），艾滋病（AIDS），休克（shock），脱口秀（talk show），克隆（clone），黑客（hacker），博客（weblog）等。

随着国民生活质量和网络信息技术的不断发展和进步，广大网民将越来越多地应用英语，所以了解英语网络用语，会提高网络交流的有效性。不过当前网络英语新词、翻译等运用仍然处于起步阶段，没有形成成熟的系统，所以在未来发展中，英语网络用语的新词和翻译及其发展，还有待进一步探讨和研究。

第三节 翻译策略的要素

所谓的翻译策略指的是在翻译进行时体现出的思绪、方法与步骤。思绪实际上连接着一种广义上的理论知识，方法是取得最终目的实施手段，步骤是完成计划的前后顺序。它们三者间互相联系、不可分离。在翻译探究方面，将翻译从理论知识过渡到实践上必须通过翻译策略的实施；而翻译策略在某种程度上是由理论知识或是相关经验推理得出的，二者互相影响。但对翻译策略的研究同样离不开对其理据、要素与特征的探讨。

一、翻译策略的理据

自古以来,关于翻译策略在理论上的研究数不胜数,例如:1997年,切斯特曼说过,"翻译策略实际上是将翻译当成了更为广阔的理论环境下一种举止"。他将人的举止分为了三个层次,翻译策略便属于第二个层次。2003年,林克难指出了一种应用翻译策略,便是通过实际的阅读找出适合的翻译方式,将内容撰写出来,该方式属于翻译理论衍生的策略。恩格斯有一句话"所有的差异都可于中期过程得以转换。"其实,理论知识与实践间就是一种对峙,但对峙间经过中间过程的调和就会快速解决难题。就像翻译理论探究专家都觉得自身的理解比较公正,想要探究翻译实践的专家赞同,此处就存在着对峙的矛盾需处理等。诸如此类的研究还有很多,就不一一列举了。

二、翻译策略的要素

(一)理论知识因素

我们都知道,所有的翻译理论背后都隐藏着相应的翻译策略,而翻译策略的产生同样离不开理论支撑。比如,奈达曾提出过一种非静态的等同理论:翻译文章对于其阅读者的影响等同于未翻译之前的效果。奈大又指出剖析、兑换、再次组合、测试等模型以实现非静态等同理论,也是源自该理论。因此我们说,翻译理论与翻译策略相辅相成、互为指引。

(二)方向目标

翻译策略的方向目标便是整个策略的最终导向,当翻译人员为了完成译文选取一定的策略形式时,自身就是目标所在。文学彰显差异化,主要为了凸显文化的源头,也就是说,翻译出来的文章需显露出不同于目标与文学范围的特点。另外,翻译者生活的环境也会深深影响着其会采取的翻译策略,不管是使用的言语策略还是习俗文化方面,都会因着翻译人员所处环境的不同而不同。而翻译方向目标的差异性甚至会决定翻译策略的实施,作用更加明显。

(三)技术因素

技术因素是翻译策略的构成要素之一,该因素往往来源于理论知识的推断或者是实际经验的总结。严复在充分运用理论知识的基础上,考虑到技术因素,翻译了《天演论》,文章一半的内容采用直接翻译策略,一半综合了各式各样的观点想法,完成了著作的翻译。这里的各式各样观点想法不过是严复对于其余有关学者的借鉴或者是试验得知,也就是获取技术因素的途径。所以说,技术因素也深深影响着翻译策略的选取。

三、翻译策略的特征

（一）连接性

基础理论都是经过识别翻译自身特性，从而掌握翻译，选取合理科学的翻译策略来运行实施。可以说，广义上的翻译理念是在翻译策略的推动下掌管翻译最后运行的。对于翻译策略的探究其实就属于对宏观、中观与微观三方面一统的探究，这时必须构建起中心知识理论、中观方法转换与微观策略依附。实际上，中观方法便是宏观知识理念和微观策略间的纽带，更好的连接了翻译策略的三方面探究，使其达成理论和实践的融合。

（二）实践性

翻译策略在宏观、中观与微观等级上的探究职责清晰，相互影响、不可分割。宏观上，侧重于对翻译实质的阐述；中观上，更多表现了科技策划上；微观上，体现在翻译运行上，能够引导翻译的运行。这些研究在另一方面彰显出的是翻译策略的实践性。翻译策略有时来自于理论知识的探讨，有时出自实际的操作运行经验。当前经济全球化形势严峻，具体的翻译工作开展得如火如荼，获得的经验也越来越多，从中就会衍生出很多科学合理的翻译策略，此时就体现出了翻译策略的实践性优势。

（三）公开性

随着众多专家学者对于翻译的探究，使得翻译策略越来越丰盛。近几年，对于翻译进行探究的专家呈现出剧增的趋势，理论分派随之而来，每一派别探究出的翻译策略往往有别于其余派别，这些差异之处不但彰显在理论知识上，还体现在翻译策略本身实施上。翻译人员实施翻译中，表达出的对于原文的总体想法与最终的翻译方式，深深受到派别的影响。特定的理论知识依靠特定的策略方式，特定的策略需参照相应的理论知识，有时相同派别的不一样理论知识都会使用不一样的策略。翻译策略在公开性的带动下，逐渐扩大化，不同策略间互相吸收，汲取优秀理论，努力使翻译策略更加丰富。

综上所述，翻译策略的出现是历史的必然，其凭借自身的连接性、实践性与公开性等特征，受到理论知识因素、方向目标与科技因素等的影响，逐步扩展开来。但是，文中对翻译策略的研究唯一的不足就是，更多的侧重在理论知识上，缺乏理论结合实践性的研究。

第四节　翻译策略的构成

任何翻译策略都有三个要素：理论因子、目的指向和技术手段。当代自成体系的翻译理论都包含相应的翻译策略。反过来，不同的翻译策略都有一定的理论渊源或依据。译者的翻译目的是多重的，因而为实现不同翻译目的所采取的策略自然也就不同。翻译策略中的技术手段五花八门，不同的策略各有特色。

策略的各要素是如何结合起来的？不同策略的侧重点在何处？各策略的技术手段又是如何表现的？研究翻译策略的构成方式可见其端倪。归纳起来，翻译策略的构成方式有三种：条件型、选择型和组合型。

一、条件型翻译策略

条件型翻译策略是指在特定的条件下形成的策略，使用该策略要满足相应的条件或要求。以下列举并比较"改写"（rewriting）和"解释性翻译"两种翻译策略：

勒弗菲尔提出的改写其实是一种文体样式，包括翻译、阐释、评论、编选文集等。要实现"改写"必须满足三项要求：第一，在改写过程中，译者以目的语文化的意识形态为圭臬；第二，受目的语文化占主导地位的诗学的制约；第三，按母语原则从事翻译。"改写"策略的要素有三：译入语文化的意识形态、诗学和母语原则。由于改写是以某种方式对源语文本进行重新解释、改变或操纵，翻译过程受到译者（有意识或无意识的）意识形态和目的语文化中占主导地位的诗学的制约，因而对源语文本的思想内容乃至意识形态会有所改变。勒弗菲尔坚守国际通行的母语原则，即遵照从非母语译入母语的原则，强调改写者要受到母语文化诗学规范和意识形态信仰的制约。在我国的外宣翻译中，有人把谈化汉语浓墨重彩的描写，简化架床叠屋的程式也称为"改写"，但这与勒弗菲尔的改写相去甚远。既然是我国对外宣传，译者不可能以译入语的意识形态范之，也不见得完全采用对方的诗学形态，当然更不是母语翻译。所以，我国对外传播中，按照我国意识形态和政治要求在翻译中作文字处理与勒弗菲尔的改写风马牛不相及，但它适用于下述解释性翻译策略。

解释性翻译一般用在双语文化但与语言差别很大，译入语难于直接表达的场合。如果双语文化与语言差异不大，可以直接表达，就不用解释性翻译，更无须文内注或文外注。解释性翻译是把要解释的内容融合到译文中去，使译文一气呵成，巧妙传达出原文的含义与风格。解释性翻译不仅仅适用于外宣翻译，凡双语文化与语言的差异很大的文本都适用。进行"解释性翻译"，译者可以，而且应该对原文加工，一般是动三种"手术"。一是"镶补"，即补充外国人不懂的背景，通常是加几个字或最多加一两句话就行。另一种"手术"可以称为"减肥"。这指的是对堆积辞藻的"美文"进行加工，删节"溢美之言"和"不实之词"。如龙舟赛的宣传品中诸如"银河流星""海市蜃楼""水晶宫""群英会"等都可一概删节，改成简练的叙述。"抢鸭勇士谱水上凯歌"何所指？恐怕中国人也不懂，不如说"You'll see an exciting contest of swimmers trying to seize ducks.（你会看到游泳健儿在水上追逐鸭子的紧张比赛）"。另一种常动的"手术"可称为"重组"，就是按外文表达的需要，把原文的句子拆散，重新组合。一般而言，句子以简短为好，比较符合现代生活的快节奏，段落也可重分，也是以短为宜。

从上可知，改写和解释性翻译虽然同属条件型翻译策略，但它们各自的条件明显不同。

改写的条件是顺从译入语文化的意识形态,而解释性翻译的条件是保持源语文化的意识形态;改写须遵守翻译的母语原则,解释性翻译与此向左;改写要遵守译入语的诗学规范,解释性翻译在语言形式上尽可能贴近译入语的形式,但也不是一味追求。

二、选择型翻译策略

选择型策略由平行的几项分策略构成,翻译时根据文本类型和翻译目的选择其中一项或两项分策略(或以一项为主)。

丁衡祁曾提出公示语翻译的 ABC 策略,即"照搬(Borrow)、改造(Adapt)、创译(Create)"的策略。实际上是根据公示语的不同语境和翻译要求提出的三种不同的翻译方法:在公示语英译时,如果英语中有现成的、对应的表达,可以直接照搬;如果英语中有类似的表达,可以参照或加以改造;如果前两种情况都不存在,那么就按照英语的习惯和思维方式进行创译,充分考虑英语的表达习惯。公示语英译可从"照搬、改造和创译"三者中选其一。

纽马克的语义翻译和交际翻译、诺德的工具翻译和纪实翻译、豪斯的显性翻译和隐性翻译,分别由两两平行的策略合成一组翻译策略,译者可根据不同的文本类型、不同的翻译目的和功能、不同的译语受众和情景选择其一。

三、组合型翻译策略

组合型翻译策略通常由几个翻译步骤合成,各步骤连缀贯通,一般顺序而为。

奈达的"四步模式":分析—转换—重组—检验,逐一进行、不可颠倒、也不可缺漏。即在文本分析的基础上进行语言转换,在转换过程中重组,最后才是检验译文。按规定的四个步骤一一去做,才能达到动态对等的目标。

"看易写"(后改为"看译写")是林克难在全国第一届应用翻译研讨会上提出的翻译策略。所谓"看"就是阅读、熟悉在相同环境中操英语母语者是如何表达的;所谓"易"就是变易,翻译时模仿英语的表达方式,而不是逐字照搬,使译文符合英语为母语者的习惯;所谓"写"就是根据翻译发起人的意图直接用英语写作。

第五节 翻译策略分类

翻译策略有不同的分类方法。Jääskeläinen 把翻译策略分为总体策略(global strategies)和局部策略(local strategies)两种。前者指运用于整个翻译任务中的策略(如对译文风格的考虑、对读者群的假设等),而后者则集中于更为具体的翻译操作(如寻找合适的词汇等)。总(整)体策略与局部策略还可有另一种理解,即把总体策略理解为可以针对任何文本的翻译策略，如有的译者偏好直译、有的偏好意译；而局部策略只针对某一类文本的翻译策略。Newmark认为"翻译方法是与整个文本相关联的"，据此，他提出语义翻译和交际翻译两种不同的翻译策略。

德国目的论者根据文本类型提出工具翻译（instrumental translation）和纪实翻译（documentary translation）这两种策略，前者主要适合于应用文本的翻译，后者主要用于文学翻译。还可以根据翻译过程分为理解策略和表达策略等。上述公示语翻译的ABC策略重在表达。"双向理解"则重在理解，不但要求理解原文，而且要理解目的语词语的深层含义。"双向理解"策略的要素为文化对比。文化对比通过形式、意义和分布三者进行。"双向理解"要求对本族语和外语两个方面作全面的理解，而不仅仅是对一种语言的字面上的理解。例如"祖国统一"（涉及港、澳、台的问题）译为reunification of the motherland，而不是unification of the motherland。因为港、澳、台自古以来就是中国领土，所以要实现的是祖国重新统一，而非首次统一。基于这样的理解，该处的"统一"应译为reunification。

根据历史形成、理论渊源和实践指向，可把翻译策略分为三类：传统型翻译策略、理论型翻译策略和实践型策略。传统型策略贯穿中外翻译史，以直译、意译、音译为代表。理论型策略产生于语言学翻译研究之后，以实践为指向的自成体系的翻译理论都有配套的翻译策略，成为该理论的有机组成部分。实践型策略从大量翻译实践中提炼、归纳、概括。"事实上，译者所采用的翻译策略不是与译者所处社会语境毫无关联的抽象的理论假设，而是译者处在语言、历史和社会文化关系中所作出的决策。在决策的背后隐藏着翻译活动发起人（initiator）的各种不同的翻译目的"。

一、传统型翻译策略

传统型翻译策略中的直译、意译和音译古已有之，直译意译之争和关于音译的讨论贯穿于中外翻译史。此外，变通、释义等亦属传统性翻译策略，而达旨、神似、化境等既是翻译思想，也是翻译策略。

（一）直译

现在主张直译的人一般也不完全以逐词对译或照搬原文结构。直译可允许改动词序、改变词类，在通顺达意的原则下照顾到原文的结构形式。巴尔胡达罗夫认为，逐词翻译的直译是"层次偏低的翻译"，而只有"必要的和足够层次的翻译"才能"传达不变内容并遵循译语的规范"。"层次"是指作为翻译单位的语言等级体系中词、词组、句子之类的层次。卡特福德认为直译是介于意译和逐字翻译之间的一种译法。"它可能始于逐字翻译，但为恪守译文的语法规则而有所变化（如补充额外的词语、变换任何一'级'的结构等），并过渡到以意群或句子成分为单位进行翻译。"

直译的优点是：在吸收外来有益的新因素，在反映异国客观存在的事物和情调上，比意译更能避免主观因素的干扰。但在表达形式上无须另辟蹊径即可达到忠实于原文内容的时候，译者自然采用直译。

（二）意译

译文内容一致而形式不同谓之意译，即以原文形式为标准，译文表达形式上另辟蹊径。当译者经过曲微探幽，需要改变形式才能忠实地再现原文内容时，就采用意译。在翻译史上，对于意译各说纷纭。傅雷说："我并不说原文的句法绝对可以不管，在最大限度内我们是要保持原文的句法的，但无论如何要叫人觉得尽管句法新奇而仍不失为中文。"这一主张实际上跟鲁迅、周作人、茅盾主张直译并无原则区别。艾思奇则说："人们常常曲解了意译，以为为了要'达'，就可以随着译者的意思任意地增删文句，不必顾虑到原著。"钱歌川对意译的说法是："采用原文大意或甚至有时改变原意，依译者自己的意思写出，结果多是不大忠于原文。"

巴尔胡达罗夫把意译看成是"层次偏高的翻译"。"偏高是指比传达不变内容并遵循译语的规范所足够的层次为高"。这里的"层次"是指作为翻译单位的语言等级体系中词、词组、句子之类的层次。卡特福德（1965：26）认为"意译是等值关系，是在各'级'之间自由变换的，甚至可以超过这一'级'"。

（三）音译

音译亦称"转写"，即用一种文字符号（如拉丁字母）来表示另一种系统的文字符号（如汉字）的过程或结果。当源语和目的语之间差异很大、存在语义空白的情况下，翻译不可能直接从形式或语义入手，此时音译是主要的翻译手段。音译对象主要是人名、地名和新产生的术语。由于音译常受译者方言的影响或选择汉字不同，因而译音词常不统一。为了译音规范化，我国编制了多种语言的汉字译音表。例如，中国地名委员会编的《外国地名译名手册》就附有英、法、德、西、俄、阿拉伯等语言与汉语对照的译音表。按这些表的规定，例如英文 Lansing 译为"兰辛"，Travis 译为"特拉维斯"；俄文 Молдавия 译为"摩尔达维亚"，Ставский 译为"斯塔夫斯基"。当然这些译音表只是试图为以后的译音选取汉字提供规范，至于以前已经约定俗成的译名则不宜更改了，例如 radar 译为"雷达"，ballet 译为"芭蕾"，Москва 译为"莫斯科"等。此外，音译还要遵守名从主人的原则。虽然把 Mencius（孟子）译成"孟修斯"、把 Chiang Kai-shek（蒋介石）译成"常凯申"，已成笑柄，但数十年来，中文的人名、地名国际上通常用威氏拼音法拼写，至今我国台湾地区仍沿用，所以"马英九"译为 Ma Ying-jeuo，"董建华"译为 Tung Chee-hwa。

二、理论型翻译策略

"理论的意义在于确认研究对象的实情和找到发展规律，因此任何理论都有方法论特征和价值，而方法的意义在于告诉人们，人的认识活动和实际行动是如何依据研究对象的实情而进行的，因而任何方法论都是理论功能的伸展"。理论型翻译策略就是"理论功能的伸展",具有某一系统理论或学派的"方法论特征",以其主张的翻译理论为依据和依归。由于理论家对翻译有不同的价值取向,从不同角度关注其研究对象,衍生出不同的方法和策略。勒弗菲尔认为,"在翻译过程的每一个阶段,假如语言学方面的考虑与意识形态或诗学的本质发生冲突的话,后者往往占上风"。勒弗菲尔强调了意识形态和目的语文化主流诗学对选用翻译策略的作用,而语言学派主要考虑翻译要传达的意义。

翻译的宏观理论要是离开了具体的解读和实施的策略,那可能就是无的放矢。人们很难准确地理解与把握。翻译的宏观理论与其对应的策略相辅相成、互为依靠。以下对语言学派的翻译策略、文化学派的翻译策略分别叙述之。

(一)语言学派的策略

语言学把译学从经验研究带上人文科学研究的轨道。近半个多世纪以来,语言学理论、语言学方法推动着翻译研究的进步。语法学、对比语言学、语义学、文体学、系统功能语言学、语言学、语用学、话语分析、篇章语言学、语料库语言学、批评语言学等的相继创立和发展为翻译研究不断注入新的血液,使翻译研究与时俱进,新的翻译策略随之产生。作为语言学的重要策略,语言学派的翻译策略除以上提到的奈达的四步模式外,代表性策略还有忠实翻译和语用翻译、卡德福特的完全翻译和受限翻译、纽马克的交际翻译和语义翻译等。

纽马克在《翻译教程》第五章中总结了13种不同的翻译方法,包括字对字翻译(word-for-word translation)、直译(literal translation)、忠实翻译(faithful translation)、语义翻译(semantic translation)、意译(free translation)、交际翻译(communicative translation)等。交际翻译主要以译语读者为导向的翻译策略。翻译时力求保留原文的功能,并使其对译语读者产生效果。交际翻译关注的是译语读者,译者尽力为其排除阅读或交际上的障碍,使交际顺利进行。其重点在于以符合译语语言、文化及语用习惯的形式,传递原文的信息,而不必完全保留原文遣词造句的痕迹。以交际翻译为取向,译者享有更大的自由度去解释原文,因此可以做出调整、统一文体特征、排除歧义。与交际翻译不同,语义翻译把表达的内容限制在原文文化范围内,不允许对原文中富有民族文化色彩的概念加以改变。语义翻译为了表现出原作者的思想过程,力求保留原作者的语言特色和独特的表达方式。语义翻译注重词、句的语义分析,译文与原文的形式更为接近,力求再现原文词句结构,所以容易出现过译(overtranslation)。

语用学是语言学的一个分支。用语用学的原则和方法来处理翻译中的具体问题,是翻译方法之一。上述语义翻译关注话语或文本本身的内涵,交际翻译更重视交际者和言语交际的过程,而语用翻译除了关注文本本身及交际过程之外,还关注文本或话语的动态特征。贝克说,语用翻译致力于"研究交际情景中各参与者传达和操纵的意义,而非语言生成的意义","关注在情景中的使用方式及人们在语境中的解读方式"。作为一种等效翻译,语用翻译的焦点不在话语或文本的命题意义的传达,而要求译者充分考虑话语或文本产生的语境、说话人的真实意图等因素。这意味着，语用翻译要努力传达内涵意义、隐喻意义以及交际中的人际意义，如会话、语调、语域等。语用翻译不仅关注指称意义，还关注"话语在交际中的使用方式以及人们的解读方式"。

（二）文化学派的策略

Venuti 将翻译策略界定为选择文本和拟定一种翻译方法。文化学派研究译文产生的文化渊源，主张翻译与政治、经济、社会、意识形态等多种文化因素联系起来。提出改写、归化、异化、阻抗、创译、文化移植、文化置换、同化等翻译策略，现以归化、异化为例略加说明。

归化即译文采用明白、流畅的风格，以使目标语读者对外来文本的陌生感降到最低度。归化翻译包括如下步骤：精心选择适合于这种策略翻译的文本；有意识地采用流畅、顺耳的目标语风格；改编目标文本以符合目标话语类型；添加解释性材料；删除源语独有特征以及以目标语的预设与取向来使目标文本变得总体和谐。Venuti 指出，归化翻译是英美文化中占支配地位的翻译策略。

异化翻译指生成目标文本时会通过保留原文中某些异国情调的东西来故意打破目标语的惯例。并因而认为它具有"记录外来文本的语言和文化差异，使读者置身国外"的作用。具体地说，这样的策略不仅意味着可以不必绝对地服从目标语言和文本的限制，还意味着在适当情况下可以选择不流畅的、晦涩难懂的风格，可以有意地收录源语的独有特征或目标语的古词；这些特点合起来就会给目标语读者提供一种"迥异的阅读经验"的效果。

（三）实践型翻译策略

进入全球化、信息化时代后，翻译实务面广量大，翻译技术蓬勃发展，新经验日新月异，从大量翻译实践中不断萃取的实践型策略，如解释性翻译、"看易写"、深度翻译、陌生化、译前处理、"零翻译""双向理解""壮辞淡化""突出主题信息"等等。实践型翻译策略不属于某种系统理论或某个特定学派。由于翻译的宏观理论和翻译策略所研究的对象有共通之处，因此实践型策略也能获得宏观理论支持。

理论的视角可以不同，但不妨碍采用同样的实践型策略。可以从不同的学科视角来解释实践型策略，例如可以用交际学的交际能力理论阐释解释性翻译。交际能力不仅包括语言能力，而且也包括对与之有关的社会文化因素的充分了解。解释性翻译正是从接受者角度要求译文得体、语言流畅（作适当的文内解释）和可接受性（解释特有的文化现象或交代必要的背景）。下面以深度翻译和译前处理为例加以解释。

深度翻译亦译称"厚重翻译"（thick translation），指阿皮尔提到的通过各种注释和评注（annotations and glosses）将文本置于丰富的语言和文化环境中的翻译。"深度翻译"的策略也适用于任何其他含有大量解释材料的译作，不管这种解释材料是脚注、评注还是扩充的介绍。提供大量背景资料的目的，是使目的语读者对源语文化多一份敬意，让他们更好地理解异文化的人们思考问题和表达自己思想的方式。严复翻译的一个特点是，在译文中附有大量的暗语，对原著的历史背景、作者的学术观点、论述的精髓所在、中国传统文化中的类似理论以及作者观点中应予以商榷之处，均一一指出，对读者有很大的启迪作用。据粗略统计，严复所加的按语约占他所译的十部译著字数的十分之一，而《天演论》的按语数占了全书的一半以上。严复的译作大概可以算作我国翻译史上最典型的"深度翻译"的例子了。

译前处理作为中译外的一种策略，是指翻译之前对中文原稿进行处理。目的是使对外文稿适合政治需要、符合译入语语言习惯、达到译文效果。处理主要包括：1. 在尊重原文主要信息、充分领会原文精神的前提下，根据英语受众的接受心理、习惯，对原文进行语言处理，包括风格、文体、篇章等；2. 从外宣翻译的特殊目的出发，对那些不符合对外传播、对外宣传要求的或者本来不必要、不适宜作对外宣传的原文材料进行预处理。处理的具体办法包括修改、增删、变通等。

翻译策略的综合研究跨越传统译论、语言学派和文化学派的樊篱，既有横向的联动性，又有纵向的连贯性。本研究以宏观—中观—微观的三分法为方法论，对翻译策略作相对独立的中观研究，与宏观理论及微观技巧的研究三足鼎立，摆脱了宏观研究与微观研究的二元思维定式，从方法论上有利于宏观理论与微观技巧的衔接。翻译的中观研究涉及翻译模式、翻译模块、翻译计划、翻译方案等。本研究以翻译策略为中观研究的表征，对于相同性质、相同作用的翻译模式（如奈达的四步模式、公示语的 ABC 翻译模式）也纳入同一视角讨论。中观的翻译策略的系统研究为时不长，今后尚需对其功能和作用、内涵与特征以及在整个译学研究体系中的上下关系作进一步的研究。

第三章 英语翻译的技巧和方法

第一节 词汇层面上的翻译技巧和方法

翻译技巧无外乎从感性认识着手，向理性认识发展，再到准确、完整地表达原文的思想，以求达到一种质的飞跃。犹如绘画艺术，从粗线条的勾画开始，侧重于形状结构，到按比例地局部透视，着重于塑造形象，再到从整体考虑去完美地展现人物性格特征。实际上每一次翻译、创作过程都在不知不觉地运用翻译、创作的一些基本技巧。这些基本技巧决定了翻译或创作的质量，犹如创作过程，要正确处理明暗、虚实关系，翻译过程要十分清楚突出什么，抑制什么，方能相当细腻、多层次地反映原作的精神风貌、理论精髓。

一、英汉词汇比较

英汉两种语言渊源不同，又是在不同的历史和社会条件下发展起来的，所以两者之间存在着很大的差异，体现在词汇及其意义方面的差异也是非常明显的，如在词汇的构成及其形态变化、词汇的功能、词汇顺序、词义、词义的对应性等方面都存在着差异，研究这些差异对两种语言的转换具有非常重要的意义。

（一）英汉词形的差异

在英语中，名词、动词、形容词、副词等都会随着不同的人称、时态、语态、程度等发生词形上的变化。词形上的变化可以表明英语句子中各成分间的关系；而在汉语中就没有这些变化。在汉语中，词义、词序和隐含的逻辑关系常用来表达语言的意思。如"These students are working very hard in their English studies"，这句话用汉语说就是"这些学生在英语学习方面非常努力"。可以看到，英语中的"student"有单复数变化，在词尾加"s"表示复数，而汉语中的"学生"这个词本身并没有单复数变化，其复数概念是通过加限定成分"这些""那些"或在"学生"后加"们"字来表示的。还有"She speaks English very well"这句话用汉语说，就是"她英语相当好"。英语中的"speak"是动词，它要随着主语的人称和数来变化，这里加了"s"，表示此句的时态是"一般现在时"。汉语动词并不受主语人称和数的控制，不管主语是谁，一律用原词，词形不发生任何变化。又如"He once told me that Professor Li would taught here for thirty years by this winter"，用汉语说就是

"他曾对我说,到今年冬天李教授在这里教书就要满三十年了"。从这个例句中可以看到,英语动词有时态变化,表示过去的用"过去时",表示将来的用"将来时",表示将来某时完成的用"将来完成时"等。汉语动词则根本没有变化,其时间概念是通过使用时间副词来表示的。

英语的动词还有语态的变化,如果讲述的是事实,就用真实语气,如果是虚拟的事实,就用虚拟语气表示。汉语没有虚拟语气,表达虚拟语气也要通过借助相关的词语。如"If I had not been so busy last night, would have gone to the station to send him off"这句话,用汉语说,就是"我昨晚要是不那么忙的话,就去车站为他送行了"。

英语的许多可用于比较的形容词和副词有比较级和最高级这类词形变化,汉语则没有。在表达同类意思时,汉语常常使用"比"字表示比较级,使用"最"字表示最高级。如"This one is better than that one",用汉语说就是"这个比那个好"。"He runs fastest in his class",用汉语说就是"他在班里跑得最快"。

(二)英汉词序的差异

英汉两种语言在词语顺序方面也有差异,这主要是由叙事的习惯决定的。在英语中,物主代词往往置于所代表的名词前,人称代词也常出现在主句前面的从句中。然而,在汉语中,则总是先出现名词,后出现代词。如:

例 6—1:His sympathy for the Chinese revolution and his friendship for the Chinese people gained Edgar Snow many enemies.

按照汉语的叙事习惯,这句话的意思就是:埃德加·斯诺对中国革命的同情和对中国人民的友谊使很多人对他产生敌视态度。

有时,词序的变化是由英汉不同的句子结构决定的,如:

例 6—2:The smaller the thing, the less the pull of gravity on it and it less the weight.

物体越小,地心引力对它的吸力就越小,重量也就越轻。

例 6—3:Computers Can key a wide range of records, including who sold what, when and to who.

计算机可以做大范围的记录,包括何人于何时向何人售出了何物。

二、词义的选择、引申和褒贬

(一)词义的选择

在翻译过程中,首先碰到的问题是词义。英语中一词多义,汉语中一字多义,这是常见的语言现象。英国伦敦语言学派创始人弗思指出"Each word when used in a new context is a new word"。这充分体现了英语词汇的灵活性。

因此,正确选择词义成为翻译过程中极其重要的一步。

请看英语词汇"run"在下列词组中的含义:

Run away——跑开 run down——撞倒

run out——用完   run a race——参加赛跑

run to seed——变得不修边幅

由此可见"run"一词的含义极其丰富，除了本义"跑步"外，还有许多意思。

再请看"way"在下列句子中的含义：

Which way do you usually go to town？

你进城一般走哪条路线？

The arrow is pointing the wrong way.

这个箭头指错了方向。

She showed met he way to do it.

她向我示范做这件事的方法。

I don't like the way he looks at me.

我不喜欢他那种样子看着我。

Success is still a long way off.

离成功还远着呢。

We must not give way to their demands.

我们绝不能对他们的要求让步。

汉语词汇也是如此，下面请看关于"上"的例子：

上班——go to work

上当——be taken in

上课——attend class

上年纪——be getting on in years

上市——come on the market

再请看"轻"在下列句子中的含义：

这件大衣很轻，但非常暖和。

This coat is light but very warm.

易碎品——小心轻放。

Fragile——handle with care.

他年纪虽轻，但做事非常负责。

He is young at age but very responsible in work.

不要轻看自己。

Don't be little yourself.

不要轻易做出选择。

Don't make choices so easily.

今天我有些轻微的头疼。

I've got a slight headache today.

不难看出,翻译中选义的难易程度有多方面的因素在起作用,除了语言工具书可以帮助翻译,更重要的是还要借助具体的语境。

(二)词义的引申

所谓词义的引申,指的是在一个词所具有的基本词义的基础上,进一步加以引申,选择比较恰当的汉语来表达,使原文的思想表现得更加准确,译文更加流畅。

词义引申主要使用词义转译、词义抽象化、词义具体化等方法实现。

1. 词义转译

有些词照搬词典翻译,会使译文晦涩、含混,甚至造成误解。这时就应根据、句文逻辑关系引申转译。如:

(1)heavy 的基本词义是重,heavy crop 引申为大丰收,heavy current 引申为强电流,heavy traffic 引申为交通拥挤等。

(2)sharp 的基本词义是锋利的、尖的,sharp eyes 引申为敏锐的目光,sharp image 引申为清晰的形象,sharp voice 引申为刺耳的声音,sharp temper 引申为易怒的脾气等。

2. 词义抽象化

英语中常常用一个表示具体形象的词来表示一种属性、一个事物或一种概念。翻译这类词时,一般可将其词义作抽象化的引申,译文才能流畅、自然。如:

(1)Every life has its roses and thorns. 每个人的生活都有苦有甜。(roses 和 thorns 抽象化后引申为"甜"和"苦")

(2)We have to cut through all of the red tape to expand to the French market. 我们必须克服所有的繁文缛节,开拓法国市场。(red tape 抽象化后引申为"繁文缛节")

(3)Mary stands head and shoulder above her classmates in playing tennis. 玛丽打网球的水平在班里可以说是"鹤立鸡群"。(head and shoulder 抽象化后引申为"鹤立鸡群")

3. 词义具体化

英语中许多词意义较笼统、抽象,根据汉语表达习惯,引申为意义较明确、具体的词。这样,译文表达清晰、流畅,更加形象生动。如:

(1)The car in front of me stalled and I miss the green. 我前头的那辆车停住了,我错过了绿灯。(green 具体化后引申为"绿灯")

(2)The big house on the hill is my ambition. 山上的那间大屋是我渴望得到的东西。(ambition 具体化后引申为"渴望得到的东西")

(三)词义的褒贬

为了忠实于原文,仅查看词典是不够的[1]。译者还必须正确理解原文背景,了解其思想内容乃至政治观点等,然后选用适当的语言手段来加以表达。原文中有些词本身就含有褒

---

1 白银菊.英文翻译中的词类转换研究[J].鄂州大学学报,2018,25(04):90-92.

义和贬义，译者在翻译时要相应地将其表达出来，但有些词孤立起来看是中性的，而放在上下文中揣摩则可增添其褒贬色彩，译者在翻译时也应恰如其分地将其表达出来。英语中有些词不具有褒贬色彩，但根据语言表达的需要，翻译时要译出褒义或贬义以达到更加忠实原文的目的。

（1）reputation：

① I'm very lucky to attend this college with an excellent reputation.

被录取到这所享有盛誉的学校，我很幸运。（褒义）

② He was a man of integrity, but unfortunately he had a certain reputation.

他是一个正直真实的人，但不幸有某种坏名声。（贬义）

（2）ambition：

① My sister worked so hard that she achieved her great ambitions.

我姐姐如此努力工作，最终实现自己的抱负。（褒义）

② Ambition dominated their lives.

他们的生活受野心驱使。（贬义）

（3）demanding：

① This old professor has been persisting in his demanding research job.

这位老教授一直都不懈努力地追求着他的研究课题。（褒义）

② As a demanding boss, he expected total loyalty and dedication from his employees.

他是个苛刻的老板，要求手下的人对他忠心耿耿，鞠躬尽瘁。（贬义）

三、词类的转换

在翻译实践中，要做到既忠实于原文又符合译文的语言规范，就不能机械地按原文词类"对号入座"，逐字硬译，而需要适当改变一些词类，即把原文中属于某种词类的词在译文中转译成另一种词类。这就是现在要讨论的词类的转换。

词类转换在英译汉和汉译英时都是非常重要的手段之一，运用得当，可使译文通顺流畅，符合英汉习惯。现将英译汉以及汉译英时最常见的词类转换介绍如下：

（一）英语名词的转换

英语中名词使用的概率较汉语高，而且词义相当灵活，翻译时要从其基本意义出发，符合汉语习惯，联系上下文加以词类转换灵活处理。通常英语名词可转译成汉语动词、形容词或副词。

1.英语名词转译成汉语动词

（1）由动词派生的英语名词常常转译成汉语动词。例如，Her decision to retire surprised us all. 她决定退休，我们大为惊讶。

（2）具有动词意义的英语名词常常转译成汉语动词。例如，she would go to the park

for a walk. 每天早晨,她都要去公园散步。

(3)表示身份或职业的英语名词常常转换成汉语动词。例如,She was a winner in this competition with her amazing performance. 凭着出色的表演,她赢得了这场比赛。

2. 英语名词转译成汉语形容词

(1)由形容词派生的英语名词可转译成汉语形容词。例如,She is a real beauty. 她非常漂亮。

(2)一些加不定冠词做表语或做定语的英语名词可转译成汉语形容词。例如,His promotion was a success. 这次促销活动是成功的。

3. 英语名词转译成汉语副词

英语中有些抽象意义的名词可以转译成汉语副词。例如,It is our pleasure to note that China has made great progress in economy. 我们很高兴地看到,中国的经济已经有了很大的发展。

(二)英语形容词的转换

英语形容词可转译成汉语动词、副词或名词。

1. 英语形容词转译成汉语动词

英语中有些表示知觉、欲望等心理状态的形容词做表语时,可以转译成汉语动词。例如,Doctors said that they were not sure they could save her life. 医生们说他们不敢肯定能救得了她的命。

2. 英语形容词转译成汉语副词

英语名词译成汉语动词时,修饰名词的形容词常常转译成汉语副词。例如,I like having brief naps in the noon. 我喜欢在中午短短地睡上一小会儿。

3. 英语形容词转译成汉语名词

(1)表示特征或性质的英语形容词可转译成汉语名词。例如,The more carbon the steel contains, the harder and stronger it is. 钢中含碳量越多,其越硬越强。

(2)有些英语形容词前加上定冠词表示某一类人时,可转译成汉语名词。例如,They are going to build a school for the blind and the deaf. 他们将为盲人和聋人修建一所学校。

(三)英语副词的转换

英语副词可转译成汉语名词、形容词或动词。

1. 英语副词转译成汉语名词

有些英语副词因表达需要可转译成汉语名词。例如,He is physically weak but mentally sound. 他身体虽弱,但思想很健康。

2. 英语副词转译成汉语形容词

有些英语副词因表达需要可转译成汉语形容词。例如,The film impressed me deeply. 这部电影给我留下了深刻的印象。

3. 英语副词转译成汉语动词

有些英语副词因表达需要可转译成汉语动词。例如，Now, I must be away. 现在，我该离开了。

（四）英语动词的转换

英语动词可转译成汉语名词或副词。

1. 英语动词转译成汉语名词

（1）英语中有些动词，特别是名词派生或名词转用的动词，在汉语中不易找到相应的动词，翻译时可将其转译成汉语名词。例如，Most students behaved respectfully towards their teachers. 大部分学生对教师的态度都很恭敬。（名词转用的动词）

（2）有些英语被动式句子中的动词，可以译成"受到/遭到……+名词"或"予以/加以……+名词"的结构。

2. 英语动词转译成汉语副词

英语中有些动词具有汉语副词的含义，可以转译成汉语副词。例如，When I leave the house, I always watch out. 我出门时总是非常小心。

（五）英语介词的转换

英语介词搭配多样、关系复杂、运用广泛，翻译时应根据上下文灵活处理，通常可转译成汉语动词。例如，He is leaving for Beijing at 9 this morning. 今天上午9点他将动身去北京。

（六）汉语动词的转换

1. 汉语动词转译成英语名词

汉语中动词使用较频繁，而且常常几个动词连起来使用。而前面已提到，英语中名词使用较多，在汉译英时，可根据需要将汉语动词转译成英语名词。例如，说来话长：It is a long story.

2. 汉语动词转译成英语形容词

汉语中一些动词往往可以转译成英语形容词，常用"be+形容词"来表达。例如，他连续24小时上网，这可说不过去：He has been on line for 24 hours in a row. This is inexcusable.

3. 汉语动词转译成英语介词或介词短语

介词的使用在英语中也非常灵活，在汉译英时，可根据需要将汉语动词转译成英语介词或介词短语。例如，如果遇到火灾，首先要切断电源：Break the circuit first in case of fire.

4. 汉语动词转译成英语副词

同样，有些汉语动词也可用英语副词来表达，这样用词更加简明，意思也非常准确。例如，灯开着，但没有人在家：The light was on, but nobody was in.

（七）汉语名词的转换

有些汉语名词在翻译时，也可转译成英语动词。但是同时须注意，如果汉语前有形容词修饰语，则也要随之转换成英语副词。

（八）汉语形容词或副词的转换

汉语形容词或副词可以转译成英语名词，这主要是语法结构或修辞上的需要。例如，思想交流是十分必要的：Exchange of ideas is a vital necessity.

第二节　句子层面上的翻译技巧和方法

英语文体各异、句型复杂，长句的出现频率高，逻辑性强，给译者增添了许多困难。然而，英语语言具有"形合"的特点，无论多长、多么复杂的结构，都是由一些基本的成分组成的。译者首先要找出句子的主干结构，弄清楚句子的主语、谓语和宾语，然后再分析从句和短句的功能，分析句子中是否有固定搭配、插入语等其他成分。最后，再按照汉语的特点和表达方式组织译文，这样就能保证对句子的正确理解。

一、被动语态翻译

英语中被动语态使用范围很广，凡是在不必说出主动者、不愿说出主动者、无从说出主动者或者是为了便于连贯上下文等情形下，往往都用被动语态。汉语中虽然也有被动语态，但是使用范围狭窄得多。英语中被动语态的句子译成汉语时，很多情况下都可译成主动句，但也有一些可以保留被动语态。

（一）转换成主动语态

在有些情况下，可变换语态，将原来的被动语态转换成主动语态，使译文明确易懂。

（1）A contingency plan against bankruptcy was hastily drawn up.

译文：防止破产倒闭的应急计划很快制订出来了。

（2）The special challenge that advertising presents can be illustrated by a statement made by the president of a major advertising agency in New York.

译文：纽约一家主要广告公司的总裁所做的陈述，可以阐释当前广告业所面临的特殊困难（原文中被动语态译为主动结构，原文中的主语在译文中作宾语）。

（3）This Contract is made by and between the Buyer and the Seller.Whereby the Buyer agrees to buy and the Seller agrees to sell the under mentioned commodity according to the terms and conditions stipulated below.

译文：买卖双方同意按下列条款买卖下述商品，并签订本合同。

（二）保留被动语态

在进行英译汉时，语态不变，仍然保持原来的被动语态，但译者常常需要在主谓语之间加上一些汉语中表示被动的介词，如"被……""给……""受……""让……""为……所……""遭……"等。例如：

（1）Competition in business is regarded to be a means to earn money.

译文：商业竞争被认为是一种挣钱手段。

（2）Although Americans today are likely to think that Alger's stories are too good to be true, they continue to be inspired by the idea of earning wealth and success as an entrepreneur who makes it on his own.

译文：尽管今天美国人有可能认为阿尔杰的故事好得令人难以置信，但是他们依然为那种自力更生赢得财富和成功的企业家精神所鼓舞。句中的"they continue to be inspired by the idea of earning wealth and success as an entrepreneur who makes it on his own"采用的是被动语态，在翻译成汉语时，可以保持原来的语态，只是在主谓语之间加上汉语中表示被动的介词"为……所"就可以了。

（三）译成无主句

例如：

（1）Your early confirmation would be greatly appreciated.

译文：万分感谢您能早日给予确认。

（2）On the whole such a conclusion can be drawn with a certain degree of confidence, but only if the child call be assumed to have had the same attitude towards the test as the other with whom he is being compared, and only if he was not punished by lack of relevant information which they possessed.

译文：总的来说，得出这种结论是有一定把握程度的，但必须具备两个条件：能够假定这个孩子对测试的态度和与他比较的另一个孩子的态度相同；他也没有因为缺乏别的孩子已掌握的有关知识而被扣分。

（3）Great efforts should be made to inform young people especially the dreadful consequences of taking up the habit.

译文：应该尽最大努力告知年轻人吸烟的危害，特别是烟瘾的可怕后果。

赏析：上述三例使用的是被动语态，句子中没有施动者。在进行翻译时，可以将其翻译成汉语的无主句。

（四）"A be done"结构的处理

有时由于种种原因，英语被动句中省略了谓语动词的施动者，构成"A be done"结构。如果翻译时将其转换成主动语态，就变成了"do A"结构。在这种情况下，往往需要加上泛指性的主语，如"我们""人们""大家""有人"等，或者将其翻译成汉语的无主句。

（1）The daily closing balance per account shall be checked against actual cash on hand.

译文 a：每日终了，我们应结出账面余额，并与实际库存核对相符。

译文 b：每日终了，应结出账面余额，并与实际库存核对相符。

上句使用的是被动语态，句子中没有施动者。在进行翻译时，可以在句首加上泛指性主语"我们"，如译文 a，也可以将其翻译成汉语的无主句，如译文 b。

（2）It is essentially stressed that the Buyers are requested to sign and return the duplicate of this contract within 3 days from the date of receipt.In the event of failure to do this, the Sellers reserve the fight to cancel the contract.

译文：必须强调：买方应于收到本合同之日起 3 日内签字并返还合同的副本，如买方不这样做，卖方保留取消合同的权利。

总之，正确理解与翻译英语复合句是英语翻译的重点之一，而要正确理解与翻译这些句子，关键是要准确划分原文句子结构，正确理解英汉两种语言在结构、语序以及语态方面的差异。能够正确处理好句子中各成分之间的复杂语法修饰关系和内在逻辑关系，还需要人们在商务翻译实践中不断地进行探索。

二、定语从句的翻译

英语中，定语从句分为限制性从句与非限制性从句两种，在句中的位置一般是在其所修饰的先行词后面。限制性定语从句与非限制性定语从句的区别主要在于限制意义的大小[2]。而汉语中定语作为修饰语通常在其所修饰的词前面，并且没有限制意义的大小之分，因此，限制与非限制在翻译中并不起十分重要的作用。英语中多用结构复杂的定语从句，而汉语中修饰语不宜臃肿，所以在翻译定语从句时，一定要考虑到汉语的表达习惯。如果英语的定语从句太长，无论是限制性的还是非限制性的，都不宜译成汉语中的定语，而应用其他方法处理。英语中单个词作定语时，除少数情况外，一般都放在中心词前面；而较长的定语如词组、介词短语、从句做定语时，则一般放在中心词后面。在了解英汉两种语言差异的基础上，以下介绍几种适合商务句子的翻译方法。

（一）前置法

前置法即在英译汉时把定语从句放到所修饰的先行词前面，可以用"的"来连接。既然定语从句的意义是做定语修饰语，那么在翻译的时候，通常把较短的定语从句译成带"的"的前置定语，放在定语从句的先行词前面。在商务翻译实践中，人们发现前置法比较适合翻译结构和意义较为简单的限制性定语从句，而一些较短的具有描述性的非限制性定语从句也可采用前置法，但不如限制性定语从句使用得普遍。例如：

（1）The role of selling in our society is to identify and provide the goods and services that

---

2 何学兵. 大学英语课堂翻译教学与实践之探索[J]. 创新创业理论研究与实践, 2021, 4（2）: 23-24, 29.

will satisfy the needs and wants of the consumers.

译文：销售在社会中的作用就是识别并提供那些能够满足消费者需求的商品和服务。

赏析：在这句话中，限制性定语从句 that will satisfy the needs and wants of the consumers 用来修饰其名词中心词 goods and services。该定语从句比较短，我们在翻译时往往将其前置到先行词前面，使译文符合汉语的表达习惯。

（2）In an urban culture, where mobility is valued, and land is not an issue, female talents are more emphasized.

译文 a：在现代城市人的观念中，价值就是流动性，与土地无关，人们更加注重的是女性的才能。

译文 b：在重视流动性且土地不成为其问题的城市文化中，女性的才能更受重视。

赏析：该句中"where mobility is valued, and land is not an issue"为非限制性定语从句。非限制性定语从句通常有两种译法，一是译成前置结构放在所修饰的先行词前面；二是后置译成并列的分句，或单独成句。译文 a 采用后置法，按照英文原文的顺序翻译，令人感觉意念不明。而译文 b 译为"的"字结构，置于先行词之前，更符合汉语表达习惯。

（二）后置法

后置法即在英译汉时把定语从句放在所修饰的先行词后面，翻译为并列分句。英语的定语从句结构常常比较复杂，如果译成汉语时把它放在其修饰的先行词前面，会显得定语太反锁，而无法叙述清楚。这时，可以把定语从句放在先行词后面，译成并列分句，重复或者省略关系代词所代表的含义，有时还可以完全脱离主句而独立成句。例如：

（1）The importer can sell the goods to a new buyer while they are being carried by means of negotiable shipping documents which are very convenient for use.

译文 a：进口商可以通过使用起来非常方便的可转让的运输单据将货物在运输途中卖给新的卖方。

译文 b：进口商可以通过可转让的运输单据将货物在运输途中卖给新的卖方，这类可转让单据用起来非常方便。

赏析：译文 a 中将"which"引导的限制性定语从句前置，显得累赘拗口；而译文 b 采用后置的方法，重复先行词"negotiable shipping documents"，使得译文表意明确。

（2）The fact that these early entrepreneur built great industries out of very little made them seem to millions of Americans like the heroes of the early frontier days who went into the vast wilderness of the United States and turned the forests into farms, village and small Cities.

译文：这些早期的企业家几乎白手起家却创造了宏大的产业，在千百万美国人看来，他们恰如早期拓荒时代的英雄，走进美国一望无际的荒野，将森林变成了农场、村庄和小城镇。

赏析：在这句话中，限制性定语从句"who went into the vast wilderness of the United

States and turned the forests into farms, villages and small cities"用来修饰其先行词"heroes of the early frontier days"。该定语从句较长，如果将其前置译成定语，译文比较累赘，也使人很难理解。在这种情况下，将定语从句从引导词 who 这里与主句分解开来，译成并列的分句并省略先行词，译文简洁明了。

（3）The strong influence of the success stories of the early entrepreneurs on the masses of Americans can be found in the great popularity of the novels of Alger, which were published in late nineteenth and early twentieth century America.

译文：阿尔杰的小说大受欢迎，我们可以从中发现早期企业家的成功故事对美国大众所产生的强烈影响。这些小说于 19 世纪末 20 世纪初发行于美国。

赏析：在该句中，非限制性定语从句"which were published in late nineteenth and early twentieth century America"修饰中心词"the novels of Alger"。译文采用后置法，将定语从句和主句分解开来翻译。定语从句重复先行词，并独立成句。

（4）China's patriarchy is a feudal holdover, scholars say, where land equals power male children inherited land.

译文 a：学者们说，中国的男权统治是一种土地就是权力的封建残余。土地是由男孩继承的。

译文 b：学者们说，中国的男权统治是一种封建残余，在封建社会，土地就是权力，而土地是由男孩继承的。

赏析：该非限制性定语从句虽然不长，但是 where 在该句中指代的是"封建统治下的中国"，如果采用前置法，如译文 a，会造成对先行词的限定过窄。而译文 b 没有单纯重复先行词，而是转译为"封建社会"，与原文表意一致。

3. 融合法

融合法即把主句和定语从句融合成一个简单句，其中的定语从句译成单句中的谓语部分。由于限制性定语从句与主句关系较紧密，所以融合法多用于翻译限制性定语从句，尤其是"there be"结构带有定语从句的句型。例如：

（1）We are a nation that has a government—not the other way around.

译文：我们这个国家有一个政府，而不是倒过来——政府有一个国家。

（2）Most of the staff.who have hand signals spelling "welcome" printed on the back of their T shirts, used to spend their days shut off from the public in special workshops for the handicapped, making things like jewellery or packaging.

译文：（咖啡屋）大多数工作人员在 T 恤衫后背上印有表示"欢迎"的手势，他们过去过着与公众隔绝的日子，在为残疾人开设的特殊车间里生产珠宝之类的东西或负责包装。

赏析：该例非限制性定语从句的翻译使用了融合法。译文将主句的主语与非限制性定语从句融合在一起，重新组合成句子。

4. 状译法

英语的定语从句与汉语中的定语还有一个不同的地方，即英语中有些定语从句和主句关系不密切，它从语法上看是修饰定语从句的先行词的，但限制作用不强，实际上是修饰主句的谓语或全句，起状语的作用。也就是说，有些定语从句兼有状语从句的功能，在意义上与主句有状语关系，表明原因、结果、目的、让步、假设等关系。在这种情况下，需要灵活处理，在准确理解英语原文的基础上，弄清楚逻辑关系，然后把英语中的这些定语从句翻译成各种相应的分句。因此，应视情况将其翻译成相应的状语从句，从而更清晰明确地传达出原文中的逻辑关系。

（1）An automatic production line is excellent for the automotive industry where thousands of identical parts are produced.

译文：自动生产线非常适用于汽车工业，因为那里要生产成千上万个同样的零件。

赏析：在这句话中，"An automatic production line is excellent for the automotive industry"是主句，"where thousands of identical parts are produced"为限制性定语从句。从语法意义上看，该定语从句修饰其前的先行词"the automotive industry"，但是从逻辑意义上看，该定语从句与主句之间为因果关系。译文将定语从句转译成原因状语从句，清晰明确地显示出句子间的逻辑关系。

（2）I think it will grow even on non—irrigated land where there is a forest belt.

译文：我想即使在没有灌溉的土地上，只要有一条树林带，它还是会生长的。

（3）The two sides were edging toward an improvement of relation that in time could be capped by a high—level American visit to Moscow, perhaps even a presidential visit.

译文：双方一步一步朝改善关系的方向前进，以便一旦时机成熟，就可以有一位美国高级人士访问莫斯科，也许甚至是总统亲自出访。

赏析：该定语从句含有表示双方改善关系的目的，故译为目的状语从句。

（4）Any worker who dirty or who soils a wall with his hands or feet is docked a day's pay.

译文a：任何脏兮兮或者用手脚弄脏了墙壁的工人扣薪一天。

译文b：任何职工，若服装不整洁，或用手脚污损了墙壁，就扣薪一天。

赏析：比较上面译文，不难发现，该定语从句若转译为条件状语从句，更符合汉语表达方式。

（5）Electronic computers, which have many advantages, cannot carry out creative work or replace men.

译文：尽管电子计算机有许多优点，但是它们不能进行创造性工作，也不能代替人。

赏析：该定语从句有表示让步的状语从句的功能，故转译为让步状语从句。

由此可见，语言的表达是灵活的。英语中的定语从句应根据原文的文体风格、原文内容、上下文的内在逻辑关系灵活处理。在翻译一个句子，特别是当原作语言和译作语言在语法结构和语义结构上差异较大时，往往要经过一个分析、转换和重组的过程。理想的翻译结果是在重组的过程中,两种语言的信息能产生共同的语义结构,并达到概念等值,最终使译文的读者对译文信息的反应与原文的读者对原文信息的反应趋于一致。

第三节 语篇层面上的翻译技巧和方法

句子是语法分析的理想单位,但在运用语言进行实际交往中,语言的基本单位则是语篇。语篇是由句子组建而成的,它是人们运用语言符号进行交往的意义单位,故可长可短。一部长篇小说是一个语篇,一个句子或短语,甚至一个词,都能构成语篇。因此,译者一定要把握好对语篇的翻译。

一、语篇概述

"语篇"这个术语在不同学者的著述中具有不同的含义。胡壮麟在其《语篇的衔接与连贯》一书中指出,语篇是"任何不完全受句子语法约束的在一定语境下表示完整语义的自然语言"。英国当代语言学家韩礼德和哈桑在《英语中的衔接》中指出:"语篇指任何长度的、在语义上完整的口语和书面语的段落,它与句子或小句的关系不在于语篇的长短,而在于衔接。""语篇与非语篇的根本区别在于是否具有语篇性——而语篇性是由衔接关系形成的。"

概而言之,语篇是高于句子的语言层面,能够独立完成某种特定交际功能的语言单位。语篇是语言结构和翻译的最大单位。语篇可以以对话(dialogue)形式出现,也可以以独白(monologue)形式出现;可以是众人随意交谈,也可以是挖空心思地诗作或精心布局的小说或故事。但是,需要注意的是,语篇并不一定就是一大段话,只要是表达了一个完整的意思,那么一个词语也可以称为语篇。例如,溺水者高呼一声:"Help!"这简单的一个词也可构成完整的语篇;公共场所的告示"No smoking",虽然是个短语,但它是个完整的语义单位,有其交际目的和功能,也应看作完整的语篇。

二、语篇分析在翻译中的运用

语篇分析是美国语言学家哈里斯于1952年首先提出来的一个术语,后来被广泛用于社会语言学、语言哲学、语用学、符号学、语篇语言学等领域。自从翻译界将"语篇分析"这个语言学研究的成果运用到翻译学科,翻译界对"上下文"的认识有了一个质的飞跃,从感性上升到理性,从经验上升到理论。掌握了"语篇分析"理论,译者就能在跋涉译林时,既看到树木,也看到整片森林;就能将原文的词、句、段置于语篇的整体中去理解、去翻译。这样,译文的整体质量就有了很大的提高。语篇分析的基本内容包括衔接手段、连贯、影响语篇连贯的因素,其中对译者而言,最为重要的是衔接与连贯。

句子或句群不是杂乱无章地堆砌在一起构成段落与篇章,相反,它们总是依照话题之间的连贯性和话题展开的可能性有规律地从一个话题过渡到另一个话题的。篇章的存在要求其外在形式和内在逻辑,即衔接和连贯具有一致性。作为语言实体,段落与篇章在语义上必须是连贯的,而连贯性在很大程度上需要靠语内衔接来实现。连贯是首要的,衔接要为连贯服务。翻译工作者为了使译文准确、通顺,就必须处理好衔接与连贯的问题。在英译汉实践中,译者应该首先吃透原文,了解作者怎样运用衔接手段来达到连贯目的,然后根据英汉两种语言在形式与逻辑表达上的差别通权达变。

(一)语篇的衔接

衔接是篇章语言学的重要术语,是语段、语篇的重要特征,也是语篇翻译中的一个重要环节。衔接的优劣,关系到话语题旨或信息是否被读者理解和接受。所谓语篇衔接,就是使用一定的语言手段,使一段话中各部分在语法或词汇方面有联系,使句与句之间在词法和句法上联系起来。例如:

The human brain weighs three pounds, but in that three pounds are ten billion neurons and a hundred billion smaller cells.These many billions of cells are interconnected in a vastly complicated network that we can't begin to unravel yet...Computer switches and components number in the thousands rather than in the billions.

人脑只有三磅重,但就在这三磅物质中,包含着一百亿个神经细胞,以及一千亿个更小的细胞。这上百亿、上千亿的细胞相互联系,形成一个无比复杂的网络,人类迄今还无法解开其中的奥秘……电脑的转换器和元件只是成千上万,而不是上百亿、上千亿。

在上例中,billion 一词重复出现了四次:ten billion neurons, a hundred billion smaller cells, these many billions of cells, in the billions。很显然,前两次所说的是不同的两种细胞,而第三次是对前两次所说的两种细胞的统称,而第四次是指那两种细胞的数量。因此,在翻译时要对 billion 一词加以注意,应将英语的数目概念改成汉语的数目概念,照顾语篇的连贯,切忌把 These many billions 译成"这许多十亿"和把 in the billions 译成"数以十亿计",这样会切断语篇的连贯性,让读者不明所以。

句组中的各个句子之间、句组与句组之间需用不同的衔接手段来体现语篇结构上的黏着性和意义上的连贯性。语篇的衔接手段大体可分为词汇手段、语法手段两大类。

1. 词汇手段

语篇的连贯可以通过词汇衔接手段予以实现。韩礼德和哈桑认为,英语词汇衔接关系可分为两类:同现关系(collocation)和复现关系(reiteration)。此外,运用逻辑连接法也可以实现语篇的连贯。

(1)词语之间的同现关系。同现关系指的是词语在语篇中同时出现的倾向性或可能性。一些属于同一个"词汇套"(lexical set)或同一个"词汇链"(lexical chain)的词常常一起出现在语篇中,衔接上下文。例如 thirsty 一词常会使人们联想到 drink, water, soda water, mineral water, tea, coffee, coke, beer 等词，这些词可能会在语篇中同时与 thirsty 一词出现。除了这种词之外，反义词也常用来构成词语之间的同现关系。反义词的两极之间可以存在表示不同程度或性质的词语，如在 hot 和 cold 之间尚有 warm, tepid, lukewarm, cool 等词。

例：John is a good teacher.But he is a bad husband.

约翰是一位出色的教师，但他不是好丈夫。

上述例子中的 good, bad 这一对反义词就构成了两句话之间存在的同现关系。

此外，互补词也能确立词语之间的同现关系。

（2）词语之间的复现关系。韩礼德和哈桑认为复现关系主要是通过反复使用关键词、同义词、近义词、上义词、下义同、概括同等手段体现的。词语的不同复现手段往往能显示不同的文体或风格特征。他们通过下列例子证明了自己的观点。

原句：There's a boy climbing that tree. 有一个男孩正在爬那棵树。

① The boy's going to fall if he doesn't rake care. 那个男孩将会掉下来如果他不小心。

② The child's going to fall if he doesn't take care. 那个孩子将会掉下来如果他不小心。

③ The lad's going to fall if he doesn't take care. 那个少年将会掉下来如果他不小心。

④ The idiot's going to fall if he doesn't take care. 那个笨蛋将会掉下来如果他不小心。

上例中，①②③④是对原句的复现。①是 boy 一词复现，②中的 child 是 boy 一词的上义词，③中的 lad 是 boy 的同义同，④中的 idiot 属于概括词，口语中可泛指人（常含贬义色彩或熟稔口吻）。

原句：I turned to the ascent of the peak. 我向顶峰攀登。

① The ascent is perfectly easy. 攀登是十分容易的。

② The task is perfectly easy. 这项任务是十分容易的。

③ It is perfectly easy. 它是十分容易的。

④ Climb is perfectly easy. 攀登是十分容易的。

⑤ The thing is perfectly easy. 这件事是十分容易的。

上例中，原句和①②③④⑤句之间存在着复现关系，其衔接就是通过词汇手段实现的。①的手段是重复使用关键词；②的手段是使用上义词；③的手段是运用代词；④的手段是使用同义词；⑤的手段是使用概括词。

（3）运用逻辑连接语（logical connectors）指的是表示各种逻辑意义的词、短语或分句，包括以下几种：

①表示句子之间（含句组之间）的时间关系（temporal relation）的逻辑连接语。

②表示句子之间的因果和推论关系（causal/resultative/inferential relation）的逻辑连接语，如 consequently, so, otherwise, then, hence, because, BS a result, for this reason, in that case 等。

③表示附加关系（additive relation）的逻辑连接语，如 by the way, in other words, for instance, likewise, similarly, and, or 等。

④表示句子之间的转折和对比关系（adversative / contrastive relation）的逻辑连接语，如 however, but, yet, never the less, in fact, in any case, on the contrary 等。

⑤表示位置（location）、方向（direction）和地点（location）等意义的逻辑连接语，如 over, here, there, under, above, down, up, nearby, further, beyond, beneath, adjacent to, close to, near to, next to, in front of, on top of。

2. 语法手段

句子或句组之间的衔接可以通过语法手段予以实现。其中较为常见的语法手段有以下几种。

（1）动词的时、体变化。动词的时和体可以在句子中起到衔接的作用。例如：

① The boy stopped running. He saw his mother. 那个男孩停止跑动，他看到了他的母亲。

② The boy stopped running. He had seen his mother. 那个男孩停止跑动，因为他看了他的母亲。

从动词的时、体变化角度可看出，句①中的两句之间，存在动作发生的时间顺序关系，而句②中的两句之间既存在着动作发生的时间顺序关系，又存在着因果关系。

（2）照应手段。照应（reference）指的是词语与其所指对象之间的关系。在语篇中，如果对于一个词语的解释不能从词语本身获得，而必须从该词语所指的对象中寻求答案，就产生了照应关系。因此，照应是一种语义关系，是表示语义关系的一种语法手段，也是帮助语篇实现其结构上的衔接和语义上的连贯的一种主要手段。照应关系可分为两种类型：语内照应（endophora）和语外照应（exophora）。语内照应又可分为两种情况：一种是"上指"（anaphora，亦称"反指"），即用一个词或词组替代上文中提到的另一个词或词组。另一种情况是"下指"（cataphora，亦称"预指"），即用一个词或短语来指下文中即将出现的另一个词、短语乃至句子。语外照应是指在语篇中找不到所指对象的照应关系。

（3）替代。替代（substitution）是一种既可避免重复又能连接上下文的手段，指的是用代替形式（substitute）来取代上文中的某一成分。替代是一种语法关系，与照应表达对等关系不同，它表达的是一种同类关系。在语篇中，替代形式的意义必须从所替代的成分那里去查找，因而替代是一种重要的衔接语篇的手段。替代可分为名词性替代（nominal substitution）、动词性替代（verbal substitution）和分句性替代（clausal substitution）等多种形式。与英语相比，汉语中替代手段使用的频率较低，汉语往往使用原词复现的方式来达到语篇的衔接与连贯。英语可以用代词 so, do, do the same 等替代形式来替代与上文重复的成分形成衔接。但是汉语没有类似的替代形式，通常需要用词义重复来连接。因此，译者在翻译时应注意英、汉语的不同表达习惯。

例：The Americans are reducing their defense expenditure this year. 1 wonder if the Russians will do too.

美国人今年在削减国防开支，我怀疑俄罗斯人也会这样做。

例中 do too 替代了 reducing their defense expenditure，体现出英语的简洁性。

例：Everyone seems to think he's guilty.If no doubt he'll offer to resign.

似乎每个人都认为他是有错的。如果是这样，毫无疑问，他将会提出辞职。

例中的 so 替代了前文的分句 everyone seems to think he's guilty，简洁明了。

例：Electrical charges of a similar kind repel each other and those that are dissimilar attract.

同性电荷相斥，异性电荷相吸。

此例中代词 those 替代了前文中的 electrical charges，译文则采用的是"电荷"这一名词。

（4）省略。省略（ellipsis）指的是把语言结构中的某个成分省去不提。句中的省略成分通常都可以从语境中找到，这样句与句之间就形成了连接关系。同替代一样，省略（ellipsis）的使用也是为了避免重复，突出主要信息，衔接上下文。作为一种修辞方式，它符合语言使用的经济原则。省略可看作一种特殊的替代——零替代（substitution by zero）。省略是一种重要的语篇衔接手段。省略也可分为名词性省略（nominal ellipsis）、动词性省略（verbal ellipsis）和分句性省略（clausal ellipsis）。相比较而言，英语的省略现象比汉语要多一些。因为英语的省略多数伴随着形态或形式上的标记，不容易引起歧义。

例：Everybody has a responsibility to the society of which he is a part and through this to man kind.

每个人都对他所属的社会负有责任，通过社会对人类负有责任。

英语有 to 这一形式标记，说明省略的动词成分，这样能使前后衔接、结构紧凑，汉语的习惯则要求重复这一成分。

在省略这一衔接手段中，译者尤其需要注意的是汉语经常省略主语，因为汉语具有主语控制力和承接力强的特点，在汉语语篇中，当主语一次出现后，在后续句中可以隐含。

例：Arthur Clarke was born in Mine head, England.Early interested in science, he constructed his first telescope at the age of thirteen.He was a radar specialist with the Royal Air Force during World War 1I.He originated the proposal for use of satellites in communication..

阿瑟·克拉克生于英格兰的明海德镇。自幼喜爱科学，十三岁时制作了自己的第一架望远镜，第二次世界大战期间是皇家空军的一位雷达专家，曾首先提议将卫星用于通信……

在上例中，英语句子在结构上是比较工整的，每个句子都有主语。而在汉语的译文中，只要意思明确，句子的主语可以省略，一个主语可以管一个小的段落。

例：What matters if there are some difficulties.Let them blockade US.Let them blockade US for eight or ten years.By that time, all of the China's problems would have been solved.

（即便）多（或）少（有）一些困难怕什么，（让他们）封锁吧，封锁十年（或者）八年，（到那时）中国的一切问题都解决了。

从此例中我们可以看出，英语的表达具有很强的实际意义，在翻译时要首先把省略的部分补齐，才能使结构完整、衔接紧密。汉语中括号内的词语是隐含的，所以在译成英语时,括号里的词语的意义是绝不能省略掉的。

(5)连接。连接(connection)是表示各种逻辑意义的连接手段,连接词又称"逻辑联系语"。连接词既可以是连词,也可以是具有连接意义的副词、介词及短语,还可以是分句。连接关系是通过连接词以及一些副词或词组实现的。连接词在语篇中具有专业化的衔接功能,表明了句子间的语义关系,甚至通过前句可从逻辑上预见后句的语义。通过使用各种连接词语,句子间的语义逻辑关系可以明确表示出来。

语篇中的连接成分是具有明确含义的词语。通过这类连接性词语,人们可以了解句子之间的语义联系,并且可以根据前句预见后续句的语义。韩礼德将英语的连接词语按其功能分为四种类型,即:添加、递进、转折、因果、时序。这四种连接词的类型可分别由 and,but,so,then 这四个简单连词来表达。它们以简单的形态代表这四种关系。

添加、递进是指写完一句话之后,还有扩展余地,可以在此基础上再添加某些补充信息[3]。表示添加、递进的连接词语有 and,furthermore,in addition,what is more 等。

转折是指后一句的意义与前一句的意义截然相反。前一句的陈述是肯定的,后一句却是否定的;前一句是否定的,后一句则是肯定的。表示转折关系的连接词语有 but,on the other hand,however,conversely 等。

因果连接是指以各种不同方式体现的原因与结果的关系。表示因果关系的连接词语有 because,so,for this reason,consequently 等。

时序性连接词语表示篇章的事件发生的时间关系,这类词语有 formerly,first,then,in the end,next 等。请看下面例子。

例:My client says he does not know this witness. Further, he denies ever having seen her or spoken to her.

我的当事人说他并不认识这位证人。更深一层地说,他否认见过这位证人或与她说过话。

此例中后面补充的语义实质上是对前面内容的扩展和肯定,并使两个句子紧密地连接起来。

例:I am afraid I'll be home late tonight. However, 1 won't have to go in until late tomorrow.

我担心今晚回家会晚。可是,我不会一直晚到明天才回家的。此例中,前一句是陈述句,后一句是否定句,后一句的意思与前一句完全不同。

(二)语篇的连贯

语篇既然是语义单位,那么能够称作"语篇"的语言实体必须在语义上是连贯的(Text must be coherent)。语义连贯是构成话语的重要标志。衔接是通过词汇或语法手段使文脉贯通,而连贯是指以信息发出者和接受者双方共同了解的情景为基础,通过逻辑推理来达

---

3 杨驭舟. 大学英语翻转课堂教学模式背景下的翻译教学与研究[J]. 创新教育研究,2021,9(1):94-99.

到语义的连贯。如果说衔接是篇章的有形网络，那么连贯则是篇章的无形网络。译者只有理解看似相互独立、实为相互照应的句内、句间或段间关系并加以充分表达，才能传达原作的题旨和功能。

例：I wrestled with my own resolution：I wanted to be weak that I might avoid the awful passage of further suffering I saw laid out for me.

我和我自己的决心搏斗着：我要成为软弱的人，这样我就可以避免去走那条要我受更多苦难的可怕的路，我看到这条路就摆在面前……

例中，译者在翻译时，重复了主体"我"，也明确了客体，使译文豁达流畅。

例：The chess board is the world，the pieces are the phenomena of the universe，the rules of the game are what we call the laws of nature.The player on the other side is hidden from US.We know that his play is always fair，and patient.But We also know，to our cost，that he never over looks a mistake，or makes the smallest allowance for ignorance.

世界是盘棋，万物就是棋子。弈棋规则即所谓的自然规律，我们的对手隐蔽不见。我们知道他下棋总是合理、公正、有耐心。但输了棋后我们才知道，他从不放过任何误棋，也决不原谅任何无知。

语篇中句子的排列如果违反逻辑就会对句与句之间语义的连贯产生影响。有时候，说话的前提以及发话者、受话者之间的共有知识也会影响到语义的连贯。诗篇的连贯性主要取决于读者的联想和想象。

第四节　文体层面上的翻译技巧和方法

近半个世纪以来，随着科学技术的迅速发展，国际交往日益密切，为了满足交际和交流思想的客观需要，应用性文体大大地发展并丰富了文体学的研究，语言教学方面对此也有所反应。直到 20 世纪 80 年代，随着系统功能语言学的发展，人们才从语言功能的角度把各种传递信息的语篇划归为实用文体。实用文体包含的语篇类型十分广泛，涉及社会生活、经济活动、科学技术、工农业生产、新闻传媒等方方面面，例如商务文体、法律文件、科技文体、新闻报道等。

一、文体的功能特征

虽然文体门类繁多，文体的正式程度跨度很大，但它的功能特征主要表现为以下几点：

（一）信息性

实用文体的基本功能是荷载人类社会的各种信息：叙事明理、传旨达意、立法布道。

（二）匿名性

实用文体的各类语篇如法律文本、告示、广告语、说明书、旅游指南等，是按一定的（约定俗成的）程式行事，缺乏甚至没有作者或译者个性，而且许多语篇不署作者、译者姓名，这就是实用文体的匿名性。尤其是英语科技文摘，几乎没有作者个性[4]。

研究实用翻译，离不开对实用文体的各语域进行的分析，要分析各种语言习惯，以便确定哪些特征经常地或仅仅应用于某些场合；要尽可能地说明为什么某种文体具有这些特征，而不具备另一些特征；要以语言功能为依据，对这些特征进行分类。

（三）劝导性

实用文体劝导受众去相信什么或不相信什么，劝导人们去认可或否定什么。有时作者力图表述客观，使自己提供的信息可被验证或追本溯源。

二、文体翻译标准

翻译的标准是指导翻译活动的准则和衡量译文质量的尺度。实用文体的翻译主要有以下几个标准。

（一）正确

实用文体的翻译不论全译、选译还是综述，均以正确传达原意为第一要义，特别是在表达空间、时间、位置、价值等概念时更需精确，切忌主观臆断。为此，在理解原文的前提下，须用反映相关概念的术语或专业（行业）常用语来表达。

例：The function of a derrick is to provide the vertical clearance necessary to the raising and lowering of the drill string into arid out of the hole during the drilling operations.

误译：井架的功用是在钻井操作时将钻柱从井内提出和将它放入井内提供必需的垂直间隙。此句中的 clearance 指钻台平面至天车底平面之间的大距离空间，按一般英汉词典译成"间隙"不妥。the raising and lowering of the drill string into and out of the hole 译为"起、下钻作业"更为精确且简洁。因此，此句应该译为"井架的功用是起、下钻作业时为钻柱提供必要的垂直空间"。

实用语篇，无论书信、合同、报告、标书，甚至论文、新闻报道等都有一定的程式（modality）。程式是与已定内容相关的形式。为了表述某一特定的科技内容，可用的形式有表格、报告、论文、文摘、标准、专利说明书（假如这一内容有首创性）、专著等不同形式，或简或繁、或长或短、或深或浅，皆根据不同的需要，选择不同的程式，文字格式也包含在程式内。有些字句的表达已成俗套，译法也大致固定。

（二）通达

通顺达意是翻译的一般标准。为此，翻译时经常要采用引申、增词、减词、调整词序

4　陈安定. 英汉比较与翻译[M]. 北京：中国对外翻译出版公司，1998：34-36.

以及一些变通的手法。一味地遵循字面意思直译，难免会使译文生涩难辨，不但没有可读性，还会造成理解上的障碍。

例：Then people in Shanghai found great trouble in getting to their destinations on foot or by cal" and it became a top social problem.

当时，上海行路难、乘车难成为突出的社会问题。

例：The magic spades of archaeology have given US the whole lost world of Egypt.

考古学家用神奇的铁铲把整个古埃及都发掘出来了。

（三）适切

根据实用语篇特定的功能和目的，译文需符合译入语国家的政治语境、文化氛围、方针政策和技术规范。为此，译文有时必须加以调整。例如：

伴随着改革开放的脚步，第21幼儿园走过了13年的发展历程，经过全体职工的努力，他们连续7年被评为朝阳区教育工作和全面工作管理优秀单位；1997年至1999年获市卫生先进单位。

The 21 st Kindergarten has been a success since it was set up 13 years ago.For 7 consecutive years, it has been given various honorary titles by Chaoyang District. From 1997 to 1999 it was commended by the municipal government for its hygienic conditions.

此句原文套话多，"优秀单位""先进单位"之类很难定义。这类话语国内习以为常，但按照直译，难免臃肿累赘，且容易令英语读者不解。因此译文适当地进行了省译。

例：在人民大会堂湖南厅的建筑结构介绍中，有一句："天花板中央悬挂三盏直径3米的荷花大彩灯，取毛泽东'芙蓉国里尽朝晖'的寓意。"

On the furred ceiling hang three lotus shaped lanterns(each having three meters in diameter), reminiscent of a beautiful scene depicted in a poem by Mao Zedong.

此句中整个诗句全部译出的话，后半句就成为 presenting an image of "The morning sunlight floods your land of lotus blooms"，但外国人不了解毛泽东诗词的背景，无法将荷花大灯与荷塘的晨曦联想起来，而且这样还需要添加注释说明诗句出处，在一份简要的建筑结构介绍中，穿插大段注释，有喧宾夺主之嫌。所以译者采用虚隐手法，不将诗句译出，让读者自己去想象诗词里描写的是怎样一番景象。

此外，由于市场经济的运转速度加快，各行各业都重视时效，时间即金钱已成商场信条。因此，译者要在保证质量的情况下提高翻译速度。没有速度就没有翻译任务，过去慢工出细活"的做法已不可行，现在的要求是既要质量好，又要译得快。

第四章　英语教学中的翻译教学

第一节　翻译教学的现状

  伴随着全球化进程的加快，世界各国逐渐开始融为一个整体，而在这其中，就对大学英语教学的翻译教学提出了更高的要求。学生不仅需要掌握大学英语的基础知识，还应该具备较强的翻译与表达能力。但就目前发展来看，我国许多大学都没有针对英语翻译教学提出切实可行的应对措施，使得大多数高校始终都面临着英语翻译无法被重视的现象。还有部分高校近些年来才开展大学英语教学，所以在翻译教学方面，没有相应的教学体系以及合适的教材供学生与教师参考。选择的教材依旧是沿用多年之前的，必然会使得教学课程与市场脱节，人才培养不符合社会人才需求。翻译课堂基本上是以教师为中心，这些都是与培养学生的翻译能力相违背的。

一、对翻译教学重视程度不足

  国内高校设置的英语课程中几乎看不到与翻译课程有关的环节，多数翻译教学只是穿插在其他教学环节当中的。很多学校的英语专业大部分课程都是针对听说读写设置的，翻译课程占比少之又少，甚至没有开设翻译课程，这样学生在学习英语课程的时候翻译能力会严重阻碍英语综合能力培养的进程。英语专业都是这样更何况其他专业开设的英语公开课，相比翻译课程更是没人重视。而之所以造成这种情况的出现应是教育部门跟高校课程设置管理部门没有对翻译课程有着足够的重视，这也就导致在开设课程的时候严重忽略了翻译课程的开设。其重视程度低到这种程度可以看出来英语翻译教学面临着重大的挑战。

二、缺少系统性的教学计划

  虽然近些年来我国高校教育体制的改革，对高校英语学科提出了全新的要求，并且就课程安排方面提出了相应的要求与理论。但在实际教学开展中，还是会存在许多不符合实际教学要求的现象。教师教学的过程没有计划作为约束，学生对英语翻译的忽视也必然会造成英语学习的盲目性。大学英语翻译教学缺少专门的课程，没有系统的课程目标和课程体系。现在，大学英语一般一周两节课，在这两节课中，翻译只是一个附属性的学习内容。

而课后练习只是为了加强学生对某些重点词汇和短语的掌握程度，也没有介绍相关的翻译理论做指导，即使教师在教学过程中，适当地融入了一些翻译技巧，但并不具备系统性，从而不利于学生对知识的系统理解。此外，每所高校都没有针对英语课程开设相应的小班教学，这就使学生每天都处于大班授课的环境中。一方面教师无法对每一位学生进行兼顾，同时学生也没办法在课堂教学过程中施展自己的才华，体现自己的优势，甚至连提问的机会也没有，长期下去这样不健全的教学计划必然无法满足当前的英语教学要求。

三、缺少适当的教学材料

虽然大学英语有多部全国性的统编教材，可是几乎没有一部全国统编的，专门面向大学英语翻译教学的教材。而且几乎都对翻译理论和技巧避而不谈，更不必说对它们进行系统的介绍和讲解。多数针对英语专业学生的翻译教材还大多侧重文学文体翻译，应用文体翻译教材所占比例很少，学生学习的基本上是文学翻译的基本技巧和评价标准。实际上当前更加需要学生掌握实际应用的翻译内容，比如相关的报刊翻译或者是语音翻译，那些传统的文学内容已经不再适合当前的翻译教学要求。学校使用的大多数教材主观随意性较大，难以从宏观上把握翻译教学的发展，也不适合当今非英语专业学生使用。

四、缺少所学专业相关的翻译实践

虽然当前我国许多高校都已经陆续开设了英语翻译课程，但在实际的人才需求上，翻译从业人员依旧无法满足于当前社会对翻译工作的要求。究其原因，主要是因为大多数高校毕业生在走入社会之后，难以利用已经掌握的知识应对当前的英语翻译工作。因为在高校开设这门课程时，每一个专业都选择同样的教学内容，所以学生学习到的翻译知识与技巧是相对机械的，且没有实际意义的，无法与自身专业相结合的。

五、缺少专业水平较高的翻译教师

在学生接受教育的过程中，教师的作用非常重要。当下，高校教师尤其是大学英语教师，担负着繁重的教学任务，此外，还有一定的科研任务压力。所以，教师们很少有时间接受继续教育，也很少参加业务培训，用在翻译研究上的时间就更少了。故而高校翻译教师自身的水平得不到提升，大多从事翻译教学的教师也都是担任英语教师的同时兼顾翻译课程，必然无法对翻译技巧有足够深入的了解。

六、忽视对学生英语翻译学习背景的培养

由于中国人学习英语，是在学习一门语言，所以许多时候，会因为翻译背景的局限性，影响翻译效果。许多高校也没有为学生提供相应的英文背景学习，教师在授课时，也不会

因为学生不了解西方文化就对学生进行必要的知识背景讲解[5]。所以许多学生不了解外国文化背景，在翻译的过程中就必然会闹出笑话。

七、缺乏对语言文化背景知识的学习

语言作为文化的载体，处处体现着一国的文化气息。由于文化背景的差异，英汉两种语言各有特色，因此，在翻译教学中，教师要引导学生利用课余时间多学习英语国家的文化知识，理解其文化背景，掌握英汉两种语言文化的主要差异，比如在生活习俗、思维方式等方面的不同。

众所周知，每一种语言都有其自身的文化背景作为积淀，不能理解原文的语境语义，就很难正确把握文章的精髓，在翻译过程中就不可避免地会出现错误。在翻译教学中，我们常常是注重传授语言知识，而忽视了与之相关的文化背景知识的学习，例如英美等国家的社会习俗、生活常识、英语习语、典故等方面的学习。学生长期受到本国文化的影响，缺少这方面的知识积累，在翻译中容易出现一些对译文来说不合时宜、不伦不类的话语，达不到正确翻译的效果。

第二节 翻译教学的教学内容与原则

一、翻译教学内容

随着经济全球化进程的加快和我国对外开放的深入，当今社会对大学生翻译能力的要求也越来越高，越来越多的高校开设了专门的外语翻译课程，来培养和锻炼大学生的翻译能力，也取得了不少成果。但是，在高校翻译教学的内容设置上存在的一些问题阻碍了高校翻译教学的顺利开展。

（一）高校翻译教学的迫切性和价值

翻译是一门专业的学科，需要翻译者有良好的英语基础知识积累，再加上一些理论、技巧和经验才能够做好。一些人认为只要词汇量够大、语法知识够全面、阅读理解水平高就能自然而然地会翻译了，其实并不是这样的，不是每个英语成绩好的大学生都能做好英语翻译工作。英语和汉语在文化等各方面有很大差异，翻译并不是单纯地解释词语的意思，而是用另一种语言将要表达的意思转述出来，如果没有一定的翻译理论和技巧做基础，很难做好。所以说在高校中开设翻译课非常必要。

当今社会对翻译人才的需求量很大，翻译课程的潜力非常大，如何通过翻译教学为社会培养出更多的翻译人才是当前的重点工作。人们一般情况下会将翻译理解为外语学习五

---

5 刘晓民，刘金龙. 大学英语翻译教学：问题与对策 [J]. 山东外语教学，2013，34（05）：69-73.

大技能中的一项，其实翻译对人的情感认知领域也有一定影响。翻译并没有固定的程序，与之相关的内容非常之多，涉及社会生活的各方各面。教师可以在翻译教学的过程中帮助学生拓宽知识面，提高学生的的翻译能力和综合素质。

（二）高校翻译教学内容设置存在的问题

1. 教材缺乏实用性

教师的教学主要是按照教材来进行的，教材的好坏决定了教学质量的优劣。目前适合我国大学的英语翻译类的教材很少，仅有的一些也是大多都注重翻译方面的理论知识，缺乏一些具有实用性、技巧性、趣味性的教学软件、音像教学材料等内容。而且这些教材大多都是比较落后的，没有及时更新，与当今时代的发展不相匹配。一些教材的内容设置上仅仅将英语翻译当作课后习题一样的巩固性训练，这样学生根本意识不到英语翻译的重要性，难以学到实用性的英语翻译知识，严重影响了大学生的翻译能力的提高。即使一些在大学时看上去成绩不错的大学生在遇到实际需要英语翻译的情况时，也是捉襟见肘、疲于应付，难以满足实际需要。

2. 教学内容缺乏系统性、条理性

教学内容反映了教学目标的要求，大学英语教师在翻译教学过程中只是单纯地按照教材内容来安排教学，并没有按照大学生的需要来制定系统性的教学内容，教学内容主要是教材和其他参考资料上面的，缺乏条理性。英语教师往往只注重教学模式的转变来吸引学生对英语翻译课程的兴趣，却忽视了教学内容的创新和改进，然而这些才能真正让学生学到更多翻译理论和技巧，拓宽学生的知识面，提高教学效率和教学质量，让每个学生的英语翻译水平都能够得到切实提高。

（三）高校翻译课程教学内容设置

1. 选择合适的高校翻译教材

针对现阶段教学的需要，适时调整学校的教材，选择一些实用性较强的英语翻译教材。多选一些与实际生活联系紧密、具有时代性的教材，要包含英语翻译理论、英语翻译方法和技巧、注重对学生的实际练习和学生翻译能力、鉴赏能力以及创造力的提高。

2. 教学内容注重实用性

教学内容要与社会需求紧密相连。在翻译教学中可以结合实际情况选择一些社会热门话题的专业性的文章让学生来翻译，多教学生一些类似的专业术语，让学生意识到英语翻译在现实生活中有许多可以直接运用的地方，从而认识到英语翻译学科的重要性。激发学生学习英语翻译的热情和动力，锻炼学生的翻译水平和随机应变的能力，为其以后步入社会、进入工作岗位奠定基础。

多教学生一些实用性强的翻译技巧。高校英语翻译的教学内容要结合实际需要，有较强实用性。大学生在学校学知识的目的就是为了以后的应用。在高校翻译教学中要结合学生本身的情况，既要帮助学生从根基上学好基础的英语翻译系统知识，又要考虑到以后学生走向社会后的实际应用,选择一些实用性较强的翻译技巧教授给学生,让学生可以做到融会贯通、举一反三。

引导学生进行贴切的翻译练习。英语翻译是对不同的语言进行解释并用另一种语言将之转换表达出来的实践活动,翻译水平要在重复不断的练习中才能提高。翻译教学的无数实践证明,学生只有亲身动脑、动笔、动口、多做翻译练习,才能将课堂上教师教授的翻译理论、翻译技巧等理解透彻,并转化为自己的翻译能力。所以在高校翻译教学中要多为学生提供一些贴合实际的翻译练习的机会。

外语翻译的重要性已经为人们所熟知,作为人才培养的摇篮,高校要履行好自己的职责,开设翻译课程。英语教师在翻译教学上要根据学生需要采用多种教学方法,及时更新教学内容、充分发挥学生的主观能动性。让学生领会到翻译学中的精髓知识和文化内涵。为祖国培养出一批高技术水平、应用能力强的创新型翻译人才。

二、翻译教学的原则

在该教学模式中,问题是学习的起点,只有"好的问题"才能协助实现教学目标,否则只能是:徒有教学形式、缺乏教学质量。笔者认为,可以从以下五个基本原则来考虑问题的构建:

第一,实用性原则。问题必须是在翻译工作中事实存在并且常见的问题,这是为了让学习者通过真实的问题学习处理复杂的实际问题,构建更灵活的知识结构和掌握更富有成效的认知方式,发展高层次思维技能,获取终身学习的能力。满足实用性原则的问题需要学习者从基本的翻译理论和程序方面来解决。教师必须对这类问题有个客观的描述,让学习者得以将此类问题归纳总结,融会贯通。比如在面对翻译中的文化因素时,我们可以让学习者通过对译文的收集、原文出处和引用背景的调查、原文与译文的对照、加之对译文的亮点评论、对不同版本的译文的对比等等研究任务,引发学习者对同行翘楚的崇拜,激发他们对本专业的热情,同时也让他们相对轻松地面对古诗文这样相对复杂的翻译挑战,从中了解和掌握中国古诗文翻译的技巧和原则,继而进一步完善其自身的翻译知识体系。

第二,系统性原则。问题要保持与学科知识系统性之间的平衡,使各个问题所包含的学习内容(如概念、原理等)多次的交叉重叠和相互衔接,加深学习者对知识的理解和掌握。预先对问题的解决方案设置一个范围,这样做除了明确教学目标,也能具体评价标准。面对模糊、宽泛或者容易让人误解的问题,学习者无从下手,教学目标更是无从谈起。试比较以下两个问题的设计:

1. "egg whisk" 如何翻译?

2. 面对厨师、国内普通民众、美食家三类不同读者(听众),菜谱中出现的"As you start to pour the water / milk slowly beat the mixture together with a whisk."中"a whisk"该如何翻译?

浅而易见，问题1只是个可以直接找到答案的一般问题，过于宽泛，无法引导学习者构建正确的翻译知识体系；而问题2能引导学习者在分析和解决问题的过程中逐渐将知识内化：翻译工作需要时刻考虑文体和读者（听众）的因素，对于不同的需求，灵活处理。面对熟悉西式厨房用具的厨师或了解西式饮食文化的美食家，"a whisk"可以直接翻译成"搅拌器"或者"打蛋器"；倘若是为缺乏西方饮食文化知识的国内大众人群服务，由于"打蛋器"是西式厨具，中国类似的厨具是筷子，那么为了避免文化因素的干扰，预防产生不必要的理解障碍，译者可以做出以下三种翻译方式：

a. 忽略法："当你将水或牛奶慢慢倒入时需不断搅拌混合物。"
b. 替代法："当你将水或牛奶慢慢倒入时用筷子不断搅拌混合物。"
c. 直译加注释法："当你将水或牛奶慢慢倒入时用打蛋器不断搅拌混合物。[注：打蛋器（whisk）：一种用来搅拌含鸡蛋或奶油等的混合物的西式厨房用具。]"

当学习者根据已掌握的基本翻译理论找到解决方法后，教师还可以引导学习者对比以上三种译文，做出评论，找出各自适合的翻译场合，以求学习者在此过程中逐渐构建完善的翻译技能体系。恰如其分的译文通常不止一个，译者面对的原文却显有重复，培养一名合格的译者，重点应放在对其思维方式、行为习惯和知识体系的构建上。

第三，多样性原则。设置问题要难易得当，因为过于简单的问题不能激发学习者的热情和潜能。PBL教学中，学习者为了解决既定问题而学，小组协作是主要形式。教学中通常把学习者分成5人左右的小组，每个小组在教师的指导下，通过自主学习、小组讨论、信息分享，共同完成学习任务。小组协作的学习方式可以让每个成员最大限度地发挥自身优势，这也是PBL教学的优势和魅力所在，所以分配任务要因人而异：相对简单的任务可以分配给小组中那些专业知识或学习技能相对较弱的学习者；而相对复杂的任务则分配给能力较强的。这样，就不会有人在此过程中因为问题的难易程度而没被重用了。在这个成人的学习环境中，肯定所有的学习行为显得至关重要，一定要保证有责任感的学习者在这个框架下学习工作自如。

第四，主体性原则。PBL教学的一大突出特征就是学习者必须对自己的学习负责。学习者作为自身知识体系的构建者，在应用知识的情境中，主动参与真实性的活动和任务，在完成任务的过程中进行批判性和创造性的思考，并在与小组其他成员的协商过程中不断构建自身的知识体系，在原认知水平上监视自己对知识的构建。因此，PBL教学中课堂是学习者的，与传统的教学模式相比，教师更少直接教学。所以，问题的呈现要令学习者如临其境，以此调动学生解决问题的主动性和积极性，将问题内化为我所有，学习者成为解决问题的主体，而不是作为旁观者的教师。

第五，开放性原则。刘和平教授在2009年"论本科翻译教学的原则与方法"一文中指出"本科翻译教学应以翻译思维训练为主，以文本／讲话体裁和题材为辅、以技能训练和语言提高为双重教学目标、逐渐形成以学生为主、教师为辅、课堂教学为指导、课后练习为重点、充分利用现代网络技术的本科口笔译一体化教学模式，为社会和翻译硕士培训输送合格的翻译人才。"（刘和平，2009）可见，本科翻译教学的主要目标是培养和提高学习者的翻译思维能力，对学习者来说，发展翻译技能和学习语言知识一样重要。开放性的问题不仅让学习者学会运用既有知识、训练翻译技能，还能激发他们自主学习新的知识和技能，总之，有争议的或者能够引发进一步思考的问题才是最有力的学习工具。开放性的问题要结合学科知识的前沿，不断修订和完善，使学习者发挥批判性思维能力、启发思维的应变能力。问题要与现代翻译学的发展密切接轨，这有利于学习者对新知识的掌握和翻译技能的培养，并随学科的发展而不断进步。正如侯振江教授在题为"PBL 教学法问题情境设计研究进展"的文章中所总结，"PBL 使学生学习的时间和空间得到拓展和延伸，各抒己见，学术自由，众多的学科知识相联系，直接与间接的实践经验相结合，个人与他人的专业优势互补，使问题没有模块式的'正确'答案，只有更趋完善。"正所谓：用问题引发问题，用问题引导学习。

基于问题的教学模式并不是翻译专业唯一的教学模式，也不是最好的教学模式。教学中教学内容的复杂性，学生素质的不平衡和教师自身的特点，都要求教师掌握多种教学模式，在教学中取舍、融合，争取取得最佳的教学效果

第三节　翻译教学的教学目标与方法

一、翻译教学的教学目标

随着全球经济一体化的不断深入，越来越多的就业岗位对高校就业学生的英语综合运用能力提出了更高的要求，尤其是随着国际化进程的不断加快，若高校学生将英语的学习仅停留在掌握语法和积累词汇以及英语四、六级考试上，显然已经无法满足当前国际化岗位对人才的要求。通过英语翻译课的学习，大学生不但提升了自己的英语翻译能力及技巧，而且将更加了解英汉语言的差异及中西文化之间的差异。

当前翻译的特点是：信息量大、种类繁多、知识更新快、涉及面广，对翻译人员提出了更高的要求。为了适应形势，各高校开设了不同层次的翻译课程，培养能够满足不同需要的专业口笔译人才。因此，翻译教学也成为学者、译者不断探讨的课题。此外，新时期也为翻译教学提出了全新的目标，即改变翻译教学观念，培养掌握基本翻译理论、具备一定翻译素质、翻译能力和翻译素养的专业技术人才，使他们了解必要的翻译策略和技巧，具有解决翻译困难的能力。

目前中国的翻译课并没有系统的教学方法，教师授课也呈现出内容不一、方法不一、途径不一的状态，使翻译课具有很大的盲目性和随意性。事实上，翻译教学目的决定翻译课的成败，教学目的不同教学效果也会不同。有的教师以培养学生语言能力作为教学目的，

比较重视翻译的结果。有的教师以培养学生翻译素质作为教学目的，不强调统一的翻译答案。因此，翻译教学目标对教学起着决定性的作用。本节将通过对翻译概念及理论的阐述，对翻译教学目标进行分析。

（一）翻译教学与教学翻译

在讨论翻译教学的目标之前，我们必须弄清翻译教学和教学翻译这两个概念。翻译教学与教学翻译相互关联但范畴不同。由于范畴之间存在着模糊的边界，所以到目前为止，很多教师都把两者混为一谈，造成了课堂教学处于两种概念的中间地带。

翻译教学是在学生具有一定的语言知识的基础上，通过大量的翻译实践，指导学生学习和掌握两种语言的技巧和理论，提高翻译能力。教学翻译是指在语言教学的基础阶段，用翻译的方法训练、运用和掌握语言知识的一种教学手段。

有人认为，教学翻译是翻译教学的初级阶段，其实也不尽然。二者的主要区别在于，前者以外语为中心，是外语教学的辅助手段，后者将外语能力视为获得翻译能力的前提条件。后者是自成体系的翻译职业的培训。教学翻译附属于外语教学，以巩固外语知识为目的，其教学重点是外语的语言结构。而翻译教学是独立的学科，目的在于让学生掌握翻译职业的理念和技能，其重点在翻译技巧和解决问题的能力。二者的前提也不同：前者不要求学习者有很高的双语水平，而后者建立在对双语都比较熟练的基础上。

本节主要分析翻译教学的目标性问题。

（二）翻译教学的目标

翻译教学是翻译人才培养的主要手段，是更高形式的翻译教育形式。一直以来，人们都把培养学生翻译能力看作翻译教学的主要目标。翻译能力研究成为20世纪70年代过程研究的重点课题之一。

威尔斯从双语视角方面提出，双语能力之间具有互补关系，共同构成翻译能力的基础。译者必须具备源语文本的分析能力和译语文本的产出能力。纽伯特认为，翻译能力是指"译者应对翻译过程中具有变易性的各种任务"的能力，具体包括语言能力、主题能力和转换能力。他还提出了翻译能力的五个参数，即语言能力、文本能力、主题能力、文化能力和转换能力。以这些概念为依据，翻译教学一直以双语文本为主要的研究对象，在大量的实践中不断提高译者的语言转换能力，也取得了一定成效。

但是，翻译教学的研究对象不仅仅是文本。译者作为翻译教学的主要培养对象，也应成为教学的主要研究对象。翻译能力对于译者来说只是一种动态的外在条件，译者素质才是译者的内在条件。要想使翻译教学走向全面化的发展道路，我们就必须将译者素质的培养纳入到翻译教学中。译者素质是指译者从事翻译活动必需的生理、心理、语言等主观条件，主要由陈述知识和以陈述形式表征的程序知识构成，是译者能力得以形成和发展的前提和基础。译者能力是译者素质的外化主要体现为译者应用程序知识解决翻译问题的思维和行为过程。

李瑞林教授将译者素质和译者能力统称为译者素养。他认为:"译者素养是两者综合发展的结果,主要表现为译者根据翻译情境和目的建构翻译的自主性、灵活性和创造性,是译者形成专家能力和可持续发展能力的主要标志。译者素养应是翻译人才培养的终极目标。"

这里所说的主体意识是指作为译者来讲的主体地位。以前,很多人认为翻译工作简单机械,把译者看作翻译过程中最不起眼的组成部分。因为在大多数翻译文本中,尤其是非文学翻译文本中,人们都看不到译者的名字,从而忽视了他们的存在。

(三)实现翻译教学目标的途径

培养译者素养的翻译教学目标,为翻译教学指明了方向。而如何在有限的教学时间内达到最有效的教学效果是翻译教师正在思索和探讨的问题。为了达到翻译教学目标,可采取以下几种途径。

1. 重视理论研究

有些教师认为翻译教学最重要的一部分应该是实践,学生应该在大量的实践中积累经验,只要有实践的积累就会有质的飞跃。各大院校也安排有实践经验的教师承担翻译教学课程,他们把自己的翻译经验和技巧传给学生,是学生受益匪浅。这是一种很好的教学现象。但是,在任何情况下实践都不能脱离理论的指导,没有理论的实践是盲目的。

翻译学者指出翻译理论是对翻译规律的系统性的研究,翻译理论不是对翻译行为做出规定或者限制,而是引导翻译工作者能动地掌握和运用翻译的客观规律。理论的导向功能可使知识迅速转换为能力。经过理论知识的武装,学生的翻译实践活动也会事半功倍。当然,目前的翻译理论派别不一,种类繁多。比较有代表性的有语言学派、功能学派、阐释学派、解构学派等。教师在翻译教学中不能把所有的理论原封不动地推给学生,那样会使学生陷入混沌不清的理论中。教学应该具有选择性,教师要有针对性的介绍某些对学生有益的理论,使翻译理论教学具有实际意义。

2. 教学方法多样

目前我国大学教育,尤其是研究生教育没有设定统一的归化教材,各个学校可以根据自己的研究方向自行选定教材和安排授课内容。翻译教学也是如此,给教师留下了足够的发展空间和创新机会。要实现培养译者素养的翻译教学目标,教师在教材选择上要避免单一性,因为多维度的知识积累,有助于学生激发内在的潜力,全面发展。

此外,教师应打破传统的不断做练习、对答案的模式。我们要知道翻译没有绝对标准的答案。教师应该充分相信学生,让学生积极参与到课堂讨论中,让他们在不断的比较和探讨中获得新的认知。同一个文本在不同语境下评定标准是不同的,学生在讨论过程中兴许会发现自己的译本也有可接受性,从而信心倍增。而且,活跃的课堂气氛有助于师生之间的交流,有助于学生社会素养和道德素养的形成。

3. 培养学生主体意识

随着翻译事业的迅猛发展，翻译已经不是简单的文字转换性质的劳动，它和社会各个领域都产生了千丝万缕的联系。将来的翻译工作者必定面临着多重身份，他们可能是语言的转换者，可能是信息的传播者，也可能是文化交流的使者或经济利益的创造者。因此，翻译教学的目标势必要从培养翻译能力转化成培养译者素养。具体包括培养学习者的语言素养、知识素养、社会素养、批判素养和道德素养等。使翻译教学满足社会发展和人才培养的需要，为培养综合性翻译人才服务。

但近几年，随着翻译研究的不断深入，译者的主体性地位得到了确立。学者们认为译者作为语言的转换者在翻译过程中承担着很多重要的责任。通过教学教师要让学生懂得自己在翻译过程中的主体性特征。译者不是翻译过程的附属品，而是源文本向目的文本过渡的指挥者。译者的理解力和判断力直接决定着目的文本的走向。因此，翻译教学要帮助学生树立主体意识，把自己看作是翻译的主人，以积极健康的心态接受翻译任务。这种做法有助于培养学生的批判能力和创新能力。

新时期翻译教学的目标应该有所转变，应该从培养翻译能力提升到培养译者素养的高度。由于译者素养涵盖范围很广，属于非常复杂的系统工程，翻译教学面临着更加严峻的挑战。但是不管怎样，高层次的教学目标决定了高水平的教学结果。教师在教学过程中需要不断改进教学观念，善于采纳科学的教学理念，耐心和学生沟通，敢于进行创造性实践。翻译教学目标的确立有助于翻译课程的系统性和科学性，对翻译人才的培养起到积极的推动作用。

二、翻译教学的教学方法

（一）现象学及其精神

古往今来，有众多的哲学家对现象学有所论述，所以现象学不是个人的理论体系，而是一种运动。目前公认的是德国哲学家胡塞尔以开山的《逻辑研究》创立了科学严谨的哲学——现象学。

贯穿于诸"现象学家"的轴心理念是"现象学精神"。胡塞尔在《哲学与现象学研究年鉴》第一卷上的声明表达了现象学的基本特征："这些编者没有一个共同的体系，把他们联合起来的是这样一种共同的信念，即只有返回直观这个最初的来源，回到由最初的来源引出的对本质结构的洞察，我们才能运用伟大的哲学传统及其概念和问题；只有这样，我们才能直观地阐明这些概念，才能在直观的基础上重新陈述这些问题，因而最终至少在原则上解决这些问题。"海德格尔后来将这个纲领概括为"面向事实本身"，这一概括成为现象学精神的标志。

现象学的"事实本身"是指事物直接地在意识领域的显现，就是胡塞尔所描述的原始的、前反思性的、前理论的意识。例如，我想用某种教学法，我就用某种教学法。在这里，用某种教学法这个结果,在意识中是教学这个原因所代表。现象学研究的是现象的"事实本身"不是现象背后的本质,而是事物直接地在意识领域中的显现。意识领域不同于物理世界,也不纯粹是心理世界,而是人的意识对事物的指向。现象的"事实本身"就是事物的共核,它可以通过对支配现象本质的外在表现和具体结构的研究来加以描述。这种共核或"事实本身",也许只能通过教学经验中所遇到的事件或实例来把握。现象学的观点对具体实例和数据兴趣不大,而倾向于对经验的"事实本身"的描述能够以一种更为充分或深刻的方式重新唤起生存的意义。现象学的这种独特视角,容易穿透由经验建构的逻辑大厦,看到经验的起点,强调学习主体的体验和机智,能为教学法的深入研究提供可贵的理论支持。

(二)现象学精神视域内的翻译教学方法

王树槐和栗长江对近年来的优秀翻译教学方法做过总结和述评。他们在文中谈到,进入21世纪以来,随着教育技术和教育理念的迅速发展,翻译教学方法也得到了前所未有地丰富起来。刘全福最早提出批评法,让学生先完成指定翻译练习,然后再进行评价与修改,以提升翻译能力。魏志成注重比较法在翻译教学中的运用,并提出翻译教学设计五步骤。香港学者金圣华提出工作坊教学法,强调以学生为主体,注重学生自身的翻译体验。20世纪90年代,产生了基于语料库的翻译教学和研究方法。借助于强大的平行语料或专题语料库,可以让学生在词汇和语篇方面认识翻译的本质。在20世纪末,国外学者就注意到了计算机翻译对翻译教学的辅助作用,甚至建立了"译者工作站",通过计算机翻译系统来培训和监管学生。任务教学法是认知主义学习理论之下的支柱教学法。它的作用在于提高学生在社会化情境中的翻译能力。笔译推理教学法为法国翻译教育家卡尔拉·德让·勒菲阿尔所创用,其本质是职业翻译教学,优势在于使学生了解译语交际的真正目的,摆脱字面理解的习惯。翻译档案教学法是近年来西方较为流行的翻译教学法,目的是促进学生的反思性学习。功能主义翻译教学法是由功能学派理论家C.Nord所创。功能主义教学法认为翻译要遵从功能性原则和忠诚性原则,而非等值原则。卷宗写作教学法由Ulrych提倡,其特点是注重职业构件的界面连接,强调学生对翻译的过程学习,进而促进学生在翻译过程中的社会化,重视学生自信心的提高。西方一些学者把职业译员和学生之间通过e-mail连接,他们之间的讨论作为翻译教学的课堂成分,这种方法叫信息交流教学法。例如,欧盟硕士课程就是运用此种方法。

再观翻译教学方法的发展过程,不难发现教学法的发展带有明显的时代和技术烙印,它们无一不与当时最前沿的教育技术和教学理论密切相关,其中一些教学的基本做法互相融通,在发展中汲取新的营养,赋予新的内容,面貌大为改观。然而,在当今翻译教学法的研究中,有相当多的研究并没有掌握住教学法的精髓,而仅是根据最新信息的、语言的和心理的理论逻辑作为基石来展开自身,运用各种实证的、描述的研究类型,通过提出假设、建立模型、数据论证的过程,证实某种方法有效,落入片面追求"方法"的深渊,这样，方法实践就演化成了"实证科学"，成了"唯方法论"。

在"唯方法论"的教学法的逻辑大网之中，教学法研究追求构架宏伟的理论体系，立图为教学实践订立法则，实现对教学活动的权威主义的控制，从而上升为教学的"科学"。另外，翻译教学方法还侧重于具体教学方法的施展，把方法（教学方法）分解成若干环节、形式、结构，专心于"方法"或"工具"的精巧设计以及使用程序的勾连搭建，抹杀了人文科学的"人性"这一本质特点，把教学活动看成了客体的、直观的、人之外的"物的世界"，沦落为与"我"照面的存在，成为思维的对象。这样，教学活动囿于经验逻辑体系之中，成了一种"虚假的意识"，冲不破藩篱走向教学本真。方法和本体的联系被割裂，"教学理念"也就被还原成了"实证主义的单纯科学事实"，教学法也就成了铠甲骷髅，引不起心灵的共鸣，经不起智慧的推敲。

加拿大卓越的教学法专家斯特恩（H.H.Stern）指出"即使是通用的术语'方法'也不仅有一种含义，因此，目前的任何研究必须要弄明白方法到底代表什么，必须要明白这些方法给教育思想带来什么"。语言哲学大师维特根斯坦（Wittgenstein L.）说：要透识一个深层且棘手的问题，最好的办法是"开始以一种新的方式来思考，一旦新的思维方式得以确立，旧的问题就会消失。"所以，我们必须以一个独特的视角来重新审视翻译教学方法。在现象学视域中，翻译教学方法与自然科学的本质不同在于它最终关注的对象涉及的是有关人的生活世界而非科学世界，它最本真的精神是要通过意识活动来把握和处理外部的教学情境。

（三）翻译教学方法研究需回归生活世界

1. 何为生活世界

我们即时体验而尚未加以反思的、前科学的或非主题世界，是主体的构造之物，是一个主体间的世界，这个世界就是胡塞尔晚年提出的生活世界。后来海德格尔，伽达默尔和哈贝马斯分别已存在、视域融合和合理交往理论为基础，丰富了现象学的生活世界内涵，生活世界最终走向了一种实践哲学：沿着纯粹意识 - 主体存在 - 理解解释 - 合理交往这个生活体验过程来理解这个世界的存在。

现象学研究的首要特点是它总是起源于生活世界，它的最基本形式包括我们生活中直接的、先于反思的意识，它并不像或呈现出来的事物那样与我们照面，并未向我们展现，但事实上生活世界确实与我共在，因为我能够以反思的形式意识到它，从一定的意义来说，我直接占有它，就像它完全属于我一样。它只有在思想中才变得客观具体。为了深入了解这个问题，我们不妨做个类比。作为一个老师，当你在教师里运用某种教学方法的时候，你会觉得学生在顺着你的方法去"理解你"，这种"被理解"感觉就是可感空间，在这种可感空间中教师很容易注意到生存的感体——自己，在与生存中的他人（勾画出的学生的实体形象）交往过程中，生存的时间随着感觉或快或慢的流逝。空间性、实体性、时间性和相关性四种基本存在相互勾连搭建就形成了教学的生活世界。生活世界之于精神如同呼吸之于身体：正像我们的身体需要呼吸一样，精神也需要在情感生活的回应中实现并扩展其存在。

2. 回归生活世界

刘润清认为，外语教学的研究从高到低分为有本体论、实践论和方法论三个层面，他还指出："行为主义主要是忽略了哲学本体论层面上的语言学习本质的研究，并且在三个层面上着重突出了第三个方法论层面，这显然有悖于外语学习的客观规律的。"束定芳指出："以前我们谈的基本是如何教外语，很少关心学生是如何学外语的……"近年来的语言哲学和心智主义心理学的研究成果表明，语言是人类的生物属性，是人类特有的内在特质。英国科学家已经发现了与语言能力有关的基因 FOXP2。所以，不研究语言学习者的心理机制是根本无法了解语言的本质的。成晓光认为："行为主义虽然是心理学派，但实际上并不关心人的心理因素和机制，认为心理活动是无法观察和研究的。所以，心理学家只能研究可观察到的行为，也就是说，只能观察结果，而无法干预过程，这是行为主义的最大局限。"对方法本真的追求才是方法的意义。无论是从哲学的、教学的、还是从信息的、心理的层面，都要求教学法的研究要回归方法的本身，回归生活世界，在那里去找到通往方法本真的方向。

真切的方法是要回归生活世界，以适当的方式先行看到有待展开的"对象"及对象领域的基本建构。教学法回归生活世界不是说方法脱离了现实实践，而是一种教学理念和实践，是指突显教学过程的生成性和发展性，崇尚教学过程中的民主性和主体性，重视教学过程中师生的机智和直觉，重视师生的合理交往和动态发展，侧重于整合方法论。比如，我们在运用某种教学法的时候，明显感觉到方法没能起到预期的效果，那么就应该根据课堂的情况立即做出调整，以适合当时的教学情境，激发学生的求知欲望，而不应该继续坚持原订的教学方法程式，并在教学的过程中要随时观察学生的课堂体验。教学回归生活世界并不否认科学知识教学，而是反对为科学而教学，为知识而知识的倾向。

（四）回归生活世界的翻译教学方法——后翻译教学方法

以现象学的观点看，方法论力图避免任何对程序、技术和概念进行预先构思的倾向，因为这种倾向容易对研究主题产生一种引导作用，换句话说，它是不作任何假设的研究方法，是前经验的方法。这样的方法不喜欢某种具体的方法，而钟情于方法中"思"和体验，这就是生活体验教学法。或许像海德格尔曾把方法比喻的像一条"林中小路"，它通往一个自由之境，在那里事物会显现和展露其本性。然而，道路决然不能由固定的路标来决定，它们需要作为对手头问题的一个回答而被发现或开创。也就是说，对教学方法本真的"指向"才可为方法。通过"指向"的传输才能够自由穿梭于现象和本真之间，如果"指向"丧失了传输功能或传错了方向，那么方法也不之为方法了。

后翻译教学法不是对现有各种方法的否定，而是一种以人为本的教学思想，它试图构建一个去模式化方法的、教师自主的、富有个性化的、灵活的外语教学模式，是对以往教学法的超越。自主型教师是后方法的核心所在。自主型教师是机智型、反思型的教师。机智指的是那种能使教师在不断变化的教育情境中随时应变的、细心的、能触及学生心灵的、"润物细无声"的技能。反思思维是为得到进一步结论而进行的积极的、坚持不懈的和仔细地考虑的,它使我们能够以预见指导我们的活动,能够按照预定的目标或我们意识到的目的来进行计划,能够以深思熟虑和带着目的的方式开展行动。后翻译教学法时代的教师就是机智型、反思型的教师,在行动中机智,在行动后反思。

后翻译教学法,作为回归生活世界的翻译教学方法,会将师生在教学过程中的机智与反思作为研究重点,是一种崭新的教师和教学发展模式和教育观,它体现了课堂教学演变的新取向,折射出时代和社会的期望,具有远大的发展前途,将会成为以后翻译教学方法研究的又一新方向。

教学是心灵的反思与共鸣,是自我发现的过程。翻译教学方法在帮助我们能客观地自我发现的同时,它的形而上特征又会把我们引入歧途,让我们沉浸在精心的、"科学"的理论构架之中,使我们在逻辑的天网之中迷失了自我。以现象学理论为视角可以冲破形而上的方法理论的捆绑,返回教学的"生活世界"。只要教师和学者们用特殊的眼睛、敏感的心灵去体验和反思教学世界的本真,用教学的方法去探索和发现世界,做好教与学的研究与实践,就会更加走近教育教学的本真。

第四节 翻译教学的教学模式与课堂设计

一、翻译教学的教学模式

(一)"智慧教育"视域下大学翻译教学模式

"互联网+"时代,新媒体、互联网、大数据、云计算等技术手段的融入,给社会生活的方方面面带来了翻天覆地的变化。信息技术的深刻变革引发了全新的思维方式和教育模式的变革。在新的知识观、学习观和人才观的冲击下,以单纯的"知识传递"为取向的教学模式正在被以"启迪智慧"的智慧教育所取代。有学者指出,在"互联网+"背景下,智能化信息技术促发了教育系统的"形变",而智慧教育则将引发教育系统的"质变"。如何紧跟时代步伐,将信息技术与智慧教育的理念引入大学翻译教学,创新教学模式,优化教学内容,整合优质教学资源,培养出应用型翻译人才,成为很多高校的教改热点。该文在智慧课堂内涵分析的基础上,针对智慧教育在大学翻译教学中的设计与实施策略进行专题探讨,为学校开展智慧课堂教学实践提供参考和依据。

1. "智慧教育"的阐释

"智慧"既指心理学意义上的"聪敏、有见解、有谋略",又指技术上的"智能化"。

"智慧教学"也应包含两个维度的考量：一是课堂教学方面，"智慧教学"主张教师利用信息技术为学生构建智能化的学习环境，运用新型的教学方式，实现"启迪学生智慧"教学的目标。"智慧教学"首先是智能化教学，即利用各种新媒体和物联网、大数据、云计算、移动互联网等新技术，为学生创造智慧化的学习空间，为学习者提供开放的和按需供给的教育素材，实现信息技术与教育教学的深度融合，培养具有主动实践能力的智慧型人才。二是教学目标方面，"智慧教学"的旨在培养学生发现问题、解决问题的创新思维，培养拥有智慧的应用型人才。

教育部发布《教育信息化"十三五"规划》指出"构建网络化、数字化、个性化、终身化的教育体系，建设'人人皆学、处处能学、时时可学'的学习型社会，培养大批创新人才。"智慧教育在"互联网+"与教育深度融合的背景下应运而生。传统教学模式受到了极大的挑战，信息化、智能化的智慧教育顺应了构建数字化、网络化、个性化、终身化的教育体系的潮流。

2. 大学翻译教学新理念

（1）教学理念：从知识走向智慧。知识与智慧有本质区别，美国教育家约翰·杜威认为，知识是已经获得并存储下来的学问，而智慧则是运用学问去指导生活、改善生活的各种应用能力。传统的知识观认为知识是确定不变的，学习就是教师采用教授的方式，将书本中的知识传递给学生。然而在"互联网+"的冲击下，知识的来源、数量、获取方式等发生了很大的变化。新的知识观强调了知识的发展性、主观性和开放性，通过记忆来获取知识的方法已经难以跟上知识发展、更新的节奏。与新的知识观相匹配的学习观应当是学生在体验性的环境下，利用已有知识查证现实、改造现实，以获得智慧的过程。那么，课堂教学也不再是"传递知识"的过程，更主要是帮助学生丰富知识、启迪智慧。

新建构主义认为知识并不是对现实世界的绝对正确的表征，学习也并不是简单地把知识从外到内的转移和传递，它强调知识是在不断发展的，在不同的环境中需要被重新构建；而学习知识就是在原有知识的基础上，主动构建新知识经验的过程。这与智慧教育的理念不谋而合。在新建构主义的指导下，翻译智慧课堂强调学生在建构过程中的主体性，把原先处于课堂主导地位的教师转变为课堂活动的组织者、协调者、帮助者，把原先处于被动学习的学生提升为了课堂活动的执行者、课堂活动的中心。在物联网、大数据、云计算等新一代信息技术手段的支持下，教师也可创设出富有智慧的体验式、探究式学习环境，全方位训练学生的各项翻译技能，准确地把握各个学生的实际水平，逐步提高他们的翻译综合能力。此外，教师还可针对每个学生的不同特点和学习进度实行相应的个性化教学，从真正意义上提高翻译的教学质量，最终以培养高素质的翻译人才为目的。综上，大学翻译"智慧教学"模式产生了深刻的变化：学生的学习环境不受时间和空间的限制；学习资源多种多样，实现个性化；自主、探究、合作的学习方式成为主流。翻译教学过程实现了以学生为中心、技术为依托，师生全程互动交流的新格局。

（2）翻译智慧课堂的核心特征。传统翻译课堂的教学流程结构通常采取"5+4模式"，即由教师"教"的5个步骤（备课、讲课、提问、布置作业、批改作业）和学生"学"的4个步骤（预习、听课、代表发言、作业反馈）所组成的"教"与"学"的过程。在传统课堂模式中"教"与"学"互动方式单一，教师本位，缺乏学生主体的有效融入，容易陷入"一言堂"的局面。"互联网+"背景下，集多媒体、大数据等信息技术为一身的智慧课堂改变了这一情况，突出了技术与教学深度融合、创新的特色，其核心特征包括以下几个方面：学情分析数据化、评价反馈即时化、互动交流立体化、资源推送个性化。在信息技术的支持下，学生学习全过程及效果都可以生成动态学习数据与学情分析，方便教师有的放矢地组织教学内容，调整教学节奏。智慧课堂的翻译教学可以实现形成性学习评价，包括课前预习测评、课堂实时检测、课后作业评价等，学生可以即时得到反馈，并积极做出改正与完善，大大提高了课堂效率。智慧课堂打通了师生、学生之间的沟通与交流渠道，实现了课堂以学生为中心的愿景，让课堂的组织与呈现都基于学生的需求与兴趣，在互动、参与中萌生智慧。智慧课堂还为学生提供了形式多样的学习素材，包括微视频、电子文档、图片、语音、网页等极为丰富的学习资源，满足学习者富有个性的学习需要，提高学习效率。

3.大学翻译教学智慧课堂设计

智慧课堂实现了"教"与"学"的融合和互动。在信息技术的支持下，"教"与"学"相互渗透、相互作用、融为一体，大学翻译教学智慧课堂要立足于提升学生实际的翻译能力，实现"课前、课中、课后"三个阶段的统一，通过学情分析、预习测评、教学设计、情景创设、探究学习、实时检测、总结提升、课后作业、微课辅导、反思评价等十个教学步骤来实现教学目标。

（1）课前环节——基于学情分析。在课前环节，传统课堂教学的任务就是教师、学生基于课本知识进行备课、预习。教师备课的核心任务是撰写教案，根据日常教学的经验筛选教学素材、设计教学活动，主观性、经验性较强。学生的预习活动也主要参照教辅资料或者教师布置的教材内容，缺乏主体性、个性化，往往使课前的预习陷入程序化，没有达到发现问题、解决问题的目的。智慧课堂的课前教学准备则截然不同，它基于客观的学情分析，实现以学定教。

首先，利用智慧课堂信息技术，全面地掌握学生以往的翻译作业成绩与难点，根据学生的翻译水平，设置各个翻译能力训练模块的教学重、难点，设计教学方案，筛选相关学习素材，推送微课视频、学习课件、预习测试题等预习内容。由于翻译技巧往往比较抽象、琐碎，教师可以从一些常用网站（如中国翻译网、中国日报英语点津等）下载一些真实语料资料作为教辅材料，帮助学生理解消化。其次，学生通过在课前学习教师推送的预习素材，完成预习任务并提交到微信群或QQ群等平台上，也可以在平台记录上发现的问题，并基于平台进行师生或者生生间的讨论。最后，教师基于平台反馈信息，进行综合学情分析，针对性地制定教学方案。

（2）课上环节——重视师生互动。在传统教学课上环节中，教师分析案例语料并就技能练习进行提问，学生按照教师的节奏听课并回答问题，记忆形式为主，思辨环节较少，容易使学生产生厌倦情绪。而智慧课堂教学中，基于信息技术平台开展多种形式的师生互动、学生互动打破了"一潭死水"的课堂局面。课堂上，教师可以基于学情分析，有针对性地邀请学生分享课前预习中的翻译经验或者译文，提出个人困惑或者问题，引发全班同学对如何解决翻译障碍的思考。通过翻译经验分享，教师能全面了解学生的翻译过程及其翻译障碍，同时还能鼓励学生进行译文比较，发现优缺点，增强每个学生的参与热度。课堂上，教师精辟的点评是保证师生良性互动的关键。教师点评时，基于某个或者共性的问题进行深入的分析，强化模块训练的重点和难点，并引导学生运用批判性思维进行扩展讨论形成智慧，解决实际中的翻译障碍。此外，教师通过网络平台进行实时检测，向学生推送随堂测试，测试语料主要是翻译真实语料，为学生提供真实地学习情景，学生完成练习后可以马上提交，教师可以运用技术平台即时反馈，了解学生的学习效果与问题，再进行下一步地总结提升。综上所述，良好的学习情景创设，积极务实的学习探究加上即时的教师评价反馈，大大提升了智慧课堂地欢愉度和参与度，对学生总结提高，巩固弱点，培养创新思辨能力与全面的翻译能力大有裨益。

（3）课后环节——实现个性化反馈。在传统课堂教学的课后环节，主要以评价学生课后作业为主。教师反馈作业多在下一次课上进行，作业的讲评多集中在共性问题上。智慧课堂则不同，教师对学生的作业与反馈都可以实现个性化。首先，学生的课后作业不再是统一形式，而是教师根据每个学生课前预习和课堂学习情况，针对性地传送翻译任务以及深入学习的资料，解决每个学生不同的学习弱点问题。然后，学生完成翻译任务后，通过平台及时提交给教师。教师以针对每个学生的翻译输出录制作业批改微课，及时推送给这名学生或更多有着相似问题的学生，进行个性化点评与讲解。最后，学生观看自己的作业反馈，也可在平台上发布自己学习反思与收获，与自己的老师、同学进行分享。教师亦可根据学生的反馈信息，融合到下次备课中，遴选语料、分类练习。

"互联网+"时代，"智慧教育"应运而生，给学校教育教学带来了更多创新与发展的机会。"智慧课堂"强调学生的主体性，积极促成学生自觉的知识建构，但是教师的"教"同样具有智慧因子。只有智慧的老师才能开展智慧教学，培养出智慧的学生。在大学翻译教学中创建智慧教育模式，大大丰富了授课内容，使课堂教学资料不仅局限于一本教材，网络资源的时代性、及时性、广泛性能帮助教师收集和展示丰富的真实语料。在教学中，信息技术提供了多变性、直观性、生动活泼的展示方式，符合以学生为中心、激发学生学习的积极性、主动性和创造性的教学原则。教学反馈上，也实现了即时反馈，学生既可以及时发现问题，又可以在老师的指导下开展思考，解决问题。教师也可根据学生的学习反思来调整教学设计，明确教学目标与方向，提高自己的教育教学水平。

（二）大学英语翻译教学翻转课堂模式

翻转课堂直接改变了传统教学模式，在大学英语教学改革不断深入的环境下，英语翻译教学受到的关注度也在不断提升，而翻转课堂应用于英语翻译教学，则能有效改变传统教学模式存在的弊端，有效激发学生英语翻译参与积极性与能动性，从而有效提升英语翻译教学质量，使学生能够在校期间达到较高的翻译水平，为其今后发展奠定良好的基础。

1. 翻转课堂相关概述

翻转课堂也可以称之为"颠倒课堂"，这一教学理念就是在教学过程中利用互联网技术工具为学生呈现出各种形式的教学材料，让学生在课前能够提前感知、了解即将要学习的内容；而课堂之上则由教师引导学生互动与合作，学生在合作探究过程中分析、解决问题，从而掌握知识。翻转课堂模式作为一种全新的教学模式，将课前准备阶段、课堂教学阶段和课后评价阶段置于同等地位，借助于"先学后教"这一形式组织学生学习与思考，充分发挥学生学习的主观能动性，使学生在课堂学习与思考过程中更好地掌握英语教学内容，从而有效地促进学生的全面发展与提升。这种颠倒式的教学安排，直接改变了传统教学课堂之上师生的角色和地位，同时对课堂时间使用进行了重新的规划与安排，这不仅是对传统英语教学课堂提出的新挑战，也是教育现代化的具体表现，能够更好地推动大学英语翻译教学与互联网信息技术有效地结合在一起，而大学生也能在这一过程中得到发展与提升。总之，在大学英语翻译翻转课堂模式下，学生不再是被动的知识接受者，反而在教师指导之下成了知识的探究者与思考者，为大学英语翻译教学营造了良好的环境，是一种十分有效的教学手段。

2. 大学英语翻译教学翻转课堂实施可行性

（1）翻转课堂模式实施具有较强现实意义。在大学英语翻译教学过程中实施翻转课堂模式，就是在教学过程中开展先学后教的教学手段，在课前利用信息技术让学生进行自主学习与思考，而课堂教学期间则将知识应用与探究作为教学关键。在这一过程中，学生在课前预习即将要学习的内容时，可以依据自身学习能力自行选择视频播放次数，而有疑问的地方学生则可以进行标记、记录，课堂之上向教师提出问题，或直接在网络上与教师进行交流与互动，从而真正实现针对性备课与预习。而课堂之上教师则可以为学生答疑解惑、组织学生合作探究，这不仅能够促进师生互动与交流，还能进一步提升课堂活跃度，促进英语翻译教学活动的顺利开展。

（2）翻转课堂模式符合英语翻译教学特点。大学英语翻译课程本身就具有较强的实践性，学生只有真正参与到大量翻译实践中才能逐渐提高自身翻译技巧与水平，因此若是在教学过程中单纯地依赖于教学课堂提高学生翻译能力显然是不现实的。现如今，大学英语翻译教学活动在实施过程中，大多是将具体的问题与具体的翻译技巧结合在一起进行，这种直线型教学模式没有充分体现学生的主体地位，学生翻译水平的提升自然也就受到了限制。另外，翻译教学也尚未面向学生今后就业与发展，因此翻译教学效果并不理想。而翻转课堂模式则能够结合英语翻译教学特点对课程进行优化与调整，还能为其提供各式各样针对性较强的翻译内容，有助于培养高素质、高水平的翻译人才。

（3）教学环境满足翻转课堂模式实施条件。在信息技术不断发展的环境下，现如今大多数高校教室都配备了无线网络，也有计算机实验室，学生自己也有电脑、手机等上网设备，这些均为大学翻转课堂提供了良好的实施环境与基础。除此之外，在信息技术不断发展的过程中，网络英语教学资源也因此而变得越发的丰富，学生不仅能够在课前学习教师录制的微课程，还能及时访问英文学习网站、观看英语电影，以此作为翻译教学补充材料，从而有效丰富英语翻译教学内容，使学生得到更为全面的发展与提升。

3.大学英语翻译教学翻转课堂模式具体实施步骤及优化措施

（1）具体实施步骤。为了能够在大学英语翻译教学过程中有效发挥翻转课堂模式应用价值，笔者就其具体实施步骤进行了如下分析：

教师制作微课。大学英语教师在应用翻转课堂模式进行翻译教学的时候，可以先以每个单元作为单位为学生制作微课视频，以此作为学生课前预习资料与任务，这也是翻转课堂实施的首要环节。要想真正做到翻转课堂模式实施常态化，就要保证在教学期间微课的需求量，而网络上的资源中可获取、符合要求的视频十分有限。为此，教师在开展翻转课堂教学的时候，一定要结合翻译教学目标与内容为学生制作微课，而且微课的时间设定不能过长，最好是8分钟，不能超过10分钟，微课设计内容可以是单元重点，或是核心知识，这样学生才能在课堂上得到提升。以《商务翻译》教学为例，教师在制作微视频的时候要结合商务英语特点、翻译原则，这样学生在微课预习过程中就能较好地掌握课本知识。

学生分组讨论。在翻转课堂实施过程中，课堂上大多是以学生合作探究为主，因此教师在课堂上可以先结合学生实际合理划分学习小组，这也是组织课堂的关键。教师可以安排学生以小组形式讨论微课内容，然后通过小组汇报的形式进一步扩展学生的知识面，而教师则在学生汇报完成之后为学生答疑解惑、总结归纳，这样就能在课堂上加深学生对翻译内容的理解。

课上练习。大学英语翻译教学翻转课堂实施过程中，教师还需要组织学生进行翻译实践，毕竟翻译教学本身属于实践性较强的课程，教师在教学过程中可以在学生对翻译理论与技巧有一定把握的情况下设置一些具有技巧性、针对性较强的翻译练习，同时要求学生在规定时间内及时完成，这样学生就能在有限的课堂上主动参与翻译实践，从而有效提高学生的翻译能力。

翻译评价。在学生完成翻译练习之后，翻译评价也是有效提高学生认知、翻译能力的重要手段，教师可以在评价期间让不同小组相互交换翻译作品，然后再进行翻译评价，这样学生就能在翻译评价过程中学会从不同角度翻译作品，从而有效拓展学生翻译思维，把握不足之处，进一步促进自身翻译能力得以提升。

（2）优化措施。创新教学模式，激发学生翻译兴趣。教师在教学中需要创新，从激发学生翻译兴趣着手优化教学模式，这样才能有效改变传统英语翻译教学给学生带来的枯燥和无趣之感，从而有效提高学生课前预习和翻译实践积极性。例如，教师在课前预习环节可以为学生推荐一些当下流行的英文电影、英文小说作为预习任务，要求学生在课前对这些短篇进行翻译，通过这一方式改变传统枯燥重复的学习方式，激发学生参与翻译的积极性，为学生翻译能力的提升奠定基础。

借助课余时间，提高学生翻译实践能力。要想充分发挥翻转课堂模式的应用价值，教师一定要积极开展第二课堂，多为学生创设翻译实践机会。例如引导学生在课前、课后学习期间借助网络视频、英文书籍等英语翻译资料增加翻译能力，或是借助微信等社交软件组织学生用英语交流，这样学生就能在日常生活中锻炼翻译的能力，从而有效提高学生翻译技巧与水平。

解放思想，主动尝试。学校一定要提高重视程度，解放思想，改变传统教学思路，主动尝试新型教学方法，积极使用国内外先进教学模式组织学生的翻译学习，提升学生的翻译能力。

加强师资队伍建设，提供教学实施保障。学校还需要结合英语翻译教学实际情况，加强师资队伍建设，制定出相应的培训考核机制与标准，有效提高大学英语教师素质与翻译能力，从而为翻转课堂顺利实施提供保障。在对教师进行考核的时候，不仅要考虑到教师英语翻译专业知识与能力，还需要加强对教师信息技术水平、翻转课堂教学理念的把握等方面的评价，这样才能确保其具备良好的翻译能力达到较高的教学水平，从而有效推进翻转课堂的顺利实施。

综上所述，大学英语翻译教学中应用翻转课堂模式是一种有意义且符合时代发展趋势的教学模式。其能够有效解决大学英语翻译教学课堂存在的局限性问题，使学生获得更加多元化的发展，充分发挥学生学习的自主性，促进其形成自主学习能力，进而提高大学英语翻译教学质量。

（三）交际翻译理论指导下的大学英语教学模式

大学英语教学体系在近几年得到了不断的完善和改进，但对听说读写技能的重视仍然远远高于翻译能力的培养。大学英语四、六级从2013年开始，主观题的比重由20%上升到30%，其中汉译英段落翻译的出现是题型改革的一大亮点，这一变化说明大学英语增强了对翻译能力、逻辑分析能力的要求。而现阶段高校的英语教材和课程、教师授课的重难点等方面并没有体现出对翻译教学的重视。譬如上外出版的《大学英语精读》，北大出版的《新编英语教程》等比较权威且被广泛使用的教材中的翻译练习都不够系统，基本不涉及翻译理论和翻译技巧的训练。当今高校的英语语言教学活动基本按照拟定的教学大纲进行，主要是英语视听教学和综合英语教学，而翻译教学的重要性并没有在其中得到充分体现。目前的翻译教学方法通常是逐字逐句翻译，同时受母语的影响，再加上对异国衣食文化、思想和价值观念等理解的缺乏，翻译教学仍受限于"教师留文案—学生翻译—教师讲解"的模式。

翻译是对语言综合能力的考查。英译汉的关键在于对英语的理解，而汉译英可以衡量出学习者的英语语言知识是否全面，表达方式是否得当，基本翻译技巧和沟通能力的运用是否熟练。根据一份近千名学生参与的调查发现，英语技能掌握最差的部分是汉译英，可见，翻译能力已经成为制约英语综合能力提升的一个绊脚石。因此，掌握基本的翻译技巧和英语运用能力,是目前英语教学需要关注的重点。

1. 交际翻译理论

本节所运用的交际翻译理论源于英国当代翻译理论家彼得·纽马克。在纽马克之前,直译意译争议已久,美国翻译理论家尤金·奈达曾在《翻译理论与实践》中认为"翻译就是意译",后来他在《从一种语言到另一种语言》中对翻译进行了新的诠释,他所提出的功能对等是指"不但是信息内容的对等,而且尽可能要求形式的对等"。和奈达的理论相比,纽马克的观点相对简明扼要、短小精悍。纽马克认为,语义翻译旨在传达原文的语义内容,而交际翻译注重读者的理解和反映。相比使译文形式更接近于原文的语义翻译,重新组织句法的交际翻译更难掌握,译者不能受限于原文语言结构的束缚,形象地说,就是要将原文的内涵信息提取并尽量运用接近目的语的语言结构包装出来,加工的过程中需要将逻辑关系稍作调整,增删一些修饰语,抑或改正原文中的事实错误或笔误。基于语言学家布莱尔和雅克布森的语言三大功能,即表达感情、传达信息和产生效果,语义翻译适用于第一种功能,而交际翻译适用于后两者。语义翻译侧重于文学和权威性文章,也就是更加注重源语言的特色。科技报告和教科书类的译文重在传达信息,遇到隐喻时,应揣摩其本身的意义,而非直接复制词义。论辩性文章、广告、通告、法规、宣传和通俗文学类的译文旨在产生效果,为了使读者易懂,有时需要在原文基础上再创作。之所以运用交际翻译理论,是因为中英文化差异较大,尤其是文化缺失和文化空白,比如一些动物的寓意在不同的语言文化里所象征的事物是不同的,"龙"在中国是皇家贵族的象征,而在英语文化中是邪恶力量的象征,这就是文化缺失。而文化空白一般是带有浓厚民族色彩的习语或成语,如果直译"班门弄斧"这样一个成语,不仅不会传达出原文的内涵,读者还可能会曲解原意。

2. 交际翻译理论指导下的大学英语教学模式

本节将交际翻译理论引入翻译教学中,从文本功能和翻译策略与技巧两个角度探讨如何构建大学英语教学模式,以期给高校英语教学带来新的生机,丰富课堂教学。交际翻译法是在意译的基础上遵从归化原则,充分利用地道翻译的优势,使目的语读者与原文读者拥有同样的理解效果。在高校英语课堂教学过程中,最小单位的翻译练习一般都是以本单元的词汇和句型为基础,多从语法的角度分析,学生习得的结果很难做到举一反三。因此,系统地教授翻译方法是必要的。

(1)比较文本功能。纽马克认为翻译的材料多种多样,不可能采取单一的翻译策略。例如同样是文学作品,严肃文学应使用语义翻译,而通俗文学应选择交际翻译。因此,在课堂教学中,教授翻译方法前,首先应该让学生了解翻译理论及其文本范畴,比较不同文本之间的功能差异。一般来说,大学英语教材中的课文文本类型是比较局限的,教师应该鼓励学生涉猎不同文本功能的文章,掌握定义文本功能的方法。课堂上,教师给出不同类型的文章段落,让学生进行比较归类。不管是英译汉还是汉译英,译者都应该明确自己并不是一个翻译机器,而是一个有着深厚文化底蕴的目的语读者,要经过一个综合的思考加工过程,才可以使得译文产生较好的阅读效果。任何一个理论的教学必须有一定量的实践相结合，教学方法应该以学生为中心。教师课前安排小组任务，让学生查找资料并作预习讨论，同时准备不同文体的例子课上以演讲的形式呈现结果，进行文本类型点评，教师引导学生从作品风格、翻译侧重角度、翻译单位、语言类别、新词的使用情况、隐喻的处理等角度来分析文本功能。例如，科技报告类文章的叙述比较客观、中性，翻译单位介于搭配和句子之间，而不拘泥于单词，对于不常见的隐喻译出其意义为佳，这样的文本翻译应基于交际翻译理论。

（2）运用翻译策略。语言运用的目的强调可读性并且易被理解，语言并不是单纯的文字符号，其本身蕴含着一个国家独有的文化，因此，英语课堂教学中，教师应鼓励学生寻找不同语言之间的文化差异。教授交际翻译策略之前，教师可让学生先自己翻译，小组根据交际翻译理论讨论并点评恰当之处，教师引导学生归纳翻译方法，总结翻译技巧。几个典型的翻译策略如下：

意译（Free Translation）是运用直译加解释的方法。译者尽力摆脱原文形式和结构的束缚，从译入语的角度出发传达原作的文化内涵，尤其是当二语表达方式和结构存在较大差别的时候，原文中隐喻的表达如果直接逐字翻译出来的话是很难使目的语读者产生类似的联想，所以，不论是词句、喻体还是民族地方色彩，译者都不应拘泥于原文的语言表达形式。意译的方法虽然使得译文的结构、形式等不忠实于原文，但是实际上却能够把原文隐含的意义委婉地传达出来，且符合目的语的表达习惯，既能够使读者容易接受，又能够达到意义传达的目的。例如：大学英语精读课文"The Making of Surgen"中的一句话，"There were no butterflies in my stomach when I opened up an abdomen or a chest."表意为当我开膛后，我的肚子里就没有蝴蝶了，这里的"蝴蝶"很难让读者明白所要表达的意义，"肚子里的蝴蝶"喻义内心紧张忐忑，根据上下文分析，此处是要说明作为一个外科大夫，手术开始后他的紧张感就没有了。"Einstein wouldn't walk down the street to see a reactor create atomic energy."这句话中很显然爱因斯坦见证反应堆产生原子能和沿街走毫无关系，"walking down the street"是一个不需要费力的行动，因此这里的喻义是爱因斯坦对见证反应堆产生原子能这件事情没什么兴趣。朱自清的《背影》中有这样一句话，"近几年来，父亲和我都是东奔西走，家中的光景是一日不如一日。"中国人向来喜欢委婉地表达，而西方人更倾向于直爽的说话方式，这里的"东奔西走"如果译成"run to the east and walk to the west"就偏离了原文的真正含义，这里的"东"和"西"象征着离家很远的地方，也就是说为生活所迫四处奔走活动，生活很不稳定，因此可翻译为"to live or work not stably in one place"或者"living an unsettled life"。从交际翻译的角度来看，意译缩短了两种意识形态的差距，但是也会不可避免地产生反复翻译，导致语言文化的缺失，比如中文四字词语的结构特色、对偶句的韵律等等。

增译（Amplification）一般是在直译阐释不全的情况下通过增加词汇信息来说透原文的含义，尤其是原文隐含的意义，保证信息准确的同时还要确保译文细节的相互协调和照应。例如"Moss does not cling to rolling stone"，直译为滚石不生苔，引申出一个道理就是转行不聚财。当今社会，跳槽已经成为一种时尚，然而并不是每一次换工作都会更上一层楼。所以此谚语就是奉劝大家不要盲目追求时尚，跳槽前应三思。因此在直译的基础上补充一下所隐含的引申义才会使读者更容易理解原文的内涵，即"滚石不生苔,转业不聚财"。"每一城楼，每一牌楼，都可以从老远就看见"，此句中的城楼是指中国古代城墙上的门楼，是一座"城"的标志，作为既有军事防御功能又有城市防洪作用的防御性建筑，如果不增译解释，目的语读者就会很难理解如此深刻的中华文化内涵。因此，比起"city tower"或者"city wall"，"gate tower of the city wall"更加形象直观地描述出了城楼的特征，而不仅仅是直观的城市墙壁或者城市塔楼或堡垒。

省略（Omission）也是由于两种语言表达方式不同所采取的一种翻译方法，比如，汉语没有冠词，代词、连词、介词也比英语少，所以英译汉中需要做一些省略，减少冗赘或避免违背译文的语言表达，这里要注意的是所省略的往往是形式中的元素而不是原文的思想内涵。省略的用法会使译文的语言简洁、紧凑和明快，从而使得内容突出和精确，避免读者感到冗长和无趣，省略不仅是"以无为有"，而且还是"虽无胜有"。比如形容饭菜的"美味可口"，这一四字词语在翻译中可以直接译成"delicious"或者"tasted"即可。"We live and learn."此句话的主语我们是泛指，所以译成汉语时省略不仅不会影响表达效果，还能够简洁明了地呈现这一谚语，即"活到老，学到老"。此译法巧妙地运用了目的语汉语的对偶形式。

替换（Substitution）是指目标语言中没有意义对等的表达但有相似的引用可以起到类似的效果。双关语的表达往往需要用替换法来释义，替换法对译者的双语文化基础要求颇高，比如"红糖"在英语中并不是"red sugar"，它所对应的表达是"brown sugar"，"馍馍"译成"steamed buns"，"一丈"译作"ten feet"。同样表达"入木三分"，英文一般用"close to the bone"，英文的喻体是骨头，而中文的喻体是木头，不同的比拟，但有同样的寓意。所以，像这一类有文化特色的表达，译者要重视的是其逻辑意义而非形式。

在实际英语教学中，教师既可以让学生将文章中的译法作归纳，也可以给予一些示例通过演绎法让学生总结译法规律，使得课堂教学模式以学生的学为中心，教师的教为导向。在学生掌握了一定的理论基础之后，鼓励学生以小组模式按类别查找例句和表达，并进行翻译练习、小组评价和教师点评。同时教师要及时归纳总结学生在翻译中出现的普遍问题并进行深入剖析，比较鉴别，强调不同语言的习惯用法和逻辑思维方式的不同。对于每一次的翻译练习，要将学生互评和教师批阅结合起来，并积累成册。经过几个学期的训练，学生的交际翻译能力有所提高，阅读理解能力也随之加强。

综上所述，以语言学知识为理论基础的交际翻译理论在实际英语教学中的指导作用是不可忽视的，具有一定的科学性和客观性，改变了传统的"重输入，轻输出"的教学理念。通过系统学习翻译理论和技巧，学生不仅可以在教材中进行针对性的深度探究，还可以搜集大量的课外译文，熟练掌握不同文体的逻辑性，这样的教学模式很好地贯彻了以学生为中心、以培养能力为目标，注重过程的教学理念。当然，仅掌握一些翻译方法是不够的，学生还应该具备丰富的词汇以及大量的翻译实务训练，尤其要重点关注固定搭配、非谓语动词和主从复合句的翻译，这样才能够熟练地将双语准确、流畅地表达出来。

二、翻译教学的课堂设计

大学英语教改的探索，是为了将它打造成学生真心热爱喜欢，并终身受益的"金课"。从而满足学生日益增长的对多元化高质量教学的需要，从而对接我们国家社会发展对人才培养的需求。

自2003年起，全国范围内开始大学英语教改，改革的重点是英语的"综合应用能力"（尤其次是"听"与"说"），注重发展学生自主学习，推广大学英语多媒体教学新型模式，将学生的过程评估和终结评估并重，取得了显著成效。在技术突飞猛进的信息时代，教情、学情与十几年前比较，发生了很大变化，教学目标也应随之调整：读写译，尤其是"译"需要在大学生英语水平培养体系中发挥更大作用。

（一）教学目标升级：注重翻译能力培养

重点培养大学生的英语听说能力这一教学目标定位，在一定时期内有针对性地优化了教学资源配置，达到很好的效果。随着国际化程度及基础教育水平的不断攀升，初入大学的新生整体具备较高的外语水平，"听说核心"的教学已不能完全满足他们的需求，翻译能力培养是大学英语教学重要的补充。

"听""说"是上一轮大学英语教育改革的重点与核心，尤其是借助各种层次及规模的英语演讲比赛、辩论比赛的举办，教育部门与高校，以及外语出版社齐心协力，共同实现并且巩固"听""说"在外语教学的核心位置。大学普遍将"提高大学生英语综合应用能力""提高大学生综合素养"作为最重要的教学导向及目标。根据教育部官方调研数据。国内大学将"听""读""说"视作"最重要技能"和"次重要技能"，占比分别是70.5%、55.5%和47%。可见"听说核心"的教学理念已经完全融入大学英语教学实践中。

教学、学科的发展要基于国家的需要和导向。对于大学英语学科如何应对挑战，并抓住机会发展的问题，外语学科开展了深入的探讨，如王初明等人主张"用学术英语ESP逐步代替现行的公共大学英语课"。蔡基刚一方面肯定"听""说"核心的教学目标设置的"合理性"，一方面也指出"这个目标只是阶段性及暂时性的"，并且进一步指出，大学英语培养目标需要"再转移"。国家发展所需要的人才，应该具备在科技领域、国际合作竞争开展中的英语读、写能力，那么大学英语教学就应该为此服务。可以肯定，我国从事国际交流与合作的科技人员，其英语能力主要取决于大学英语教学。大学英语教改、翻译教学的引入，能使学生受益、国家受益。

放眼国内外，对翻译能力及翻译教学的探索也是语言研究的前沿和热点。Bell、Neubert、PACTE分别从理论、实证等角度分析、研究翻译能力的特点、性质、构成以及其习得过程，Colina则基于能力模型，构建可行的教学模式，用来指导翻译测试及课堂教学。因为，从本质上来说，翻译学习、训练及实践中，学习者不断累积词汇、遣词造句，而这种训练提高的不仅仅是学生书面英语的能力，词句的积累也自然会让口语表达能力增强。可以说，翻译能力是学生综合能力中最有表现力的体现之一。

由此可见，大学英语教学要助推具备国际竞争力的人才培养。要帮助大学生实现用英语跨文化交流，更要帮助他们用英语来学习、运用、交流先进科技，在各自专业的学科领域内具备国际视野，从而服务国家科技人文发展。因此提高翻译教学在读写译课堂的比重势在必行。

（二）教学内容更新：工具性与人文性并举

教学内容的选择与组织是课程建设的重要组成部分，丰富、实用、贴合时代特色的内容更容易激发学生学习的热情，实现教学目标。就翻译教学模块而言，选材既要体现出英语工具性的一面，更要展示语言背后的人文底蕴。

不得不承认，很长一段时间里，对翻译教学的认识存在误区，认为翻译课程只是针对培养专门的口笔译译员而设，对其他大学生是完全没有必要的。特别是理工科学生，他们只要达到一定的英语阅读能力，能通过传统媒介或网络途径获取专业信息即可。受此影响，大学英语中"译"的部分，往往被教师有意识忽略；就算开展教学，也只是简单的基本翻译技能传授，内容重文学而轻实用，与市场需求严重脱节，学生兴趣不高，教学效果不佳。

由此可见，翻译模块的教学内容选择应兼顾工具性与人文性。工具性，与专业性密不可分。《欧洲语言共同参考框架》列举了与语言学习相关联的四大领域：公共、职场、教育和个人，职场领域就对应了工具性的需求。翻译教学内容应加强与学生主修专业的关联，突出跨学科性。我们的大学生要切实地将英语当作助推自己专业课学习的工具与利器，让英文成为自己专业知识传播与应用的翅膀。

人文性，则是要促进人的健康全面发展，实施全人教育。对教学内容的选择要求覆盖文学、文化、哲学、价值观等全方位的内容。尤其是当代大学生在学术上的出国交流及深造频繁，更需要相关英语能力保驾护航，而大学英语教学有义务、有责任担当这一重任。跨文化交际能力是其中的重要一环：培养学生能用国际视野理解不同语言社区中的文化差异；帮助学生用英语来介绍我们国家的风土人情。这就要求配套翻译教学，应加大相关训练的力度与多样性：除了单一的句子翻译，可以根据学生兴趣，增加词组、篇章及不同体我的翻译作业，特别侧重中国历史、文化传统相关内容的翻译任务。

除此之外，学生的文体意识也应该融入翻译教学之中。学生缺乏语域或文体意识，会出现语言无用或文体不当的语用失误，需要培养对语言的直感、敏感和灵感。正如何三宁所指出的"翻译课既是实践活动，也是培养翻译的理解意识、功能意识、语言意识、文化意识的过程"。

大学英语四六级考试翻译题型的改革就体现了上述教学内容的要求。从 2013 年 12 月起，翻译题由单句调整为段落、语篇翻译，内容涉及政治、经济、文化、社会等诸多方面。

由此可见，翻译能力培养是发展复合型人才的必要条件，也顺应了大学英语四六级考试的导向与要求。

整体来看，通过有效地增加、组织跨学科的教学材料开展翻译教学，不仅能促进英语整体综合能力的发展，而且对大学生的后续教育和未来工作同样有积极正面的影响。

（三）教学方式创新：项目驱动与在线协作

如今的外语教学与现代信息科技的结合是全方位的，无论是在深度，还是广度上。两者深度融合的任务之一就是综合利用互联网、人工智能等虚拟现实技术，探索如何将科技有机地融入教育教学的模式中去。借助翻译协作网络平台开展任务驱动型教学可以有效解决大学英语翻译课堂时间及空间不足的难题。

大学英语课时有限，视听说教学比重一般又大于读写译，大多数老师因时间不够，基本忽视了对翻译能力的培养。教学方式以传统的词组、句型翻译的机械操练为主，实用性时代性不足：照本宣科、逐字逐段翻译的传统教学、纯粹白纸黑字的阅读，低估了学生的能力，教学内容缺乏挑战性。另外班级大、任务重、动力小，甚至教师能力弱，对翻译作业修改不够。翻译活动局限于实体课堂的有限模拟，学生其实无法切身体会应用翻译的真实过程。

由于英语重要性的凸显，英语学习越来越低龄化：特别是城镇学生，很小就开始接受课外教育的系统训练。也要看到，这种教育更多地提高了口头表达能力，而未来工作中大量正式书面交流，对专业性、语言理解能力要求更高，是听说教学不能满足的，需要大学英语读写译提供专业训练。中学的外语教学不注重培养翻译能力，中学生为了高考做的练习以选择题为主，因此大学英语教学中很有必要设计翻译题、翻译任务为教学翻译服务。这里存在的矛盾是，课堂内的有限模拟，无法让学生身临其境，领会翻译成果在生活工作中的实际应用过程。这就需要通过教学设计、引入实战训练，解决上述问题。

近年来，国内互联网引进辅助翻译教学的尝试越来越多，并且取得了不错的效果。周兴华从协作项目流程的几个主要阶段概述并比较了四款主流 CAT 软件的功能差异。蔡维分类介绍了国内基于互联网的翻译服务平台，并在仰恩大学针对英语专业进行了"互联网＋翻译"实践平台的建设，探索"互联网＋"背景下的高校翻译人才培养模式。曹怀军、贺莺构建了"互联网＋"环境下的双项目驱动型专利翻译人才培养模式，通过互联网翻译平台上的有酬翻译任务，激励、调动学生整合碎片时间训练翻译。

翻译的过程，也是学习专业知识的过程。举例来说，政府官方文件的翻译任务，有助于了解特色政治话语的内涵与翻译；科技文献的翻译，有助于加深对专业知识的理解并了解前沿动态。翻译要对内容在两种语言的表述进行解码与转码，这让学生得到全方位的锻炼与提高。

（四）课堂教学延展："云译客"

"互联网＋"概念在大学英语课堂翻译教学中的运用，并不是盲目追赶时髦潮流的噱头,而是要切实地求新求变求效能,以顺畅地衔接学生高中所学内容,减少高中到大学转换脱节导致的知识"浪费"。具体来说,在实际课堂教学执行中,不可避免地碰到各种类型与具体的困难与问题,而"云译客"平台的使用可以充分利用有限课时,并对翻译项目的质与量进行及时有效地控制、评估及反馈。

互联网平台的引入,使得在教学课时不变的前提下,灵活实现课堂的翻转,实施基于任务驱动的教学方法,从而拓展课堂:综合理解并运用互联网平台及工具的教学优势,贯彻以学生为中心,培养自主学习能力,整合阅读词汇讲解教学内容,经过提炼后放在课外、课后、网络讨论区,由学生自主完成。这并不意味着放松要求。利用网络平台可视化工具,实现对学生学习过程及结果全程监控与评估。

例如,翻译协作平台"云译客"这个免费翻译网络工具容易上手,且有详细的使用指导。该在线翻译平台完全免费,且具备翻译术语、翻译记忆功能,辅助英语水平较低的大一学生开展翻译。有些同学对英语完全没有兴趣,该平台也提供翻译项目管理等多元化功能,可以帮助培养他们在未来工程项目中的协作能力。这里不是简单地借用"互联网+"的流行概念,就是通过"云译客"平台的实践操作教学,形象生动地向学生介绍机器翻译的基本运作流程、术语库及其管理、翻译记忆的概念及如何构建自己的翻译记忆库、本地化及项目管理有关的知识点。这些对于学生而言是切实有用的技巧,有利于他们在未来将自己的专业与英语结合,更有利于保持他们以后学习英语的热情与兴趣。

在教学中,"云译客"等平台提供了群组功能,学生加入群组后,可以利用自己的电脑或自主学习中心的机器,自由选择登录地点,不受空间的约束进行小组研讨;此外,平台提供的网络双语资源也为教学开展提供充分的素材支持。教师可全身心地投入竞选有挑战性的翻译任务、组织理论教学、实施评价反馈等方面。

教学以学生为中心,并不意味着教师是从属的角色,而应充分发挥引导作用。教师的作用体现在对翻译任务的选择及规模控制上。根据教学进度,每一个知识节段,对应的翻译任务要适量且高质。针对每个学习阶段,根据特点有所侧重,并且在一次翻译任务之后,必须有评价与反馈,引导学生反思与提高。教师还要在每项任务结束后,组织、引导学生自评、互评,找出亮点与不足,练一次就有一次的收获。而翻译练习最终形成的文字,会在网络平台形成术语库、语料库、翻译记忆等语言资产,为他们未来的工作做好资料储备。

时代的发展、学生需求的提升,对大学英语教师而言,挑战与机遇共存。重视翻译教学,引入"互联网+"手段,能够有效地提高教学实效性,促进教师自我发展,激发学生学习兴趣,让大学英语教育能够在课堂外延续,实现翻译教学活动的时代性和传统性结合,并在有限教学时间中增强翻译教学的互动性,加大对学生自主学习能力及翻译能力的培养,从而提高翻译能力在大学生英语水平培养体系中的重要性,体现翻译教学的跨学科、真实性和实用性,培养出跨学科英语人才,最终响应国家语言发展战略,满足国家社会用人需求。

第五章　网络环境下的英语翻译教学

第一节　信息时代下英语教育的诉求

　　语教育信息化是"互联网+"新经济时代发展的产物，对我国英语教学具有翻天覆地的作用，并得到世界各国教育和学术界的广泛关注和重视。近年来，随着我国教育信息化的全面深入，英语教育信息化模式的应用范围在不断地扩大，导致英语教育信息化模式已经趋于常态，其中大多数大学在英语教学中都普遍采用了信息化教学新模式，为大学生进行英语学习提供了更为便利的学习环境和条件，特别是对大学生英语听、说、读、写实际应用能力的培养具有重要的促进作用，与其同时，随着全球一体化经济的不断发展，英语作为世界通用语言之一，对加强各国之间的政治、经济和文化交流具有重要作用，而大学作为我国高等教育的主要阵地，对培养高素质应用型人才参与国际人才竞争具有重要的现实意义，因此，加强我国大学英语教育的信息化改革和创新势在必行，只有这样才能促进我国国民经济的可持续发展。

一、英语教育信息化模式概述

（一）英语教育信息化

　　英语教育信息化主要指的是在英语教育中利用计算机、多媒体和互联网信息技术等。促进英语教育的改革和创新，使其适应"互联网+"背景下社会对英语教育发展的实际需求。同时，基于英语教学的性质而言，它是我国教育的重要工作，英语教学信息化就是指的英语教学手段和方式向现代化教育方向的转变。

（二）英语教育信息化模式

　　首先，英语教育模式指的是在某种教育观念和理论下形成的教学结构形式，其次，英语教育信息化模式，就是在英语信息化环境背景下形成的教学结构形式，主要利用互联网信息技术改变传统教学模式和创新教学模式，以及营造良好的教学环境，从而促进英语课堂教学效果和质量的提升，进而促进学生英语实际应用能力的提高。

二、大学英语教育信息化模式推广的基础

互联网信息技术和教育信息化的飞速发展为我国大学英语教育信息化模式的推广创造了可能。自从进入 21 世纪，我国的信息技术水平得到空前的发展，再加上我国全面推进素质教育和新课改的不断深入，在很大程度上促进了我国教育信息化的建设和完善，尤其是十九大的成功召开，国家对教育信息化作出了重要的部署。同时，我国各大高校也相继完善了互联网对校园的全面覆盖工作，使得学生能够随时随地进行互联网英语学习，并且为大学英语教育信息化模式的推广提供了软件和硬件基础。另外，随着我国社会经济的不断发展，计算机、多媒体、平板电脑和智能手机等的不断发展和广泛普及，使得大学生的学习方式发生了翻天覆地的变化，尤其是大学生的英语知识主要来源由传统的课堂、教师和教材向互联网各种平台或者 APP 转变，这些转变不仅打破了英语教学和学习的时间和空间限制，还在很大程度上提高了大学英语教学的有效性，为教师培养学生的英语实际应用能力创造了良好的条件。

互联网教育信息技术所能包含的英语信息量和教学资源是英语教材和教师，甚至图书馆都无法相提并论的，在"互联网+"时代背景下，学生只有具备获取、更新、整理和处理信息的能力，才能更好地利用互联网信息技术提高自身的英语水平。因此，在"互联网+"时代环境中，大学英语教学的目标应该以培养学生英语创新精神和实践能力为重点，只有这样才能真正实现大学英语教育信息化模式推广的价值。

三、在大学英语教学中推广教育信息化模式存在的问题

（一）缺乏信息化的正确认识

在大学英语教学中，虽然大部分教师都接受了教育信息化的观念，但是在实际的教学过程中，并没有贯彻和落实英语教育信息化模式，以至于英语课堂教学效果和质量不能进一步提高。据相关调查发现，80% 的大学英语教师认为缺乏信息化的正确认识会阻碍英语教育信息化模式推广的主要因素。这是由于大部分英语教师认为信息化模式就是利用多媒体或者互联网进行教学，这种认识其实只是英语教育信息化模式一小部分，英语信息化模式是立足于互联网信息技术之上的，覆盖的氛围比较大，包括物联网、大数据、互联网等等与英语教学模式有效融合后产生的新型模式。

（二）滥用英语教育信息化模式

在大学英语教学中，互联网信息技术和教学模式的有效融合，改进了英语教育的传统教学模式，促进英语教学有效性的提高，但是在实际的英语教学中，它不是主要教学模式，而更多的是一种辅助教学模式，由于教师对其的不正确认识，以至于在大学英语教学中滥用教育信息化模式，这就导致了本末倒置的结果，久而久之，就会让学生产生视觉疲劳，

不利于英语课堂教学效果和质量的提升，也不利于英语教育信息化模式的大力推广，进而严重阻碍我国英语教育现代化目标的实现。

（三）全盘否定传统教学模式

在大学英语教学中，使用英语教育信息化模式，教师会形成一种错误的理念，就是全盘否定英语传统教学模式，这样就会直接导致过于重视学生主体地位，严重忽视教师的主导地位，以至于在英语课堂教学中过于放任学生进行自主学习，不利于英语课堂教学的和谐发展，还会降低英语教学的效果和质量，进而阻碍英语教育信息化模式的推广。

四、英语教育信息化的要求

（一）有助于创设英语语言环境

据相关调查发现，我国大学英语教学中严重缺乏英语语言环境的创设，这就导致我国学生在英语学习中的效果不佳。因此，在英语课堂教学中，必须加强英语教育信息化模式的推广，只有这样才能为大学英语情景教学奠定基础，从而为学生进行大学英语学习创设良好的语言环境，促进他们英语应用能力的不断提高。在具体的实施过程中，教师可以利用多媒体等互联网信息技术，为学生营造一种轻松和愉快的英语语言环境，利用声音、图片和视频对学生的听力、视觉感官进行强有力的刺激，激发他们学习英语的兴趣，使得他们在模拟的真实情境环境中提高自身的英语应用能力。比如教师还可以利用互联网信息技术，创设游戏英语语言环境，这样不仅不可以激发学生的学习积极性，还可以促使学生积极发挥主观能动性，进而激发学生英语语言表达能力的发挥。总而言之，英语教育信息化模式推广有助于教师创设英语语言环境，促进学生英语实际应用能力的提高。

（二）有助于英语课堂教学的展开

在大学英语教学中，教师积极引入英语教育信息化模式，有助于转变学生的被动地位，使得学生成为英语教学的主体，促进学生积极主动参与到英语课堂教学中来，这样不仅有利于提高英语课堂教学的质量和效果，还有利于增加学生英语实际应用能力的实践机会，提高他们的英语听说读写能力与其同时，将英语教育信息化模式有效融合到大学英语课堂教学中，还能够突出英语教学的重点和难点，加强学生对其的理解和掌握，从而有利于提高学生的注意力，强化学生对英语知识的理解和掌握，进而减少英语教学的时间，增加学生英语实践的时间，保证英语课堂教学的顺利展开。

（三）有助于激发学生的积极性

加强英语教育信息化模式的推广，有利于促进大学英语教学整个过程信息化的实现，使得英语课堂教学显得更加的形象、生动和充满活力，从而有效吸引学生学习英语的兴趣，激发学生的英语知识探索欲，促使他们积极发挥主观能动性参与到英语课堂教学中来，进而提高他们自身的英语实践能力；同时，创新的教学方式和丰富的教学内容可以最大限度地挖掘学生的英语学习潜能，激发学生的积极性，促进学生英语听、说、读、写四方面应用能力的全面提高。

（四）有助于教学模式的改革和创新

加强英语教育信息化模式的推广，有助于大学英语教学模式的改革和创新，在英语教学过程中，教师可以利用互联网信息技术，创设新的英语教学模式，比如英语微课、英语模块教学、英语智慧课堂、英语慕课等等。这些新型教学模式不仅可以有效激发学生学习英语的兴趣，还可以改善传统英语教学模式的弊端，从而促进英语课堂教学效果和质量提升。除此之外，英语教学模式的改革和创新，还可以加强教师与学生之间的交流和沟通，及时地进行英语教学反思和英语教学调整，及时地进行英语学习修正和英语进度的调整，实现英语教育信息化教学的最终目标。

（五）有助于英语教学的全面普及

加强英语教育信息化模式推广，有利于提高学校教育的开放性，从而促进英语教学的全面普及。只要有网络覆盖的地方，就能进行英语教学，一部智能手机可以连接世界各国的英语教学资源，这就打破了传统英语教学理念中以"课堂"教学为主的空间限制，使得教师和学生之间能够随时随地的进行英语教学对话，或者搜索英语教学资源，以及开展英语教学活动。当前，随着我国"互联网+"新经济时代的到来，我国的互联网信息技术得到空气的提高，在很大程度上促进了计算机网络功能多样化的实现，其中大部分高校都建立英语远程教育，这样不仅可以实现教师与学生、学生与学生之间的双向交流和沟通，还能促进英语教学的全面普及。

综上所述，加强英语教育信息化模式的推广，不仅可以创新教学模式和丰富教学内容，优化英语课堂教学结构和内容，还能有效激发学生学习英语的兴趣和积极性，保证英语课堂教学的顺利进行，提高英语教学的有效性和学生的英语实际应用能力，从而实现英语教学的全面普及，为我国社会主义现代化建设培养更多的高素质应用型专业人才，进而促进我国综合竞争力的不断增强，促进我国国民经济的可持续健康发展。

第二节　基于信息技术的翻译教学模式

随着网络翻译工具、翻译软件、翻译语料库和翻译记忆等信息技术的出现与运用，高校翻译教学的转型受到了高度重视，翻译的技术转型势在必行。因此，在地方经济走向国际化的今天，如何借力信息技术创新翻译教学模式，培养适合地方经济发展需要的高素质的应用型翻译人才，是急需探索的重要课题。在借鉴了多所兄弟院校信息化教学实践成果的基础上，本研究尝试借助 CAT、QQ 和批改网等信息技术工具，实现"课内/课外"和"线上/线下"相结合的校本教学模式，进行翻译教学与实训的教改探索，以期为推进信息技术与翻译教学的融合提供参考。

一、新模式实施的可行性

技术支持。在新模式的构建过程中，笔者尝试将信息技术融入翻译教学与翻译实训改革中。CAT 选用的是 Deja VuX 软件，作为一种人机协作的辅助翻译工具，其翻译记忆功能有助于提高翻译效率和翻译质量。QQ 是学生极为熟悉且免费使用的即时通信工具，可进行文字、语音等多种形式的双人、多人聊天和视频会议，支持文件传递与共享。QQ 的功能和优点，为在线翻译教学提供了得天独厚的条件准备。

理论支持。吉拉里的建构主义可为信息化教学模式的构建提供理论支持。它既强调对学习情境的设计，重视对翻译任务的选择和组织，提倡让学生成为学习中心，同时也强调交互学习、合作翻译。倡导在线学习和面授相结合的混合学习也可称为信息化翻译教学模式提供理论支持。Driscoll 认为，混合学习是多种教学方式与教学技术（或非教学技术）的结合可以共同实现最理想的教学效果。何克抗教授也认为把信息化技术优势与传统学习方式的优势结合的混合学习可以实现优势互补，获得最佳的学习效果。在本次教改实验中，笔者尝试将多种信息技术工具融入翻译教学与实训中，实施多种形式的交互活动，可以有效克服传统翻译教学"单向输入模式"的不足。

二、教学模式的设计描述

本次教改实验以笔者所在学院英语专业（翻译方向）三年级开设的汉英翻译课程为例展开，教材选用陈宏薇等编著的《新编汉英翻译教程》（第二版）。教改实验对象是笔者所任教的两个班级，为调动学生的自主性，增强学生翻译实践技能，将教学过程设计成课堂教学、自主训练、小组讨论和翻译反思等四个"教—学模块"，结合课堂教学和课外训练两个"教—学环节"贯穿实施。

"教—学模块"设置。第一模块：课堂教学。该模块实施四项任务：一是信息技术工具（包括 CAT 和批改网）实操培训以及 QQ 的功能和资源介绍；二是理论讲解，略讲该教材的一至三章，精讲四至六章；三是提供翻译训练材料，布置翻译实训任务；四是展示小组译文，引导学生评价，突出教师评价。第二模块：自主训练。翻译训练由学生课外完成：首先借助 CAT 系统完成个人译文，然后将个人译文导入英语作文批改网，参照批改意见，进行二次修改。第三模块：小组讨论。在实施该模块时，小组通过面对面或 QQ 在线讨论组员的译文，然后依照某个组员的译文为蓝本，讨论翻译难点或争议点，根据讨论结果修改整合为小组译文，供课堂汇报展示。第四模块：翻译反思。该模块要求学生完成个人译文和小组讨论后，在 QQ 空间撰写翻译反思总结，培养思辨能力。

以上四个"教—学模块"相互独立，但在内容上又联系紧密，形成了一个完整的"教—学"体系。考虑到课堂时间有限，二至四模块以自主或合作方式由学生在课外完成。这种设计突显了"以学生为中心"的教学理念。但教师的主导作用不可或缺。

教学活动准备。为了顺利开展翻译教学与实训，准备工作如下：一是课程资源准备。在课前，教师除了需要精心准备理论讲解材料和实训材料，平台管理者还要申请班级QQ号，开通QQ空间和QQ邮箱，建立课程资源库，包括教学课件、实训材料、翻译工具、翻译欣赏以及教师翻译心得，供学生自主学习使用。二是自主训练准备。教师帮助了学生解CAT的工作原理和实际操作；师生共建语料库；帮助学生了解批改网的批改功能、原理及使用方法。三是小组讨论准备。在学生自愿前提下，教师以英语基础、区域资源以及性别等不同情况按照异质组合进行混合编组。教师要求各小组创建QQ讨论组，便于参与答疑和了解学生的互动情况。

教学准备过程中，需要注意以下四点。一是慎重选择实训材料，除了传统的文学翻译素材外，各类非文学文本材料应占更大比重。文学素材最好有名家译本，供学生比对学习，非文学文本参考译文的质量要有保证。二是翻译实训前，学生必须会使用教师所提供的信息技术工具，丰富与题材和主题相关的语料和术语。三是小组译文完成后，应在课前规定时间内上传到QQ群共享，供教师和其他小组评价分析。四是教师评价要有针对性，既要对翻译难点和争议点答疑解惑，也要对共性问题进行归纳总结。

"教—学环节"设计。汉英笔译课程计划36学时完成。学时分配如下：10学时用于信息技术工具培训；8学时用于理论讲解；汇报展示、学生评价与教师评价占18学时。①课堂教学环节。课堂教学包含三个环节。一是理论讲解。内容包括翻译理论以及词语、句子和段落篇章翻译解析，训练学生翻译思维。二是发布实训任务。整个学期布置八个实训任务，每周完成一个任务，每个任务约400—500字。选材涉及文学文本以及旅游、商务等非文学文本。三是译文展示和师生评价。小组译本课堂展示，学生就翻译难点、争议点提出质疑、争论和评价，教师进行答疑和总结评价。②课外训练环节。课外训练环节是课堂教学活动的延伸，学生的各种实训任务都要在这个环节完成。因此学生是否积极参与和教师能否有效监督和指导决定该教学模式能否成功。

实训任务发布后，学生首先利用CAT语料库及机器翻译等资源辅助完成译文初稿，然后在批改网上进行二次修改，最后选组内最优译文作为蓝本进行小组讨论后形成小组译文。在完成个人译文、小组译文的基础上，结合自己的翻译体会、小组讨论意见及师生评价，进行译后的反思与总结。翻译实训的实施、交互评价与反思总结是课外训练环节的关键，学生需注意：CAT翻译质量与语料的质量和相关性以及语料库规模有关，而且只是人工翻译的辅助工具，不能过度依赖，人工修改过程更为重要；批改网作为作文批改辅助软件，重在检查译文中的单词拼写、语法和用词等问题，整体意义判断上仍有缺陷，系统评分不应作为评价译文质量的唯一依据；翻译反思应涉及翻译难点或争议点以及闪光点，结合翻译理论，探讨翻译规律。

教学模式特点。在教学手段上，利用多种信息技术工具辅助翻译教学与实训，充分发挥现代信息技术的优势，集"教、学、练、评"为一体，形成多元的、交互的、模块化的协作教学模式。

在角色定位上，由于教学模块化，学生成为教学活动的中心，不仅需要完成在线自主训练，还要参与讨论、评价、撰写反思总结。而教师逐渐转变为翻译实训任务的设计者、翻译技术运用的指导者、协作翻译讨论的参与者和翻译训练效果的评价者。

在教学方法上，新模式通过"课内／课外"、"线上／线下"等多维空间的教学和实训，能够拓宽知识获取渠道，提高信息素养，强化自主学习能力。

在教学评价上，除强化学生自评、教师评价外，还增加了学生互评、小组评价、机器评价和人机互动评价，使评价方式多元化，更易激发学生互动体验，获得新理念，在思维体验中感受翻译之乐。

通过教学实践探索，不仅优化了教学资源、教学环境和教学过程，也为翻译教改提供了新的思路。由于新模式处于初级阶段，在"教—学模块"和"教—学环节"的设计、翻译材料的选择、信息技术工具的选择与运用、语料库的建设与管理以及各种交互活动的实施都还有待在后续的教学实践中进一步探索完善。

第三节　网络环境下的翻译教学

互联网的产生将教育带入信息化时代，互联网视域下高校英语翻译教学模式改革成为当代教育发展中人们关注的重点，时代发展使得当代年轻人能够依靠网络资源获取足够的知识。因此，高校也借助互联网完成教学模式的优化，在形成更加新颖的教学模式基础上，提升英语翻译教学的效率。

经济发展推进全球化趋势不断升级，当前各国之间的交流合作增加，这也导致专业的英语翻译人才成为各大跨国公司需求的人才，高校也意识到行业对英语翻译专业人才提出了更高的要求，因此要借助互联网的优势推进教学改革，在优化教学模式的基础上与国际接轨，实现具有针对性英语翻译人才的培养。

一、互联网发展对高校英语教学的影响

教育的发展和当前科学技术的发展形成相辅相成的关系，随着当前互联网的飞速发展，相关的教学技术也在不断发展，更尖端的教学方法以及教学模式也开始借由虚拟现实、互联网连接技术以及人工智能进入大学课堂。互联网能够存储海量信息，通过现代技术把课程相关内容直接展示在学生眼前，能够在有限的课堂教学时间以及空间之中融入更加全方位、体验式的教学方法，将虚拟教学与实践教学相融合，有效提升大学教学的导向性。

在互联网背景下开展英语翻译课程安排包含以下两个关键性的组成要素。

一方面，要配置相应的互联网硬件和设备进行教学拓宽，其中包含了与互联网联通的

公共设施、图书馆等基础教育设施都包含在内，计算机设备的采购以及多媒体课堂教具也是大学英语翻译课程进行互联网模式化教育的必备要素。

另一方面，要建立完善的软件设施，这部分主要是以教师的教学资源、教学安排管理、学习虚拟平台管理以及软件为主，要在平台上建立完善的大学英语翻译课程评价机制，保障课程安排符合当前翻译教学要求。

除此之外，要以移动互联网的发展来提升整个校园的虚拟教学水平，以移动互联网辅助移动设备的优化发展，保障高校内部的网络形成海纳百川、相互影响、知识内容丰富的教学环境，要将网络课程与课堂教学相互融合，形成相互协调、相互依存并完善统一的整体，推进大学英语翻译课程网络化的发展。

二、实现大学英语翻译课程网络教学的技术支持

当前互联网发展大环境下采用的教学制度主要是以应用计算机辅助教学为主，以人们常说的 CAI，主要为了达成某项教学的最终效能而采用互联网技术以及方法进行的教学方式。大学生能够借由互联网的帮助获取更多大学英语翻译课程的理论知识，同时还能借由虚拟现实完成专业实践。在传统的教学模式之下，学生的一切学习资源都来自教师的教学经验、教材、高等学院的知识储备，要经过传统课堂的方式传输给学生。但是互联网进行的课堂教学，本就是以网络技术作为大学英语翻译课程教学基础，主要依托的环境是数据以及计算机设备，学生在网络当中就足以获得海量的学习资源，学生能够充分发挥自己的主观能动性，提升了大学英语翻译课程教学的自由度，学生的积极性也被极大地激发出来，保障学生在学习过程中进行更直观的创造，构建出符合学生学习进度以及知识水平的课堂教学模式。

CAI 这种计算机技术能够有效加强大学生的课堂交流，传统课堂的交流模式是单向的，以教师的传授为主，缺乏学生及时而直观的反馈，而这种教学模式能够借助互联网的联系形成高效的互动交流循环，有效强化大学英语翻译课程最关键的口语表达，以此为基础达成翻译课程教育的进一步优化。学生的学习时间更加充分也更加自由，在达成大学英语翻译课程教学之外的时间，学生可以借助平台本身的资源拓宽自己的知识面，加强师生与生生之间的沟通，形成更加全面且丰富的交流学习空间。在高校进行大学英语翻译课程实践过程中，CAI 也能保持学生获得更加丰富的素材以及资源，让学生与教师在实践活动进展困难时也能获得相应的建议，帮助学生加强实践训练。

基于第三方的互联网达成的大学英语翻译课程学习是将自主学习、网络交流以及课堂学习结合在一起，在学习过程中学生不仅能够学习到相应的理论基础知识，还能够收获一定的翻译技巧，以循序渐进的模式保障学生的英语翻译水平不断提升。在进行课堂教学时，教师也会积极和学生进行交流，帮助学生进行归纳总结，但是针对性较差，因为面向的学生总是一部分，而互联网学习有即时性以及全面性，教师可以针对学生的实际问题进行纠

正或者解答,学生也有足够的空间进行反思以及自我审视,在此基础上再进行实操演练更有助于学生本身英语翻译能力的提升,保障了课堂教学的质量以及教学的效率。

三、互联网背景下达成大学英语翻译课程改革措施

(一)转变大学英语翻译课程教学主体

在传统的大学英语翻译课程教学中,一般的教学理念是将教师作为整个课程的主体,但是随着时代的发展,教学模式也发生改变,当前在进行大学英语翻译课程授课时,一般是以学生作为整个课程的主体存在,教师在课程中主要起到的作用只是引导以及辅助。由于互联网本来就具有关键词检索以及翻译的功能,因此就能提升大学英语翻译课程的交互性,推进以学生为基础和主体的教学模式,逐步引导学生根据自己的翻译水平更加科学化、合理化、规范化地应用数据软件进行训练。

现阶段互联网进行大学英语翻译课程教学已经开发了相应的英语资料库,在技术发展的基础上完成了翻译质量的提升。高校英语教学的基础就是要提升学生的阅读量,保障翻译具有坚实的基础,针对不同层次的学生要根据学生的知识水平制订出相应的学习目标以及教学方式。由于每个大学生的兴趣、爱好、阅读习惯、性格特性都存在差异,高年级以及低年级所阅读的内容以及进行的实践训练也存在差别,要采取循序渐进的方式逐步提升学生的阅读能力,加强英语差异化的翻译教学,保障学生能够选择合适的材料提升阅读能力。互联网本身具备海量的数据,学生可以不再拘泥于纸质阅读,而是借由数据库还有网络图书馆进行下载,利用智能手机、iPad或者kindle进行阅读,不仅能够利用琐碎的时间加强大学英语翻译的学习,还能够脱离课堂学习地点的束缚,学生可以根据自己的时间,进行对阅读时间的分配和安排。

互联网领域下的大学英语翻译课程,能够逐步实现翻转课堂的教学模式,学生可以根据自己的实际情况完成预习,而在课堂上教师则是作为大学英语翻译课程的引导者,主要解决学生们在阅读以及翻译学习中遇到的问题,针对课程的重点难点进行解答,突出实训课程训练,保障学生拥有充足的时间能够完成后续的大学英语翻译课程口语训练。同时学生还能采用分组合作的方式进行生生之间的交流合作,保障在互联网发展的大环境下,教师可以借由大学英语翻译课程的网络化有效增进师生之间的交流,提升学生对教师专业能力的信任度。

(二)确立完善的英语翻译教学模式

传统的大学英语翻译教学之中,只是将学生作为客体进行单方面的引导教学,这个阶段学生并非主动接受知识,而是被动地被灌输知识,因此对于学习的积极性不高,整体英语教学的成效也不足。当前随着大学英语翻译课程的发展,互联网教学模式的兴起,人们的观念也在不断发生变化,传统的教学观念已经不符合当前时代发展,互联网针对大学英语翻译课程资源进行有效整合,在引进更新教学机制的基础上,形成更为全面的教学机制。

当前大学英语翻译课程发展过程中，教学更加注重学生之间的互助合作，鼓励学生利用翻译软件进行优化地翻译，能够帮助学生更好地完成对话，教师可以以此引导学生进行英语语感训练，实现高效的学生合作对话训练，建立提升学生能力的翻译模块，借由多媒体教学达成对英语相关资料的搜集，帮助学生进行视频学习或是在线自测。建立这种趣味化的教学机制，还需要注意提升学生对课程学习的兴趣，加强日常翻译训练内容的提升，促使学生形成规范化的英语学习行为，培养学生良好的英语学习习惯，实现学生英语学习模式的转换。

（三）借由互联网教育完成跨文化的素质教学

在高校进行大学英语翻译课程优化的过程中，要实现中西两种语言的转化，但是中西方文化存在着较为明显的差异性，尤其是进行长短句翻译时很容易出现搭配性错误。比如，如果要表达邀请的意思，一般中文语境下会问是不是要参加，而在英语语境中则是问你会不会来，因此两者搭配之间就显示出文化差异所衍生的表达层面形成的差异。由于互联网具备较为充足的文化差异内容，教师要应用互联网进行文化背景、习惯用法以及文章设计内容的讲解，鼓励学生认知中西方表达中存在的差异，借此提升学生对当前英语学习的全面认知，在教学中逐步培养学生的英语语感，帮助学生形成翻译模式下的西式语言思维。

（四）营造符合大学英语翻译课程的教学环境

大学英语翻译课程教学当中包含了各项推进学生自主发展的内容，在一个开放性的环境里，学生更容易发挥自身的学习能力，借此教师可以建立完善的大学英语翻译课程生态链。在网络发展的基础上打破传统的大学英语翻译课程教学观念，采用更加平和且具有连接性的方式进行全面的训练，保障互联网信息设备能够高效应用，保障互联网技术通过英语课程的推广慕课、微课的模式，以在线答疑辅助教学，传统的辅助教材完全由电子版进行转化，有效减轻学生的学习负担。

教师正向引导学生，以学生小组合作、自主探究学习，鼓励学生发挥自身的主观能动性，在保障教学结构不断优化的基础上，培养学生的创新精神以及英语翻译实践应用能力，促使理论知识和英语翻译实践活动形成深入的渗透。

（五）提升大学英语翻译课程教师职业素养

新时代的教师要融合网络化的知识内容，认清当前新课改前提下教师自身在课堂上所处位置的变化，将自己放在客体位置。同时要注意提升自己的专业技能，尤其是使用信息化技术的相关设备，还要注意借由互联网手机大学英语翻译课程所需的信息，识别不同版本英语翻译软件，选择最适合当前学生实际发展情况的软件和硬件，为学生学习大学英语翻译课程进行正向积极地引导。

高校也要在教师提升自身专业素养的基础上，加强校园硬件设施建设，在保障硬件支持的基础上针对教师进行定期的互联网知识应用培训，从而有效提升智能化高校的建设水平。

在互联网高速发展的时代，要实现师生之间、生生之间的高效沟通也需要借助互联网的帮助，保障学生具备相应的自主探索能力，针对课堂教学内容进行有效的反思活动，帮助学生培养出终身教育的习惯，借由科学技术、翻译课程教学以及网络教学形成一体化的教学模式，并以技术作为发展教学模式优化的基本，形成更加符合学生个人水平发展的开放性课堂，充分发挥学生的主观能动性进行翻译学习。

第六章　英语翻译中的跨文化意识研究

第一节　跨文化语篇与跨文化转换策略

一、跨文化语篇

（一）研究缘起：网红短视频成为跨文化教学的重要资源

如今教师在课堂上展示给学生的教学内容，不再局限于书面文字、图片文本，通过多媒体技术能够使用更丰富和生动的符号资源。海量的网络资源，如网络公开课，TED 演讲，微博、B 站、抖音短视频等为外语教学，尤其是跨文化教学提供了广泛和多元的教学材料。

伴随网络短视频兴起，我国社交媒体平台上有一群讲述中西文化的外国人走红。爱吃火锅的美国人 NathanRich 火锅大王入选央视的《感动中国》；把"这个不辣"挂在嘴边的美国人郭杰瑞不仅连续两年入选哔哩哔哩百大 UP 主，2020 年发表的系列短视频《海外抗疫日记》被央视以"全球抗疫第一线"进行推荐；说一口地道上海话的德国人阿福搭起中德文化交流的桥梁，入选《人民网》上海自媒体正能量传播十大案例；以色列小伙高佑思创办的微博账号"歪果仁研究协会"拥有 451 万粉丝，本人则以案例人物出现在央视《辉煌中国》中。这些来自海外的博主们，以轻松、幽默地方式展开外国人眼中的中国文化叙事。视频内容大多选自普通人喜闻乐见的日常生活和琐事，但由于制作者的外国人身份，跨文化意识成为贯穿所有视频的核心和主线，从而也成为外语课堂中跨文化教学的优秀示例。教师通过对这些视频资源的合理使用，可以加强学生的跨文化意识。中外文化对比下的海量生活场景和细节为跨文化交际提供真实素材，有利于学生的跨文化交际能力培养。本节以此类网红博主视频为研究对象，借助多模态语篇理论的分析，挖掘其在跨文化外语教学中的价值和作用。

（二）理论建构：多模态语篇理论下的视频语法和解析

在视觉图像时代，传统的语言分析研究理论也发生重大转变。早期的语言研究以韩礼德的元功能理论为代表，从概念、人际和语篇功能对文字语言进行挖掘，后来进一步发展为系统功能语法，为多模态话语研究提供理论框架。随着摄影技术和广告业的发展，图像信息在人们日常生活的占比不断加大。图像意义不是简单画面元素的叠加，罗兰·巴特以结构主义视角揭示了图像符号的话语意义和编码逻辑，从此对图像的研究开始比肩文字语言。Kress&VanLeeuwen 的《阅读图像》开创"视觉语法"，从再现、互动和构图意义三个层面解析图像符号。人们对语言的理解从单一的文字模态转向作用视觉感官的多模态图像。"视觉语法的提出为多模态研究提供了理论依据，运用视觉语法分析图像有利于综合理解语篇，深度挖掘图像传达的信息。"Painter 等人则进一步提出多模态语篇理论，对图像符号进行科学解读，对视频的文化价值挖掘也具有重要意义。

多模态语篇（话语）指对信息的感知和表达从过去以语言为核心转向了丰富的非语言符号，比如图像、声音、色彩等多种模态。从个体感知角度出发，多模态话语的交际渠道包括视觉、听觉、触觉、嗅觉、味觉等。同时也可以从媒介信息角度理解多模态话语。早期以口语和文字为主的信息传播，伴随电子媒介技术发展，声音和图像所占比重不断提升。电影和电视带来丰富的动态影像资源。在 5G 技术来临之时，互联网的信息传播更加重视觉影像的发展。曾经由文字统治的话语世界转向多模态形式，颠覆了人们对现实世界的感知方式和理解方式。

"多模态话语研究一般分为模态间性和符际间性研究，前者针对不同模态之间的关系和相互作用，而后者针对模态中不同符号之间的相互关联和作用。"对短视频的多模态话语分析，主要从语言、画面和声音三部分着手。所有的视频都作用于视觉进行信息传递，因此根据图像分析理论，画面的信息值、显著性和取景差异构成了画面不同意义的建构。影响画面不仅传递丰富的信息细节，还通过摄影技法（如景别和色调的运用）来实现不同画面元素的表现，可以突出也可以弱化某些信息。同时，进入镜头的画面与未进入镜头的画面也构成信息上的取舍，尽管多数情况并未被受众关注，但通过取景差别可以清晰地构建不同含义。对这些短视频的评价指标涵盖了结构、内容、语言、口音、字幕、地点、形式、互动、特效等几方面。借助多模态语篇理论，本节从叙事结构、非口语信息、隐喻意义构建等方面对海外网红博主的短视频进行跨文化视野下的分析。

（三）案例分析：网红海外博主视频中的文化解读

1. 短视频的叙事结构及语篇意义

以郭杰瑞 2018 年末的微博视频"美国人过圣诞！为啥纽约变空城，中国城却爆满？"为例，该视频的话题是美国的圣诞节。节日庆祝是文化学习中的重要一环，在英语教学中有很多关于西方圣诞节的文章和话题。视频开头介绍了拍摄地点是美国的纽约，时间是圣诞节当天。叙事文本的切入点从中美圣诞节日气氛差异开始，美国街头一片清冷，几乎所有的商场、银行和餐馆全部闭店歇业，但店铺橱窗的照明却依旧亮着。随着叙事的推进，郭杰瑞不断地进行中美重要节日的对比。相对中国的春节来说，节前繁忙的交通也会发生在圣诞节前。但很少有餐厅推出圣诞大餐，连麦当劳一类的快餐店也不开门，人们基本只能选择在家吃饭。然后郭杰瑞用提问的方式为后面埋下伏笔："如果真的想在外面吃饭怎么办？"镜头转到当地的唐人街。一副迥然不同的景象呈现出来，到处人山人海，中餐厅门口排满了长队，都是当地的美国人，有的餐厅等位长达3.5个小时。郭杰瑞还提醒观众唐人街上并没有任何圣诞节装饰物，这与国内景象不同。拍完了街景的文化差异，郭杰瑞面对镜头，向观众介绍美国的圣诞节并没有类似"春晚"的节目，只有老电影循环播放，美国人的圣诞节放假只有1天，最后用自己眼中的中美过圣诞方式差异总结来结束了全片。

常见的叙事结构包括故事的铺垫、逐渐复杂化、冲突下的高潮、达成和解或一致的结尾等几大部分。就短视频而言，由于受视频长度的限制（多数视频长约五六分钟，本案例视频时长5分17秒），以及非专业制作，其叙事结构相对简单。在本案例视频中，博主通过美国街头冷清的画面和唐人街的热闹景象来突出两种文化对待同一节日的方式差异。尤其当一家中餐馆门口等位需要3个多小时，这种反差最为强烈，同时也打破了人们惯常对节日庆祝的看法。对于学习英语的中国学生来说，对圣诞节文化还是比较熟悉，国内也有相应的商业文化气息。但郭杰瑞在美国提供了不一样的视角，并且这种中西文化对比始终贯穿整个视频。提供文化差异在日常生活中的细节呈现是培养学生跨文化意识的重要手段。

2. 短视频的图文搭配及非口语信息

多模态下的语篇叙事常借助声音（如旁白、对话、配音）、摄影技巧（如虚拟镜头、多种景别）、后期制作（如蒙太奇、动画、特效）等方式增加信息的丰富性，以期获得最大的叙事效果。在完整视频的叙事结构中，通过多模态的语篇符号实现信息传递，当文字、语言、动态影像、音乐恰到好处地结合在一起，能给受众赏心悦目的体验，引发受众共鸣。"丰富多样的影音与文字符号模态精确发挥了其技术特质，构成了叙事形式与质料的轴心，使阅听人自然而然走进叙事语境之中，随着叙事语境的抑扬顿挫产生相应的心灵律动。"声音是多模态的重要表现手段，除了视频博主和画面人物的同期声或者旁白，配乐对视频语篇的意义建构也有很大作用。比如音乐的节奏、类型、风格、主题、使用场合等，都会为语篇意义增加丰富信息。学会识别和解读这些声音符号是加强学生跨文化敏感性的必要途径。镜头选取是视频语法的重要组成。在Kress等人的视觉语法理论中，画面成像距离体现人际关系差距，成像越大，人际关系距离越近。这些网红短视频大多采用近景拍摄，拉近与观众的社交距离，便于产生共情效应。

短视频博主对字幕的使用策略不尽相同。"字幕并非对画面进行看图说话式的解释，而是利用文字的表意功能，对视频画面进行补充、延伸和提炼，使画面超越了形象叙事，深化了片子的意义内涵。"歪果仁研究协会制作的视频均由中英双语字幕构成，有些视频会放在海外YouTube平台上播放，双语字幕能够吸引更加广泛的受众群体。中文字幕的使用，也能弥补外国人说汉语时的不标准发音。此外每期视频的左上角都会有黄底黑字写成的"歪"字，作为自身的品牌符号。在"自从这群歪果仁被中国人误解以后……"这一期视频中，会长高佑思介绍完本期主题后，导入了"歪果仁研究协会"及文字背景组成的固定片头，这些都是维护自身品牌形象的策略。本期内容是在街头采访外国人，请他们回答在中国遭遇到的刻板印象。采访问题并没有反复在视频中出现,而是采用了一帧文字描述画面("你被中国人误解过什么?"、"这些误解产生的原因是?"),使文字和视频采访画面自然地衔接起来。有的字幕不仅来自受访者的话语,还会对受访者的话语点评,如"灵魂三问"、"注意你的身份!"、"我是个案"、"大型打脸现场",一方面起到信息补充的作用,另一方面借用部分网络语言也能拉近与观众的距离。带领学生细度这些文本叙事策略,可以更加仔细地观察到跨文化交际的困难与解决办法。

3. 短视频的多模态隐喻意义构建

多模态隐喻通过区分源域(喻体)和目标域(本体),用不同的模态呈现,把抽象的思维过程外在化,实现意义表达的通俗化、生动性和趣味性。喻体的相似,可以建立在相似性基础上,也可以用创造的方式生产相似。只有建立起喻体和本体之间的相似,并准确传递给受众,才能实现隐喻功能。

阿福 Thomas 有一系列情景演绎剧,通过装扮成中德的教师、父母等角色,来演绎生活细节中的文化差异。比如在 2018 年 9 月 25 日的视频中,当妈妈被问到"嫁给其丈夫的原因"这个问题时,阿福先扮成德国妈妈,回忆夫妻二人首次见面的浪漫场景,在梦幻的镜头、优美的音乐和甜蜜的爱情表达后,突然切换到中国妈妈(依然是阿福自己扮演),用不屑的表情回答说"都怪我眼瞎了呗"。在阿福男扮女装和夸张的神情演绎下,用调侃、幽默的方式再现了两国妈妈的不同答案,让受众开怀大笑的同时也感受到两国文化相异的爱情观。这种叙事手法,用(虚构下)妈妈们的事例隐喻了爱情表达受文化的影响。西方人倾向于直接、浪漫地情感抒发,而中国人却更加委婉和含蓄,有时甚至用贬低的方式来遮掩真实情感地流露。比较和理解文化间的不同,不能仅停留在叙事结构的表层,挖掘叙事隐喻意义才是真正掌握跨文化交际能力的核心。阿福的这则视频表现上展示了中德妈妈对丈夫的不同评价,但影像背后却深藏着不同的爱情观、文化影响下的表达方式等内涵。通过揭示多模态隐喻下的源域和目标域关系,有助于培养学生的跨文化能力。

外语教学天然地具有跨文化交际的特征与功能,教师在传授英语等其他外语知识和文化的同时,也离不开对中国传统文化的比较和应用,外语学科的价值不仅体现在语言技能上,还需要更好地服务于文化交流的目的。利用网络流行文化短视频进行跨文化教育,有助于提高学生的学习兴趣,丰富课堂教学资源,充分利用现代教育技术设施。目前关于跨文化教学中的短视频模态研究匮乏,本节尝试探索短视频的多模态语篇中意义和文化的呈现过程,以期达到更好的教学效果。多模态话语理论在外语教学中的应用可以为交际提供多通道的话语表达方式,并能提高教学效率。

在外语教学课堂中,教师可用不同策略使用这些视频,比如细读视频中的文化信息、分析文本话语建构策略、模仿视频分角色扮演、反思视频主题中的文化差异或冲突,由此提高学生使用英语交流时的文化意识,培养学生对跨文化交际的理解,提高学生对文化差异应对能力和交际能力。本研究主要针对短视频的多模态话语进行了分析,对于短视频的课堂操作未展开充分讨论,这将是下一步研究的方向。

二、跨文化转换

英语翻译作为一项复杂的工作，在翻译中需要考虑不同国家间文化的差异，还需要对语言的使用习惯进行分析，使翻译能够不破坏原本的含义，保证翻译能够使人容易理解，结合自身国家的语言思维进行灵活地翻译，才能使跨文化翻译的效果加强。

（一）跨文化视角转换含义

跨文化视角转换翻译的含义是指在翻译中应体现出某个国家的文化特点，在翻译中需要考虑到不同文化的内容，在转化中避免出现理解偏差等问题，翻译者应通过了解不同的文化，对差异等进行全面分析，使文化内容更好地得到转化，重视翻译的技巧掌握，使翻译具有较高的准确性。

（二）跨文化差异的具体体现

不同地区的文化具有独特性，也是具有代表性的文化，随着时间发展，地方的文化会更加明显，人们的思维以及习惯等都会受到文化的影响，不同的地区和环境会产生文化差异。不同的社会发展背景以及历史经历也会使文化出现不同，由于在国家的发展过程中，为了自身发展需要建立一种社会风貌，这种风貌对人们有着较大的影响，同时人们在行为上产生团结的思想，更加重视团体意识，这也是一个国家的文化具有一定统一性的原因。文字属于文化的产物，在翻译中翻译者需要了解当地的文化内容，通过了解使自己的翻译能够清楚地表达原意，并且以自己国家的语言表达出来。

（三）英语翻译中跨文化视角转换及翻译技巧

1. 归化策略翻译技巧

归化翻译技巧指的是在翻译中将差异转化为人们了解的表达形式，使原本的含义通过不同的语言表达出来，这样人们可以更容易对内容进行理解，也可以使人们对不同语言之间的联系产生更多的兴趣。由于文化的差异存在的大小不同，为了人们更好地了解翻译内容，翻译者需要在翻译中采取归化的技巧进行翻译。

（1）物与人、人与人的视角转换技巧。针对同一个意思，文化差异会使表达的形式出现不同，在中西方的语言习惯中，主语的表达形式存在差异，汉语中对主语用"人"来表示，而英语中的主语主要为"物"，在翻译中需要对主语进行准确地转化，才能使翻译保持原本的意思。比如，在交流的过程中，西方人将第二人称放在首要位置，而将自己放在后面，而在表示承担责任的时候将自己放在首要位置。称呼家人的时候，西方人对长辈的称呼比较笼统，不在意细节。但是在汉语中，对长辈的称呼分类比较细，所以，在翻译中需要对人和物进行灵活的转化，以及人和人的视角转化。

（2）词类转换技巧。一般由于用语的习惯不同，一些句子难以进行直接的翻译，在翻译中需要将反面翻译作为方法对文本进行翻译，使译文的意思表现出来。对不能进行反面翻译的文本，需要进行正面翻译。在进行词类转换的时候，一般会利用正说反译进行翻译，这种翻译可以使翻译效果提升，在英语翻译中，需要结合英汉词语使用习惯的差异进行转换，使翻译能够符合汉语的表达习惯。

（3）句式转换技巧。在进行翻译的时候，句式作为翻译中的重点内容，在特殊的句子翻译中，翻译难度比较高，比如，在翻译倒装句和省略句等句型的时候，应当采取的方法明确，使翻译能够体现出更加准确的效果。一些句子比较短的时候，需要在翻译中进行适当的增译，比如，在翻译我国《论语》的时候，国外的读者对孔子不了解，在翻译中需要通过增加翻译的方式使人们更加容易了解文章的含义，使翻译质量提高。

（二）差异化策略翻译技巧

由于不同的文化中具有不同的语言，在翻译中应对源语进行全面的了解，对文化背景进行分析，结合实际的情况采取和语言相异的角度对语言进行转换，这也是一种语义翻译技巧。通过语义翻译技巧进行异化，使翻译能够体现出不同的效果，其中包括正反词和相悖语态两种方式。

正反词的转换技巧

在跨文化视角下进行翻译，需要对用词的灵活特点进行充分的利用，通过正反词对语言的转换。在翻译中翻译者应掌握语言转换的技巧，还需要重视句子的通顺程度，使翻译能够具有流畅的特点。在翻译中采用的方式是采用否定式将原文中的含义体现出来。正反词的翻译可以使文化之间的独特性得到保留，从而使翻译更加具有本土化特点，提升翻译的水平。

在翻译中，翻译者需要在跨文化视角下对其他国家的文化进行了解，结合英语翻译，应对国家的文化背景以及语言习惯等进行全面的分析，在翻译中合理地使用翻译技巧，使翻译的效果加强，从而更容易被人们所接受。

第二节　英语翻译中的跨文化意识

翻译是一种跨文化的交际活动，作为文化重要载体，英汉两种语言在中西方文化差异的作用下，如何准确开展英语翻译，避免跨文化因素影响，显得极为重要。本论文以跨文化视角为切入点，分析英语翻译技巧及提高翻译质量的措施，充分发挥翻译工作中跨文化意识作用。

随着全球经济化的发展，翻译作为一种典型的跨文化交际活动，对相关人才的要求也在不断提高。但是英语与汉语所处的文化环境存在的较大差异，造成语言表述存在差异性。翻译不单单是语言符号的转换，更是文化内涵的传递，因此在翻译中跨文化意识显得尤为重要，否则出现信息错误的情况，造成跨文化交流难度增加，不利于我国在国际上的发展。

因此，在英语翻译中渗透、融入跨文化意识，提供准确而又具有丰富内涵的信息才能推动跨文化交流，本节就此展开论述。

一、跨文化内涵分析

跨文化是指对于与本民族文化有差异或冲突的文化现象、风俗、习惯等有充分正确的认识，并在此基础上以包容的态度予以接受与适应。目前跨文化意识的提倡主要是在外语学习领域，因为语言是文化的载体，如果抛开文化学语言很难学到一门语言的精髓，也很难提高自己与对象国人的实际交际能力；反之在认识文化基础上去学习语言，很多时候可以收到事半功倍的效果。

在跨文化环境中实施英语翻译时，需要在对跨文化语境进行考虑的同时，对跨文化语用原则进行掌握，以保证最终英语翻译质量。翻译人员在进行翻译活动的时候，应树立良好的跨文化交际意识，应采取正确、主动、开放的态度学习英语跨文化知识，以便在英语翻译工作中直观、系统地理解和融合跨文化知识。

二、英语翻译中跨文化视角转换分析

（一）英语词汇的转换

通常在英语翻译过程中，词类转化主要发生在名词、副词、形容词和动词等单词上。针对英语语法的表达方式和表现形式可以发现，在英语中每个句子中谓语动词都只能有一个，所以经常会出现动名词或者动词名词化。而动词在汉语环境中就不会遇到这种问题，在汉语表达过程中有很多的名词，比如形状、地位等，都能从英语表达中找到相对应的词性。由此可以发现，由于汉语和英语文化发展背景的不同，在英语实际使用过程中，往往会发生名词误用的现象。

（二）英语形象的转换

一般情况下，英语翻译受到诸多因素的影响，包括风俗习惯、文化背景、历史演变等。同一种形象处于不同环境中也会表达出不同的含义。这就需要译者翻译过程中，充分考虑前后文、文章整体内容等，通过整理组合形成具有色彩的形象体系，并在此基础上将内容完整的表达出来。一般而言，译者想要准确翻译一段文字，就要将原作者的风格与自己的联系起来，实现二者的有效融合，合理保留与转换原作的形象，在翻译的同时全部保留原作品的风格与进化，避免出现似是而非的情况。

（三）英语虚实的转换

就目前大环境而言，因为受我国传统文化和社会大环境的影响，中国人在思维方式上与外国人存在很大的差异化，而且汉语和英语在表达方式上也有很多的区别。因此，在翻译过程中要想确保英语翻译的准确性与合理性，翻译人员一定要把握好"虚与实"之间的相互转化。这里的"虚实转化"并不要求对文章进行逐字逐句的翻译，而是要在理解文章大意的基础上对文章所要表达的内容实现真正意义上的对等，在翻译过程中灵活运用"虚实转化"的翻译技巧，尽最大可能避免因为中、英两国文化差异和语言环境等因素造成的影响，确保翻译出的内容更加准确与合理。

三、英语翻译中跨文化因素措施分析

（一）注重物与人，人与人间的转换

中西方在语言表达习惯以及历史发展方面并不相同，整体语言表达方式存在较大差异，像在进行主语表达时，中国会将事物作为中心，以人为主体进行语言表述，个体主语多带有经常性特征；而西方会将物作为主语，整体语言表达存在着与汉语表述相反的情况。因此翻译人员在进行翻译时，需要做好人与人以及物与人之间的转换，准确找出句中主语并对其进行转述。

（二）巧妙展开词语、句式转换

词汇、句式转换在英语翻译中极为重要，是翻译工作重中之重。实施翻译过程中，需要对英文褒贬义词转换准确度进行保证，确保译文逻辑思维，保证翻译作品质量能够达到相应标准。同时还要处理好词性转换问题，要对文章意义进行准确表达，做好复杂句式处理，确保所原文内容可以原汁原味地表述出来。此外，因为汉语中的诸多成语与习语等，在英语语言中并没有直接对应的手法，但语言表述存在差异而意义一致的语言却不在少数，需要可通过运用规划法、比较法等手段，对惯用语与成语展开巧妙运用，进而生动、地道地对翻译原文展开表达。

（三）合理运用委婉语言

如果译文没有经过任何修饰，只是单纯地进行原意表述，会使文章失去生命力，变得较为生硬，这与英语翻译初衷并不相符，所以在进行翻译时，翻译人员不仅要对文章原意表达准确性进行保证，同时还要对译文展开适当处理，要通过对委婉语言的运用，更好地完成相应翻译工作。在对委婉语进行使用时，翻译人员应按照"去陈求新"、"去俗求雅"以及"去讽求婉"等原则，按照跨文化差异以及各民族文化特点，对其展开合理运用。

四、英语翻译中跨文化意识的培养

（一）重视汉语文化，培养文化认知

英语翻译中的跨文化意识要求译者立足于本民族的文化，对自身文化内涵和精髓进行充分的吸收，对汉语的语言结构特征进行透彻地了解，吃透汉语原文的精神实质，了解原文背后所蕴含的文化意义，培养对汉语文化的认知，在翻译中做到"知己"才能更好地"知彼"。为了提高译者的跨文化能力，有必要引导他们加强汉语文化的学习，提高他们的文

化认知能力。

（二）学习英语文化，认识文化差异

胡文仲曾经指出："语言是表达文化的一种形式，倘若对英美文化没有了解，就不能学好英语"。由于中西方人的生活方式、价值观念和思维方式等存在差异，中西方就会有不同的文化，因此，译者除了加强对汉语文化的了解外，还要学习英语文化，将中外文化进行比较分析，感知其中的差异性。认识和了解文化差异，小到从文字、词法、句法、篇章等方面进行对比学习。

（三）学会换位思考，坚持适度原则

跨文化是要立足本民族文化又超越本民族、文化，敏锐地觉察对方的情感并予以恰当的呼应。在文化立场上，一方面，不能完全抛弃本民族的立场而一味地去迎合他国文化；另一方面，不能受到民族本土文化的束缚和抑制，要理解、认同和尊重他国文化，坚持适度的文化移情。由于译者长期受到汉语文化环境和思维方式的影响和束缚，其在汉英翻译中总会无意识地根据汉语的文化模式去译文，把具有中华民族独特意义的文化内容生搬硬套翻译成英文，让读者面对这种译文时一头雾水，忽视了英语读者的感受。跨文化交际的角度看，译者是两种文化的沟通者，译者有责任为读者排除语言障碍，让读者充分领会原始文本所要展现的各种价值。因此，译者要学会进行换位思考，设身处地地感受、体会和领悟英语文化的真谛，在翻译的过程中首先要厘清原文所蕴含的文化意义，然后摆脱汉语字面的束缚，以英语读者的角度来进行译文，根据英语表达习惯重新组织句子，将原文中所表现出的文化内涵等信息清晰明了地传达给读者，促进文化交流。

通过本节对跨文化因素下英语翻译相关内容的论述，使我们相应翻译技巧有了更加清晰的认知。翻译人员应明确自身使命，不断通过学习掌握正确的跨文化翻译语用原则以及各种文化差异具体内容，保证文章原意可以准确、直观地表达出来，能够让受众在阅读过程中产生更好地情感共鸣，从而将翻译工作所具有的各项优势与功能充分发挥出来。想要成为一名合格的翻译，译者必须从各个方面提高整体素质，尤其是语言素质和修养，掌握深厚的文化知识，在翻译过程中进行适当的文化移情，确保译文量，促进跨文化交际的成功。

第三节 英语翻译教学中译者的跨文化意识培养策略

"旅游是一种基于愉悦的、人们跨越地理空间的一种流动，旅游本身就是跨文化传播的方式之一，旅游者就是文化的承载者和传播者。"而"翻译不仅是双语交际，它更是一种跨文化交流；翻译的目的是突破语言障碍，实现并促进文化交流；翻译的实质是跨文化信息传递，是译者用译语重现原作的文化活动"。因此，"翻译已不再仅仅看作是语言符号

的转换，而是一种文化转换的模式。"这其中，旅游景点的翻译同样起着对外介绍景点和传播文化的作用，其在跨文化交际中的重要性不言而喻。由于中西语言与文化的差异，在对旅游景点介绍等旅游文本进行翻译的过程中，译者是否具备良好的跨文化意识显得尤为重要。

一、旅游翻译中跨文化意识缺失所带来的问题

旅游翻译是一种跨文化的交际活动。在中英两种不同语言的背后存在着不同的思维方式、文化心理、价值取向。因此，旅游翻译中跨文化意识的缺失会带来诸如误解、冲突等一系列的问题。

（一）逐字翻译，信息冗余

东湖生态旅游风景区简介中的其中一段为："东湖，是以大型自然湖泊为核心，湖光山色为特色，旅游观光、休闲度假、科普教育为主要功能的国家级风景名胜区，是中国最大的城中湖、全国文明风景旅游区示范点。"对应的英译原文为："East Lake is a national scenic area with natural lakes as the core, views of lakes and mountains as the characteristic, sightseeing, vacationing and popular science education as the functions.It is the largest city lake in China, a demonstration site for national civilized scenic area." 可以看出，此段译文是逐字逐句翻译的，文字冗长繁复，未能突出核心信息和文化信息，且不符合英语的书写习惯。应该对文本结构进行重组，对文字信息进行整合，再用英语来进行写作。

（二）误译错译，阻碍交流

若译者缺乏跨文化意识，会导致误译甚至错译，景点的英译文可能会引起外国游客的不解、困惑，甚至会引起误解乃至冲突。如英山十里桃花溪简介中的一段文字"其溪，汇万泉之水，聚百壑之流，或奔流曲绕，或飞流直下，穿岩凿壁，瀑飞潭穿，如链如龙，破谷穿林，气象万千；其谷，集千石之怪，万树之奇，或独立成形，或偶合成景，龙、蛇、龟、螺、凤、鹤、虫、鱼应有尽有，惟妙惟肖。"中的"如链如龙"和"龙、蛇、龟、螺、凤、鹤、虫、鱼"英译原文分别为"like a chain of brave white dragons"和"a dragon, a snake, a tortoise, a viviparus, a phoenix, a crane, a worm, a fish.",且不论这两处译文里的逻辑错误和其他问题，单就把"龙"译为"dragon"来说，是不妥的，因为"龙"和"dragon"在中西方文化里的联想意义是不同的。

因此，译者必须具备敏锐的跨文化意识，只有这样，才能在旅游翻译中准确地把握中英两种语言在词汇层面、句子层面、语篇层面上的文化差异，实现汉英语言和文化的成功转换。

二、译者跨文化意识在旅游翻译中的作用

在对旅游景区景点介绍、标识语等翻译的过程中,译者是否具备完善的跨文化知识和良好的跨文化意识显得尤为重要。下面,将主要从三个方面来阐述译者跨文化意识在旅游翻译中的作用。

(一)准确阐释文化

在旅游文本的英译上,只有跨文化意识敏锐的译者才能迅速意识到中西语言在文化意象上的差异以及语篇文体风格的差别,使景点介绍的英译文既能准确传递出丰富的文化信息,又能兼顾到英语的表达习惯和行文特点,使译本的抒写传达简洁明了、通俗易懂,能很快为外国游客所接受并引起他们的旅游兴趣。

(二)充分考虑需求

"翻译是因人类相互交流的需要而生,从这个意义上说,寻求思想沟通,促进文化交流,便是翻译的目的或任务之所在。"跨文化意识敏锐的译者能充分理解外国游客来中国旅游和阅览景点英译的目的,即主要是为了了解中国文化和获取旅游信息。因此,在翻译旅游文本的过程中,他会按照外国游客的思维方式和英语的行文习惯来构建译文,增强英译文的可接受度。对一些文化词汇的空缺也能做恰如其分的填补和译介,并将产生不同甚至截然相反意象的事物按照外国游客的认知习惯译出,以此在最大限度上满足外国游客的需求。

(三)灵活运用翻译策略和方法

译者只有具备跨文化意识,才能灵活运用各种翻译策略和方法来完成旅游景点的英译。

1. 在景点名称的英译上

具备跨文化意识的译者会采取音译+注释,或音译+意译等翻译方法。只有这样才能使外国游客充分了解各个景点名的深刻内涵。音译或单纯的字面翻译不仅容易引起误解,更无法体现出景点名的文化意义和景点的独特之处。黄鹤楼景区中的搁笔亭的两个译文"Ge Bi Pavilion"和"Stop-Writing Pavilion"就未能表达出该景点的历史文化意义,应进行注释。同样,该景区的梅园和落梅轩的英译"Plum Garden"和"Veranda of the Falling Plums"显然是容易引起误解的。因为,"plum"的意思是李子、梅子,是一种水果,而景点名"梅园"和"落梅轩"中的"梅"指的是梅花,以上英译文可改为: Plum Blossom Garden 和 Veranda of the Falling Plum Blossom,或者 Mume Flowers Garden 和 Veranda of the Falling Mume Flowers。

2. 翻译与景点相关的历史事件时

具备跨文化意识的译者会备注事件发生的具体年代或年份以及大致的历史背景;而针对历史人物的人名翻译,音译之后会附注上人物的背景信息。因为,这些相关的文化背景知识,是外国游客想了解的,这也是他们来中国旅游的目的之一。

在东湖生态旅游风景区简介中有这样一段文字:"听涛景区以浩瀚的湖泊风光、源远流传的屈原文化为特色",对应的英译文如下:"Tingtao Scenic Area is famous for its vast lake scenery and a long history of Qu Yuan culture"。且不论这段译文的译法是否符合英文旅游文本的表达习惯,对历史上有名的爱国主义诗人屈原应该做一个简明的介绍。笔者建议将译文改为:"Tingtao Scenic Spot features Qu Yuan(a patriotic poet and senior official in the state of Chu in the Warring States Period)Culture and vast lake scenery."

3.旅游景点介绍的内容丰富多彩,有的还包括了景区游乐设施的说明

如东湖生态旅游风景区中有一儿童生态乐园,介绍如下:"面积36亩,内设沙溪攀爬、秋千、滑梯等运动项目。"其中"沙溪攀爬"的英译文为"sand land climbing",首先 land 是平面,而 climb 的基本释义是"go up towards the top",有从低处向高处移动的含义在里面,因此"land climbing"这一译法存在着逻辑错误。

另外,根据笔者在儿童生态乐园里的观察,与沙和攀爬有关的活动,就是欧美等国孩子们常玩的"Monkey Bar",所以,笔者认为这里的"沙溪攀爬"直接译成"Monkey Bar"更准确,也更能被外国游客所理解和接受。

鉴于中西方很多游乐设施都是相同或相似的,在英译时可以直接沿用英语中的相关表达,而这些同样需要译者具备完善的文化背景知识。

第七章　跨文化交际的内涵与途径

第一节　跨文化交际的内涵

在全球化背景下，来自世界不同国家和不同文化的人们交往日益密切，英语由一门外语逐渐发展成了国际通用语（English as a Lingual Franca，简称 ELF）。英语作为国际通用语言的使用不仅仅局限于本族语者，更多地发生在非英语母语者之间。在这种背景下，跨文化交际出现了不同于英语作为本族语或外语的交际特征，由传统的单向模式逐渐转变成为多语言和多元文化相融合的复合模式。国内跨文化交际能力的研究自 20 世纪 80 年代至今，已有不少丰硕研究成果，研究内容在广度上不断扩宽，与相关学科之间的交叉研究逐渐凸显。但是，目前的研究与当今社会需要和社会背景联系得不够紧密，尚未考虑到英语作为国际通用语背景下，地方院校外语教学人才培养模式和课堂体系建设的需要。本研究在回顾跨文化交际能力的相关研究及英语作为国际通用语为背景的相关教学研究后，结合地方应用型本科院校的实际情况和人才需求，就英语作为通用语背景下如何提高学生跨文化交际能力提出相应的建议。

一、研究背景分析

（一）跨文化交际能力研究

国外学者对于跨文化交际能力的研究，至今已有半个多世纪的历程。研究内容主要围绕内涵研究和应用研究两个方面。跨文化交际能力的内涵研究包括概念、模式和构成元素。Lusting，Koester 认为跨文化交际能力与跨文化能力是同一概念。也有学者指出，跨文化能力与跨文化交际能力是两种不同概念，前者包含后者。跨文化交际能力是一个复杂且宽泛的概念，涉及很多层面，其中"有效性（effectiveness）"和"得体性（appropriateness）"是跨文化交际能力的核心。迄今为止，针对跨文化交际能力的实践研究，国外学者已经研发了十几种 ICC（Intercultural Communication Competence）评估量表，例如 BASIC，CLSAQ（Mason，1995），ISS，YOGA 等。然而，由于跨文化交际能力评估中存在文化多样性、复杂性和差异性，不少量表存在主观与客观难以吻合，实证研究操作困难等问题。由此，跨文化交际能力的测评引发了越来越多国内外学者的关注。

(二）跨文化交际能力与外语教学

2007年颁布的《大学英语课程教学要求》将跨文化交际列为英语课程主要内容之一。跨文化交际能力培养的关键是跨文化教学。国内学者如高永晨、任仕超、梁文霞、黄文红通过实证研究方法，对学生的跨文化交际能力，跨文化课程的教学内容、课程设置、教学方法、教学原则等方面进行了探索并取得了显著的成果。近几年，国内学者开始关注跨文化交际能力测评体系的框架建构。在借鉴了Chen的思维跨文化交际能力模式、Byram的文化交际能力模式和Deardorff的金字塔式跨文化能力模式后，高永晨运用知行合一的方法论，构建了中国大学生跨文化交际能力测评体系的理论框架。该框架的提出立足于中国本土，结合中国大学生跨文化交际能力的需要，体现了中华民族的文化资源和话语体系，为跨文化交际能力测评在中国的发展打下了坚实的基础。

上述研究，无论是跨文化交际能力的调查研究还是跨文化交际能力培养的探讨，都是以英语作为一种外语，参照英语本族语的语言和文化规范为标准的。鲜有研究以英语作为通用语为视角重新界定跨文化交际能力的变化、内涵及交际能力培养问题，而这正是本节研究的焦点所在。

二、英语作为通用语背景下的跨文化交际能力与外语教学

英语作为跨文化交际者彼此之间交流的工具，发挥着联通你我他的作用。对于跨文化交际能力的研究仅仅局限于以英语本族语的语用标准、文化交往原则为唯一的标准，已经不能满足当今社会的发展和需求。文秋芳从教师视角提出了英语国际语的教学框架应对当前全世界非英语国家英语教学所面临的挑战，该框架中的文化子系统以本族语文化、非本族语文化、本土文化构成教学内容，培养学生跨文化能力。更强调文化敏感性是一种意识，"学习文化知识是手段，培养文化意识是终极目标"。

陈新仁教授提出"新形势下，多角度，多方位，多维度，多手段探究跨文化英语交流能力的新内涵，探索培养跨文化交际能力的新路子自然成了当务之急。"英语作为国际通用语背景下的跨文化交际能力培养与英语作为外语的教学培养模式和框架有所不同。"应当摒弃英语本族语的语言，语用文化规范，树立多元标准与规范教学理念，使学生拥有平等共赢的文化态度，提升移情、宽容的能力，提高流利表达本土文化的能力"。全球化不可避免地会带来不同文化的交流与碰撞。英语作为国际通用语，发挥着越来越重要的角色，逐步发展成为多元文化交流的载体。

（一）由不平等到平等的转变

英语作为通用语的背景下，交际者双方的关系不再受到英语作为母语的语言规范的限制，从不平等的交际关系（英语本族语者拥有语言裁决权）转化成一种平等的交际关系。交际的对象也从英语本族语者转变成来自世界任何一个地方的英语使用者。这就意味着，交际发生时，双方不会受到英语语言、文化规范的影响，交际者可以坚持民族文化平等的

原则，消除偏见，本着合作共赢的态度达到最终的交际目标。

（二）由理论到实践的转变

曾经的跨文化交际能力的培养目标是以了解英语国家概况和文化为主。在经济全球化的今天，英语已经不可避免地成为一种交流工具，跨文化交际的目的是在实际的交际行为中进行有效的沟通，这种沟通可以是口头展开，如进行商务谈判或者出国旅行时与当地人交流；也可以以书面形式展开，例如撰写海外媒体广告或求职申请。在完成特定任务的情况下，把意思表达清楚，把事情做好是跨文化交际者首先应该考虑的问题。

（三）由单一化向多元化的转变

从交际的内容来看，交际者对文化的了解不仅仅是美国文化、英国文化等英语作为母语的国家的文化，还应该包括非本族语文化和本土文化。文化的多样性体现在不同群体和社会身份的独特性和丰富性之中。一个具有跨文化交际能力的人应该尊重文化的多样性，了解语言对象国的历史与现状，明确中外文化的异同是进行有效跨文化交际的前提，也是避免文化禁忌和"雷区"的有效方式。

英语作为通用语背景下，跨文化交际发生的转变表明交际者双方处在平等的地位，不受英语作为母语使用时的语言规范和文化准则的约束，以有效沟通为目的，保持平等、宽容、共赢的文化态度，实现有效的跨文化交际。

（四）对英语教学的启示

英语作为通用语背景下，跨文化交际能力的内涵转变对于培养学生跨文化交际能力的启示主要包括教学目标、教学内容和教学实践三个方面：

1. 教学目标

教学目标由培养学生的英语语言能力转向培养学生的跨文化交际能力，使其具备对异域文化的理解能力和对本土文化的表达能力。对异域文化的了解能够克服文化差异带来的交流障碍，避免文化冲突。同时，用英语得体的表达本土文化能够增加不同文化群体之间的相互了解，从而进行真正意义上的跨文化交际。这两个方面在跨文化交际中是相辅相成的。

2. 教学内容

在新的形势下，单一的语言教学资料已经无法满足教学的需要。除了传统的英美文化概论一类的教材，我们还应选用覆盖多元文化的教学资料，使学生拥有全球化的视角；择用含有多元"口音"的录音资料（新加坡、印度尼西亚等），提高对英语听力的理解度；采用介绍本土文化（历史、人文、地理等）的书籍，帮助学生准确表达本土文化，在进行跨文化交际时，增强自信心；通过比较中外文化之间的差异，增强学生异域文化的敏感性和宽容度，同时培养学生文化比较和文化反思的能力。

3. 教学实践

在学习多元文化和本土文化的同时，提倡体验式教学，设计不同的教学情境，如模拟联合国会议、商务演讲、谈判决策。在浸泡式教学中,让学生对跨文化交际产生较为直观的影响,激发他们对多元文化的兴趣。鼓励学生参加社会实践活动,在文博会、世博会此类大型文化交流会议中担任志愿者,帮助来自不同语言文化背景的人士进行有效的沟通,让学生参与到真正的跨文化交际过程当中,享受文化互通带来的乐趣。

在全球化浪潮中,英语作为世界通用语,起着连接你我他的作用。跨文化交际出现了不同于英语作为本族语或外语的交际特征,由传统的单向模式逐渐转变成为多语和多元文化相融合的复合模式。交际目标由理论层面上升到实践行动,以解决交际中的实际问题为目的,交际者坚持平等、合作、宽容、共赢的文化态度,实现有效的跨文化交际。由此,笔者从教学目标、教学内容和教学实践三个角度出发,对跨文化交际教学提出建议,旨在培养学生对文化的敏感度和宽容度,提升学生的跨文化交际能力。

第二节　跨文化言语交际

言语行为指人们为实现交际目的而在具体的语境中使用语言的行为,是语用学研究中的重要领域,也是语言学家和哲学家共同关注的一个重要课题。它包括语言和行为两个部分。哲学家从行为研究到语言,重点是行为。语言学家从语言到行为,重点在语言。人们的言语交际是通过实施言语行为而完成的。只有正确领会言语行为所体现的说话人的意图即言外之力,受话者才能做出恰当的回应,从而顺利完成交际活动。而准确理解言语行为,尤其是在跨文化交际的语境下的言语交际行为,则需要言语行为理论作指导。本节将尝试从语言哲学视角对跨文化交际领域中的言语行为进行分析,并剖析和探索西方语言哲学研究成果(特别是言语行为理论)对跨文化交际活动的指导作用。

在国际经济一体化形势的驱动下,世界范围内的跨文化交际活动日愈频繁。跨文化交际活动大致可以分成言语交际和非言语交际两种形式。非言语交际主要是指通过除了语言之外的形式进行的信息交流。与借助于图形、词语、手势等手段进行的非言语交际相比,言语交际在整个跨文化交际环境中占据了主导地位。

言语交际主要依靠语言作为信息传递媒介,因此言语成为整个活动中的核心。言语行为理论认为许多话语并不传递信息,而是相当于"行为"。因此,对跨文化言语交际的研究可以转换成对交际双方言语行为的研究。这就要求我们关注言语活动参与者的意向,并结合相关语境等语用因素对言语交际进行理解。这对于促进跨文化交流具有积极的意义,有助于正确理解言语行为的文化含义,从而促进跨文化交际的发展。

言语行为是语用学研究的重要课题,而言语行为论也是语用学研究中的重要领域,它为语言研究提供了重要的哲学理论基础。在使用语言进行交际的时候,如何正确把握说话者言语行为的深层含义对确保交际活动的成功具有重要意义。特别是在跨文化交际中,更需要我们准确地体会和分析言语行为。在言语交际中,我们应当深入地了解言语行为,运用其理论指导我们的交际实践。深入研究语言交际行为对促进国际经济文化交流和发展具有重要的现实意义。

因此，本节将尝试从语言哲学视角对跨文化交际领域中的言语行为进行分析，并剖析和探索西方语言哲学研究成果（特别是言语行为理论）对跨文化交际活动的指导作用。

一、言语行为理论综述

全面正确地理解言语行为理论，了解理论框架的创建和发展过程，准确把握言语行为理论的哲学内涵是将其运用于指导跨文化言语交际的前提和基础。首先，我们需要了解言语行为论的哲学基础和发展历程，其次是理解其系统的理论构架。

言语行为理论的形成是在哲学家对语言行为关注的过程中逐渐发展起来的，有着深刻的哲学渊源，哲学家和语言学家对间接言语行为的关注和认识也是在此过程中日趋成熟的。言语行为理论的创立为研究言语的使用行为奠定了坚实的理论基础，因此要准确把握跨文化语境下的言语交际行为必须充分了解其哲学渊源——言语行为理论。

（一）言语行为理论的创立

言语行为理论开辟了语言学研究的新视角，是语言学家和哲学家共同关注的一个重要课题。一些人类学家、哲学家对语言领域的哲学现象产生了兴趣，将哲学研究成果运用到语言研究领域中，促成了言语行为理论的创立和发展。

1923年英国人类学家马林诺夫斯基（M.Malinowsk）在其《原始言语中的意义问题》中，首次提出了"言语行为"（verbal behavior）这一术语，并从人类学的角度，通过对一个民族的文化生活和风俗习惯的考察，研究了语言的功能，认为与其把语言说成"思想的信号"，不如说它是"行为的方式"。

十七世纪英国哲学家洛克（John Lock）在其著作《人类理解论》中，提出了符号行为说，英国传统哲学以此为基础，对具体的言语交流进行理性的分析，形成了独立的言语行为理论。从而使众多的学者关注交际过程中语言意义的表达和理解，把语言放到具体语境中去进行意义研究，实现了语用思维的发展与哲学的历史演进之间的有机结合。

英国哲学家、数理逻辑学家维特根斯坦（Ludwig Wittgenstein）在其著作《哲学研究》中谈到了言语行为理论的内容。其后期的"语言游戏说"代表了其哲学思想。何为语言游戏？"我也将把由语言和行动（指与语言交织在一起的那些行动）所组成的整体叫作语言游戏。"维特根斯坦认为，语言游戏和日常生活有密切的关系。也就是说，语言游戏是从日常生活中来的。在这里，语言游戏一词的用意在于突出下列这个事实，即语言的述说乃是一种活动，或是一种生活形式的一个部分。维特根斯坦认为日常生活是理解言语行为的基础。从日常生活的角度出发来理解语言，是后期维特根斯坦语言哲学的一个重要特点。他的观点启发了英美语言哲学家奥斯汀。奥斯汀在此基础上发展了创新的"言语行为理论"，被称为自人类使用语言2 500年以来最重大的发现，即人们是通过"说话"来"做事"的。

早在20世纪30~40年代，日常语言分析哲学在英国兴起，最早明确提出言语行为理论的是英国哲学家奥斯汀（J.L.Austin）。1957年他到哈佛大学去讲座，以《如何以言行事》（How to Do Things with Words）为书名，发表了其讲座内容。该书探讨了语言的使用问题，指出语言研究的对象不应该是词和句子，而应当是通过它们所完成的行为，提出了分析日常语言哲学的方法，其分析对象是"整个言语环境中的整个言语行为"。这样就把语言研究从以句子本身的结构为重点转向句子表达的意义、意图和社会功能方面，从而突出了用语言做事或言语的社会功能。而且主张并解释了"说话本身就是一种行为"的观点。建立了言语行为理论，该理论认为人们在"以言行事"，说出某句话就是做出某件事。他后来提出了"言语行为三分说"，即人们在说任何一句话时同时要完成三种行为：言内行为（the locutionary act）、言外行为（the illocutionary act）和言后行为（the perlocutionary act）。言内行为表达说话人要表达的语句的字面意思。言外行为则体现了说话人的意图即言外之力，可能是断定、疑问、命令、请求、致歉、感谢、祝贺等。言后行为则表示在说话人的行为意图被受话人所领会后对其所产生的影响或效果。但该理论本身存在一个问题，即：在什么条件下允许谁对谁说些什么的问题。

（二）言语行为论的发展

继奥斯汀提出分析日常语言哲学的方法，创立语言行为理论以后，其语言具有行事功能这一哲学经其门生美国哲学家塞尔在20世纪60年代后期批判继承和发展了言语行为理论，合理地解释了命题内容和言外行为的关系，使该理论更加具体化和规范化，弥补了奥斯汀理论上的缺陷，成为现代语用学的核心内容之一。塞尔肯定了语言的社会性，认为语言是一种社会现象，社会事实的部分无限的言语行为可以确定为有限的范畴，但确定言语行为种类的前提是首先区分话语的命题内容和言外之力（交际意图）。提出分析言外行为必须把握特定的意向和惯例，意义既有交际意图方面，也有规约性方面。1965年塞尔发表了"什么是言语行为"，并在1969年的《言语行为：语言哲学论》一书中进行了全面阐释，标志着塞尔经典言语行为理论的形成。

同奥斯汀一样，塞尔也认为说出某种语言就是在实施言语行为，如：作出陈述、发出命令、提出问题、作出承诺等。说话即在行事，意义等于某种行为，所以他声称语言研究是行为理论的一部分。塞尔指出："研究言语行为合适的方法是研究语言"。他的言语行为理论基于一条表述原则，即"意义皆可用言表"。根据这一原则，说话人想要表达的任何意义都可找到一个相应的语言表达式来表达。他把言语行为的分析同语言、意义、交际问题的研究相结合，将言语行为融于了语言理论中，把言语行为界定为语言交际的最小单位，这就等于把言语行为摆在了研究语言、意义和交际的中心地位。他合理地解释了命题内容和施事行为的关系，弥补了奥斯汀理论上的缺陷。

塞尔对言语行为理论的另一个重大贡献是提出了"间接言语行为理论"。一个人直接通过话语形式的字面意义来实现其交际意图，这是直接的言语行为；当我们通过话语形式取得了话语本身之外的效果时,这就称作间接言语行为(indirect speech act)。简单地讲,间接言语行为就是通过做某一言外行为来做另一件言外行为,也可以说成是:"通过施行了一个言外行为间接地施行了另一个言外行为。"间接言语行为理论要解决的问题是:说话人如何通过"字面用意"来表达间接的"言外之力",即语用用意,或者听话人如何从说话人的"字面用意"中推断出其间接的"言外之力",即语用用意。

二、言语行为理论对跨文化言语交际的指导作用

语言交际是通过实施言语行为而完成的,只有正确领会言语行为所蕴含的深层含义,才能作出恰当的回应,从而顺利完成交际活动。而准确理解言语行为则需要言语行为理论作为有力的理论支撑。从这个角度上来说,言语行为论为跨文化言语交际奠定了坚实的哲学基础。将言语行为理论运用于跨文化言语交际,在多个领域和层面都具有重要的现实意义。

(一)有利于促进受话者对语言交际中说话者言外之力的理解和把握,从而准确捕捉对方交际意图,完成交际任务

英国社会人类学家Malinowski曾指出,语言行为和人们其他社会行为一样受制于文化。不同的文化背景下的交际行为,在语言使用规则方面,也存在着差异。我们在进行跨文化交际时,要在言语行为理论的指导下,结合对方文化背景下的语言规约来理解和把握对方言语的意图,既言外之力。如果说话人的意图能适当地被听话人所领会,便可能带来结果或变化,这便是言后行为。但是,说话人的意图未必一定被听话人领会,因而说话人希望出现的结果并未发生,这时候就会导致交际的失败。

这就意味着在跨文化交际活动中,说话者所说出的话的具体含义应当结合当时的社会文化环境和具体的社交场合进行理解。例如:假设对方说,"我们很高兴与贵方合作"。这句话究竟是表明对方的合作诚意,还是合作邀约,或是对之后提出的问题作铺垫,这些都取决于对言语意义的把握,对方在说出这句话的同时完成的言语行为究竟有什么深层的暗示,都应当结合言语行为论分析具体的语用特征之后确定。

(二)可以指导说话者选择恰当的符合语用规约的言语形式达到交际目的

交际双方通过了解言语行为论,可以更好地理解自己的言语行为将给对方带来什么样的影响和效果,从而积极思考用什么样的言语行为才能达到什么样的效果,通过改进交际中的言语表达方式,提高跨文化交际的效率。

例如:在问候语的使用习惯方面,中国人由于高度重视社会关系,在互相问候的时候往往表现出对他人的关心。所以,中国人在路上相遇时,会很客套地问一句"你去哪儿啊?""最近忙什么呢?"话语本身没有过多的深层含义,只起到寒暄的作用。但是如果把这样的语句直译为英语问候英美国家的人,那么该言外行为就不能被对方正确领会,原有的言外之力,"问候"就会失去。因为以英语为母语的人却不大会采用这种问候方式,

这时，问候甚至会产生误解"我去哪里，跟你有什么关系？"。"去哪儿啊？"在中国人眼里，是一句礼节性问候语，可是不了解中国文化的外国人说不定会把它看成打探其隐私的无礼行为。在这种情况下，原来所预期的言后行为自然不会发生，而交际就会陷入僵局。

言语行为是按照一定的规约来实施的，实施行为是一种规约性行为，"说出某种语言就是在产生一种（高度复杂）受规则制约的行为方式"。言语行为的意义就是句子意义的功能，要了解语句的意义，就要了解语句使用的规则，包括规定规则（regulative rules）和构成规则（constitutive rules）。其中，规定规则制约着我们约定俗成的或独立存在的行为方式或活动。在上述的例子中，我们在跨文化交际中的言语行为就应当遵守特定的社交礼仪规则，这些规则制约着独立于规则而存在的相应人际关系。基于对言语行为论的理解，我们可以认识到：我们所进行的交际行为涉及的双方具有不同的文化背景，在这样的大前提下，我们所需要遵守的规定规则（譬如：社交礼仪）是不同的，因此我们的言语行为不仅要符合我们自己熟悉的语用规则，还需要符合对方所约定俗成的语用规则。这样一来，如果我们的言语行为仍然只坚持单方的语用习惯，继续用"去哪儿啊？"、"最近忙什么呢？"之类的话语作寒暄语，就有可能会使对方无法理解语句的言外之力和交际意图。反之，如果运用言语行为论的观点来认真考虑语用规则问题，就更容易选择符合双方文化特征和两种语言的使用习惯的表达方式，就更能够达到交际的预期效果和目的。

（三）为正确分析跨文化交际中的失误、改进交际效果提供理论支撑

一些交际障碍的产生除了语言表达能力的问题之外，往往还伴随着语用失误。这需要我们对言语的言后行为进行分析和研究。塞尔通过分析，认为言后行为涉及交际意图和规约性等方面内容，是"实施行为对听话人的行动、思想、信念等所产生的影响或效果"。格赖斯也认为说话人通过某种话语会对听话人产生某种影响。

汉语言文化推崇委婉的螺旋型思维方式，而西方则偏向于直线型思维方式。这经常会造成跨文化交际中的系列问题。假设中西方商务代表进行首次接触，按照中式文化习惯，中方代表往往喜欢先从与对方建立良好的双方的人际关系入手，为可能的合作做大量的铺垫。这样，可能会出现前几天的日程安排比较轻松，主要是介绍中方的公司、产品，并不急于涉及合作的具体细节。而西方代表则比较习惯单刀直入地尽快切入主题的交际方式，希望能够在议程安排上直接进入实质性的谈判内容。由于存在这样的潜在的思维方式差异，在交际中如果不能对双方的言语行为进行深入分析，敏锐地捕捉到这样的言语暗示信息的话，就可能使西方代表误认为中方没有合作的诚意或者是办事缺乏效率而失去了进一步合作的兴趣。反之，如果我们能够在语言交际中，细心地观察对方对我们的言语行为所做出的反应，并认真揣摩对方的言语行为的言外之意，预见我们的以言语行事行为会对听话人产生什么样的影响，就可能有效地避免类似的交际失误。

（四）为创建跨文化交际理论提供哲学基础

跨文化交际学是一门新兴的交叉学科，其理论框架的建构需要融合多个学科系统理论

研究的成果，其中文化学和语言学可以说是整个学科的核心内容。文化与语言息息相关，而哲学研究成果往往都被运用到语言研究中并取得了很多的成果，因此跨文化交际学的发展也离不开哲学的有力支撑。

言语行为论是语言哲学理论的重要组成部分，必然对促进以语言的具体使用，为关注主体的跨文化交际学奠定理论基础，并提供了新的研究工具，提供了更广阔的研究视角。例如：间接言语行为等理论观点的提出都将极大地丰富了跨文化交际学的研究领域。

言语行为始终贯穿于跨文化言语交际的全过程，行为本身不仅具有本体意义，通过言语表述说话人想要表达的语句意义，而且还具有人际意义，在人际交往中起着十分重要的作用，能够在交际双方之间建立起特定的人际关系。

言语行为论和跨文化言语交际紧密相关，相辅相成。跨文化交际双方所使用的语言和非语言背景知识，会话原则及双方的推理能力影响着双方的言语行为的表现形式。而言语行为论的基本观点可以指导交际双方准确理解相应语境下的语言表达形式、说话人的意图和听话者的反应等，可以正确分析对方的言内行为、言外行为及言后行为，适当调整自己的言语表达形式，从而顺利达到交际目的。

跨文化言语交际活动是在特定语境下由个体、社会以及文化等因素迥异的交际双方完成的，言语行为论为准确分析和研究交际双方的言语行为提供了有力的理论支撑，也必然成为促进跨文化交际学发展的哲学基础。正确认识言语行为论对跨文化言语交际的指导作用，具有积极的现实意义。

第三节　跨文化非言语交际

现阶段，全球经济一体化已经迈入新的进程，而世界各国间跨国、跨地区、跨民族的联系已经越来越密切，跨文化交际基于此也越来越流行，跨文化交际是融合着文化背景和语言背景差异的交际，伴随着我国近些年对外交流的频繁，跨文化交际也开始进入课堂，本节将从跨文化交际层面出发，探讨跨文化交际中的非言语交际在英语教学中的现状。

语言交际和非言语交际是人类沟通的两种主要手段，在人类社会中，两者互相结合才能进行更有效地沟通。非言语交际本身即是一种非常重要的交际手段，可以通过其表达人与人之间的态度，交流思想，并通过感情的交流继而达到交际的目的，国外关于非言语交际研究较早，且已取得较显著效果，研究学者定义其为不用言词的交际。非言语交际在我国的研究从20世纪80年代才开始，与国外研究学者不同，中国的研究专家学者们有着独特的范畴、特征界定，但国内外关于非言语交际的看法还是有相同之处的，而应用在课堂上，西方研究学者们更注重课堂上的师生关系，引入到如今的英语课堂上，将西方研究学者的观点借鉴修改，进一步改善师生关系，提升学生的认知能力和学习效率。

一、非言语交际

（一）非言语交际的定义

非言语交际最早兴起于20世纪50年代，由美国人类学家伯德威斯特于1952年出书《身势语入门》就为此学科奠定基础，而近些年，国外研究非言语交际的热潮又一次风靡，引起更多专家对其更深层次研究，目前，关于非言语交际的定义，国内外各有不同看法，西方学者更认同Malandroetal的言论，即"非言语交际是不用言词的交际。"国内方面，毕继万曾在其著作《跨文化非语言交际》中提出，将非言语定义为"不用言词表达的，为社会所共知的人的属性和行为，这些属性和行为由发出者有目的地发出或被看成是有目的地发出，由接受者有意识地接受并有可能进行反馈。"更多的人认为，非言语交际具有重复、否定、补充、替代、强调和调节功能。课堂上的非言语交际，大多数研究学者认为，这会通过教师的表情、举止等非语言手段进行，如教师音量高低、节奏、语调、手势、姿势、表情等，都能传递给在座的学生某种信息，继而达到在课堂上交际的作用。

（二）非言语交际的意义

日常生活中，人们大多都是使用语言交际，而忽略非言语交际的作用，而实际上，在人们面对面的交流中，只有35%的内容是通过语言交际完成的，其余65%其实都是通过非言语交际实现的，比如手势、眼神、表情等等，这也表明，非言语交际在人们的社会生活中承担着非常重要的作用，直接决定着交流双方能否直接明白对方的真实意图，引用一句俗语表示，即"此时无声胜有声"。经济全球化使得跨文化交流更加频繁，但在跨文化交流中，人们常常会更注重语言的准确性，而下意识忽略非言语交际中行为的文化差异和影响，继而引起更多的文化冲突。

英语课堂是传授知识和技能的信息交流场所，教师使用正确合理的方式将非言语行为应用到英语课堂教学中，一方面能够引起学生们学习英语的兴趣，更加主动积极地去探索英语，另一方面教师也能够通过英语课堂提高教学效率，让学生们在习得丰富的英语语言知识的同时，也能够提高跨文化交际的能力，因此，教师在教学过程中，不仅要重视语言交际教学，也要注重导入非语言交际知识，帮助学生们更全面深入地理解跨文化交际中的非言语交际。

二、英语教学中的跨文化非言语交际

非言语交际包括多种类别，比如体态语、副语言、环境语、客体语等，这些在各个国家都是不同的，与个人行为及国家文化差异都有很大差别，在英语课堂上也是如此。在英语教学中，跨文化非言语交际使用较多，相比于传统的外语教学只注重语言本身，过于强调语法和词汇本身，而忽视文化传播的学习过程，跨文化非言语交际的英语课堂，更注重语言文化和思想文化的双重交汇，主要体现在以下几方面：

（一）教师要帮助学生正确理解非言语行为的含义和文化特征

由于历史文化等种种不同，东西方文化存在较大差异，主要表现为，东方文化更讲究内敛、含蓄，西方文化更为开放、外露，但在两千多年前，我国伟大教育家孔子就提出要注重非言语行为，日常与人交流时，要注意"察言观色"，目光和眼神都是传递非言语的重要途径，俗话说："眼睛是心灵之窗"，通过眼睛，能够看出一个人心中所想，课堂上也是如此，教师要教会学生理解东西方文化差异，西方国家会将直视对方眼睛交流视为礼貌行为，表达尊重，而东方文化中，为表示尊重和礼貌，会避免直视对方眼睛，同样的行为，不同的含义，教师一定要在实际英语教学中告知学生。

（二）利用先进的多媒体教学手段改善教学环境

传统的英语课堂大多是使用课本传递知识，部分会使用磁盘、磁带等，但随着现代科技的发展，多媒体在课堂教学中使用得更加频繁，音频、图像、动画等先进多媒体产物已经广泛应用于英语教学课堂，学生们可以通过多媒体技术，通过网络更直观地体验英语母系国家或人员的纯正英语，也能通过视频或图片等更直观地欣赏生动的姿态和表情，便于学生们深入的学习英语。

（三）通过非言语交际教学提高学生综合素养

非言语行为是存在着信息的交换传递意义的，对于信息传递双方都有一定影响。因此，实际教学中，教师要充分调动学生们的学习积极性，发挥其主观能动性，引导学生们树立正确的行为观念和价值观念，帮助学生们培养并提高自身的综合素养。同时，教师们也应该鼓励学生要在课余时间多参加些跨文化交际活动，在课堂外也要感受英语学习氛围，在实践中感受不同地区的文化，在与不同地区人们交流时，提高自身应变能力和语言转换能力，利用自身学习知识，解决交流中遇到的问题，以此提高自身跨文化交流能力。

非言语交际本身蕴含着非常丰富的意义，外在表现形式也多种多样，应用于英语教学中，一方面与言语交际有机结合，能够加深学生们的英语理解程度，并对英语学习产生更大的学习兴趣，提高教学效率，另一方面，英语教师要遵循西方英语文化教学英语非言语交际行为，帮助学生们更深入地理解文化差异，在学习中分析非言语交际的信息，在学习中提高自己的英语交际能力，以达到英语跨文化非言语交际教学的目的。

第四节 跨文化交际研究

对外汉语越来越适应当今社会的主流发展，在这种发展背景下，跨文化交流的风潮也随之而来。跨文化交流是培养自己语言能力，是对情感、思考和行动之间的一种锻炼，只有积极锻炼自己，才能达到更好的交流效果。不同国家进行跨文化交流的过程中，都会出现因为文化理解差异造成的交流困难等现象,但是在交流的过程中,文化与文化之间也会彼此影响甚至相互融合。

当今社会是国际一体化的发展模式,每个国家的人都可以跨越种族歧视,打破时间地点的限制来进行交流,可是不同国家、不同民族有着不同的文化,更有着不同的历史。所以在这种发展模式下,许多问题也慢慢表现出来,因为对民族风俗和时代文化理解的不同,导致许多人在交流中存在着心理上的隔阂,最终产生矛盾。为了解决这一潜在问题,对外汉语中的跨文化沟通便顺应了这一发展趋势,随之应运而生。

一、跨文化交际中的文化差异

跨文化交际中最重要的就是口语交流,其次还有行为动作、其他语言以及客体交流等,它主要是指文化教育和学习环境不同的人在一起进行交流。可能是因为不同地区的文化不同,所以每个人都有自己的思维模式、交流方式和理解方式,正是因为这些习惯的不同,因此在跨文化交流中就很容易产生障碍。以上原因,促使跨文化交流有以下两个特点。

一是因为汉语是中国传统的语言,所以,在中国传统文化的影响下,母语就很自然先入为主,在许多国人的思想中就很自然形成了思维定式。例如,在汉语中,"红色"是形容颜色的词语,但是在跨文化交流的过程中,它的深层含义和语言理解就成为一个障碍。中华民族五千年的历史,从原始社会时期的伐木取暖到奴隶社会的火政管理,这些都是一代又一代的人对红色的理解。在我国,为了表达友人之间的重视,总是会请对方到餐厅一聚,而且主人总是会比客人早早来到相约的地方进行准备,相反,对于西方国家特别是欧洲人来说,客人提前到达才能显示出对主人的尊重,令国人无法理解的是西方人吃饭也是要平摊费用。如果将欧洲人的文化放置在中国,当你的欧洲朋友给你打电话相约出去吃饭时,如果你没有按照对方的时间出现,那么他就会认为你不尊重他。另一种情况,如果做为中国人的你约欧洲朋友出去吃饭,在对方说要 AA 制的时候,我们就会觉得对方没有尊重自己,更会觉得对方很小气。之所以产生这样的误解,是因为两人在刚刚成为朋友时并没有了解对方国家的文化,因此,我们在跨文化交际时要积极了解学习其他文化。

二是"以我为主"。在跨国交往中,许多国家的人都会以自己的民族为中心,这样的思想很容易对外来文化产生排异思想。甚至会根据该国的经济政治文化来盲目定义。如现在的中国在国际上的地位日益重要,随之也有很多国际友人关注我国的传统文化,但是其中也有人对中国的认知仅停留在小农经济和封建社会时期。中国的儒家思想提倡虚心接受,谦逊有礼。可是很多外国人会觉得我们这是在贬低自己,甚至是对自己的不尊重。其实儒家思想是深入国人内心的,比方说在别人夸你家孩子懂事理、学习好时,大多数的中国家长都会很不好意思,然后谦虚地说:"哪里哪里,他才不懂事呢,成绩也没你家孩子好。"在外国人看来,这样的态度就是没有做到实事求是,甚至是虚伪,他们将中国传统美德看成是迂腐落后的表现。出现这些问题的原因,最主要的就是文化差异和民族主义,这样的态度是跨文化交际中最大的阻碍，是不利于国际文化的融合与交流的。

二、跨文化交际中的相互影响

随着中国在世界上的地位越来越重要，我国的一些语言也发生了很大的改变。在很久之前留下来的说话方式随着西方文化的传入加入了许多新兴的词汇。例如，我们会用"先生""女士"代替以前的"同志"称呼，"咖啡""可乐"等都是"coffee""Cola"等英文的音译。同样，西方的英文单词中也有很多是汉语的音译，比如"Kungfou（功夫）""Tofu（豆腐）"。正是因为在跨文化交际的过程中，即使是不同国家的文化之间也是存在共性的，所以它们才会很容易融合。这些变化都是国际语言的魅力，也是它们相互影响的表现。

三、培养跨文化交际的"情感—认知—行为"模式

在跨文化交往中，我们要想使不同国家的文化融合在一起，那么我们每个人都要积极提高自身能力，从而减少文化交流的阻碍，跨文化交际不仅是以语言为媒介，更是以我们自身为介质。跨文化交际中有三个因素：情感、认知以及行为。第一，在跨文化交际中，因为不同国家有不同的文化，所以我们应该尊重其他国家的文化。在本身的发展过程中排除种族观念，放弃"以我为主"的思想，更要理解和包容他国文化，培养自己良好的心态。第二，在跨文化交际中，交际者应了解不同国家的语言文化，提高交际能力，准确掌握文化知识。除此之外，在交流过程中，交际者更要从不同的视角了解除语言文化之外的知识，即非语言交际。并要理解它与语言文化的不同，这样才能更好地揭示语言文化的差异。第三，我们要敢于实践，将我们所学的关于跨文化交际的知识放在实践当中，敢于反思自己的过错，勇敢面对交际中的困难，这样才能适应新的跨文化交际。

对外汉语是当今社会发展的主流，跨文化交际也逐渐适应了这一时代发展潮流。在跨文化交际的"情感—认知—行为"模式下，交际者不仅要提高自身能力，更要了解交际特点，只有这样才能更大推动中西方文化的进步，消除中外文化差异，使对外汉语在国际中更优秀。

第八章 跨文化交际的影响因素

第一节 环境因素

一、跨文化交际的含义及意义

"跨文化交际"（Intercultural Communication）指的是不同文化背景下个人之间的交际，也就是不同文化背景的人之间发生的相互作用。以前这是社会学、人类文化学和民族学主要关心的问题。随着英语学习者在中国的不断增加，跨文化交际逐步引起大众的注意，中国的语言教师也对此表现出极大的兴趣。从跨文化角度改进外语教学、提高学生们应用语言的能力不容忽视。

跨文化交际研究的目的主要有以下三方面：首先，提高人们对不同文化的理解。文化是存在差异性的，这是学习者必须承认的事实。如何面对这种差异性成为学习者开始接触这种语言时要面对的首要问题。通过比较本民族自身文化与对方文化的差异性，能够帮助学习者加深理解本民族自身文化，认识对方文化的不同特点，进而客观地把握各自的文化特性。在发现文化差异性的同时，我们要更加注重文化间相似性的比较，求同存异，批判地、有选择地接受外来文化。其次，培养跨文化交际时的适应能力。最初与不同的文化接触时，往往会受到文化冲击，从而产生某种不适应，对其他文化产生排斥，严重影响交往的顺利进行。要想尽快地适应目标语国家的文化，使交际顺利进行，必须设法缓冲压力，克服文化冲击，采取措施提高跨文化交际的适应能力。再次，培养跨文化交际的技能。随着改革开放的进一步扩大，中国加入世界贸易组织，越来越多的外国企业涌入中国，经济全球化使全世界国家之间的彼此联系更加紧密。走出国门或留在国内与外国人打交道的人越来越多，跨文化交际的能力成为决定事业成败的关键，人们开始逐渐重视跨文化交际技能的培养。从这个意义上说，跨文化交际的实际意义大于理论意义。

二、中西跨文化交际中经常出现的文化差异

中西跨文化交际中的文化差异非常显著。这些文化差异不同程度地影响了人们之间的交际，有时候甚至引起交际双方间不必要的误会。中西跨文化交际过程中的文化差异有很

多种。

隐私方面的差异。中国人受传统集体主义思想的影响，隐私观念比较淡薄。中国人认为个人从属于集体，群体内部要讲究团结友爱，相互关心，相互帮助，因而中国人往往很愿意了解别人的日常琐事，点点滴滴，对方也能够体会这种友爱与关心，愿意坦诚相告而毫不介意。西方人则注重自由、民主和平等，个人主义观念强，集体主义观念弱。他们非常注重个人隐私，讲究个人空间，不愿意向别人过多提及自己的事情，更不希望别人的干预。比如年龄、婚姻状况、儿女、职业，甚至收入等都属于西方人的个人隐私。

家庭观念的差异。中国人的家庭观念强，血缘关系，亲情伦理在头脑中根深蒂固，父母、子女始终是一家人。哪怕成家立业，另设门户，和父母仍不分彼此，把赡养父母，侍奉父母，看作自己应尽的责任和义务。西方人却不同，子女一到成年，就会离巢而飞，父母不再抚养他们；而子女一旦独立，对父母家的事，也不再理会，更休想赡养父母或几代同堂了。

时间观念方面的差异。西方人的时间观和金钱观是联系在一起的，时间就是金钱（Time is money）的观念根深蒂固，所以他们非常珍惜时间并善于利用时间，能把生活与工作计划得有条不紊，并养成了按时赴约的好习惯。在西方，任何事都要按计划进行。比如要拜访某人，必须事先通知或约定，说明拜访的目的、时间和地点，经商定后方可进行。他们不喜欢别人突然造访，也不喜欢客人提前到来，这会打乱他们预先制定的计划。而中国人则在时间的使用上具有很大的随意性，一般不会像西方人那样严格地按照计划进行，因此西方人往往对中国人的时间观念感到不适应。

造成中西方文化差异的原因有很多，究其根本，是因为中西双方有着不同的文化传统和历史背景。这必然造成人们在思想、行为等多方面的差异，甚至是冲突。另外，思维模式的不同、行为规范的不同、价值取向的不同，以及英语学习者本民族语言的语用迁移方面的差异都会造成不同文化间的差异。鉴于篇幅，这里不再赘述。

三、英语教学中培养跨文化交际能力的方法

从以上分析可以得出，在中西方跨文化交际的过程中，的确存在着很多文化方面的差异，这些差异性将直接影响跨文化交际的效果。为了避免跨文化交往时出现文化冲突，提高跨文化交际效果，我们极有必要在实际教学中注重培养学生的跨文化交际能力。

一方面，授课教师要转变观念。在中国当前的教育体系下，大多数外语教学只在课堂上进行，教师起着绝对的主导作用。这种以教师为中心的教学方式，极大地限制了学生积极性和主动性的发挥。当前中国还处在由应试教育向素质教育过渡的转型阶段，由于各种各样考试的压力，英语课堂上的教师仍把重点放在语法和词汇教学上，学生就不可能真正地学会一种语言，他们实际运用语言的能力也受到禁锢，无法获得跨文化交际的能力。语言知识传授为重点的英语教学忽略了跨文化交际能力的培养。因此，授课的教师必须要切实改变自己的教育观念，充分认识到文化冲突的危害性和培养学生跨文化交际能力的重要性。

另一方面，教师要改变现有的教学方法。切实改善教学方法要求教师在质和量两个方面加强课堂教学中的文化教学，并且可以借助于现代化的教学手段，如电影、投影仪、互联网等。同时，教师也要加强学习，提高自身的综合文化素质，将枯燥无味的语法学习，与目的语国家的文化恰当地结合，提高学生们学习英语的积极性和主动性，增加英语学习的兴趣。此外还可以举办一些专题讲座，以满足学生不同的求知欲望，培养出具有较高跨文化交际能力的人才。值得注意的是，改进教学方法的同时，一定要使文化教学与学生所学的语言知识紧密结合起来。只有这样，才能全面把握英语文化知识教育的量与度，以及教学的具体步骤和方法，以达到预期的教学目的，改善中国外语教学的现状。另外，在教授英语的过程中，需要重视非语言交际能力培养，引导学生广泛接触西方文化材料，这对他们跨文化交际能力的提高也是有帮助的。

跨文化交际就是要了解西方文化，要认识并掌握中西方文化的差异。但我们应该清楚地意识到学好中国的传统文化才是根本。只有熟练了解掌握了中国的文化，才能更好地理解并把握中西文化差异，看到文化差异本质，进而归纳总结以培养自身的文化敏感性，为外语的学习提供重要的文化基础。此外，在教师的指导和帮助下，学生要学会自己去发现和总结规律，使客观指导和主观努力相结合，才能实现正确理解和灵活运用英语的目标。学好英语不是为了应付各种各样的考试，而是为了交际，因此在当前英语教育领域中，跨文化交际能力的培养是关键。

第二节　语言文化因素

跨文化交际中汉语言的运用时有发生语用失误的现象，其原因在于背景文化的差异导致留学生无形违背交际原则，或者尚未考虑到汉语言语义的复杂性。本节着重探讨了跨文化交际中汉语语言交际语用失误的表现及影响因素，研究目的在于更深层地了解汉语语言交际的要求及其承载的文化。以辅助跨文化交际中汉语言使用者更好地完成交际要求。

随着我国国际化的发展，汉语言成为继英语之后留学生关注的另一大语种，但是受到中西方文化差异以及母语意识等多方面的因素制约，很多来华学习汉语言的留学生在跨文化交流过程中，往往因为交流双方的文化背景和沟通方式以及理解能力等方面存在的差异，导致其汉语语言交际出现语用失误等情况。

一、跨文化交际中汉语言语用失误的基本表现

跨文化语境中汉语语言使用的语用失误，基本表现在：语用原则选择的失误；言语行为实施方式的失误；实施言语行为的合适性条件的失误三个方面。

由于生活在不同文化背景下的双方在不同交际场合中对礼貌原则和合作原则的认知不

同，在汉语原引用时使用的原则也不同，这是导致汉语言语用失误的根源。语用学理论中强调语言行为发挥作用必须满足合适条件。在留学生与中国人在日常交际中，很多留学生因为没有充分关注对话双方之间的社会距离等合适性条件，很容易导致语用的失误。

此外，在实施语言行为时，部分留学生也会因为中国文化与其母语文化规则实施方面的差距，导致出现汉语言使用引用失误。比如中国的邀约方式中国人所提出的邀约，一种表示客气，另一种才表示真正的邀约。但是两种邀约的差别，很多留学生难以判断，因此分不清沟通对象是假意还是真心。

二、跨文化交际中汉语言语用失误的原因

语言作为跨文化交际的基础，仅能作为交流双方跨语言交际的工具，而并不代表着双方的沟通能力。在对外汉语教学中，很多汉语言教师有意识地培养来华留学生语用能力，并重视引导留学生吸收和认识中国文化，以此来避免出现语用失误或尽可能地减少语用失误的情况。但是这并不应该成为汉语言学习的根本性目的，毕竟即便是国人学习汉语言，是在对外交际的过程中也有可能出现语用失误的情况。因此，针对跨文化交际中语用失误的原因作出分析，基本可归纳如下：

思维模式差异。与国人相比，来华留学生在学汉语言的过程中难免受到其母语思维和母语影响下语言应用语境及惯性行为等的影响和制约。尤其是在不同个体之间，其思维模式不同、文化背景不同、文化特性不同等的前提下。西方传统文化和东方文化之间存在极大的差异。比如西方传统文化，更重视逻辑性和理性思维，但是东方文化却更倾向于个体直觉感知，国人的思维判断大多源自自身的观察和个体经验的积累。这两种存在差异的思维模式，在使用汉语语言进行交流时，在双方文化语境中就会形成固定的模式。因此，即便就某一话题使用汉语语言来沟通时，西方人更重视语言的逻辑性，东方人则更重视语言的伦理性，即双方沟通的和谐性。两者的此种思维差异势必会导致双方沟通存在语用失误的情况。

价值观差异。与西方人相比，中国人价值观中更重视集体荣誉，重视团体合作，一旦个人利益和集体利益出现失衡时，国人更重视顾全大局。只在评判某件事情或某个个体行为对错时，往往由于社会道德作为行为标准。但是西方人更重视维护个人利益，重视维护个人能力。两者之间价值观点的差异，在跨文化交际语境上，其语用失误情况的出现就不难理解。比如中国人在接受他人帮助时，出于礼貌会使用"麻烦了"之类的惯用语。但是在西方人眼中此种措辞比较虚伪，而交流双方之间的相互谦让更没有必要性。因此，中西方人价值观念的差异会导致双方在汉语言应用时产生明显的应用失误。

文化背景差异。中国人重视仁义道德，在千百年封建思想的影响下，国人大都以道德作为行为基本准则。但是相对而言，西方人更重视个人利益和个性化，其对平等和自由的追求，在西方文化氛围下便形成了自主独立的性格特征。中国的谦逊、深厚的等级观念，

尊老爱幼的思维，与西方的价值观和文化背景存在相悖的情况。比如西方人更重视家庭成员的平等，并没有明显的阶级观念，师生和家庭成员之间大多以姓名作为称呼方式，但是此种情况在中国家庭中是不可取的，甚至是忤逆不道以下犯上的。因此，在日常交际中，留学生与中国人的文化背景差异往往导致留学生在使用汉语言时形成语用失误。

综上所述，出于防范汉语语用失误，建议不断强化留学生中国文化的文化学习意识和敏感性，引导其克服因文化迁移对跨文化交际所产生的负面影响，科学合理设计汉语言教材及语言测试方式，继而提升语言学习和应用双方对不同文化的包容度。

第三节 心理因素

跨文化交际是不同文化认知和符号系统的人们之间所进行的交际，这意味着两种文化的载体需要根据对本族文化和异族文化的认知及情感进行互动，因而加剧了交际的复杂性。在这个过程中，人们心理往往会经历一系列的变化，因为两种不同文化的碰撞必然会带来很多未知数，使交际充满了不可预测性或不确定性。它的不确定性在于交际双方难以对彼此的行为、情感、态度以及价值观进行预测和解释。在这种情况下，人们往往倾向于按照本族文化的价值观和标准去评判异族文化群体成员的行为；另外，人们为了获得社会身份认同和个人身份认同，往往习惯于把属于相同文化背景的人看作是内群体或本群体（in-group），而把陌生文化背景的人看作是外群体或他群体（out-group）；加上受到文化因素的影响，容易形成一些偏爱内群体（in-group favoritism）而疏远外群体的主观印象或态度，具体来说主要表现为民族中心主义，文化定型和偏见，从而构成了跨文化交际的主要心理障碍，直接影响跨文化交际的数量和质量。

一、跨文化交际的主要心理障碍分析

（一）民族中心主义（Ethnocentrism）

民族中心主义（ethnocentrism）一词是从希腊语的两个词 ethnos（国家）和 kentron（中心）演变而来的。它是一种把本民族看作是世界中心，认为自己的文化优越于其他民族文化的态度。美国社会学家 William G.Sumner 把它的特点概括为"以其个人所属群体为一切事物的中心为出发点来看待事物，对其他所有群体则按照自己的标准把他们分成等级。每个群体都以为只有自己的社会习俗是恰当的，看到别的群体有不同的社会习俗就会嘲笑"。例如，当希腊文化处于鼎盛时期时，那些讲希腊语的人被看作是"有文化的"和"有口才的"，而那些不会讲希腊语的人则被嘲笑为"野蛮人"。事实上，我们每个人都有一定程度的民族中心主义倾向，它是文化熏陶的结果，即是在家庭、学校、社会的影响下习得并逐渐形成的一种无意识的行为。由于民族中心主义具有"自我中心"、"文化优越感"的特

点，社会心理学家普遍认为这种态度会给跨文化交际带来严重的负面影响。首先，因为人们往往是根据本群体文化的社会规范和准则去对其他文化群体的成员的行为做出预期，从而很容易误解或曲解他人的价值观、意图、言语和行为，因此导致严重的跨文化交际障碍。Wiseman, Hammer & Nishida 的研究发现民族中心主义对涉及跨文化交际能力的三个方面产生负面的影响，包括对他人具体文化的理解；对他人普遍文化的理解以及对他人正面的看法。第二，由于存在着本土化优越感，人们很容易把其他文化群体的行为看作是错误的，加上人类对自己熟悉的文化有偏爱倾向，因此在接触异质文化时往往会产生一定的心理抵触，从而降低了去了解行为背后不同文化含义的意愿，给跨文化交际带来心理屏障。Jandt指出："严重的民族中心主义会导致人们拒绝接受其他民族丰富的文化知识，使人排斥其他观点，是一种狭隘和局限的态度，因而阻碍来自不同文化背景的人们在思想和技术上的交流"。

民族中心主义最直接的后果就是导致产生交际距离，包括说话人对对方的蔑视程度，以及说话人讲话的内容、说话的语速、说话所采取的语气等。Lukens 把"民族/群体中心主义言语"纳入交际距离的范畴，提出"民族/群体中心主义言语"包括以下三种交际距离：①漠不关心的距离（distance of indifference），这属于轻微民族中心主义的表现，说话者在与外部群体成员进行言语或非言语交际时态度冷漠，往往采取冷淡的提问方式、故意提高嗓门或放慢语速，用外国人的腔调（foreigner talk）和对方说话，完全把对方当作是外国人对待；②回避距离（the distance of avoidance），这属于有较强的民族中心主义的表现，说话者在外部群体成员在场时有意试图转换语言或方言，并在身体语言上忽视对方，譬如只与内部群体成员保持目光接触，以突出与内部群体的联系，从而避开与外部群体成员的接触；③蔑视距离（the distance of disparagement），这属于严重民族中心主义的表现，说话者往往通过挖苦、种族笑话、充满仇恨的言辞，甚至身体暴力来孤立或排挤外群体的成员。总而言之，这些极端态度会导致与其他群体的敌意与冲突，甚至引发战争。

二、文化定型

"定型"（Stereotyping）这个概念最早是由美国政治评论家 Walter Lippmann 于 1922 年在他出版的《大众舆论》（Public Opinion）一书中提出的，在跨文化交际中被称为"文化定型"或"文化定式"。它是指一个群体成员对另一个群体成员固定的简单化的看法。从人们的态度取向来看，文化定型分为"积极的文化定型"（positive stereotypes）和"消极的文化定型"（negative stereotypes）。如果某一文化定型带有褒义，如"中国人擅长数学"，"美国人直率"则被称为积极的文化定型；相反，如果某一文化定型带有贬义，如"黑人有暴力倾向"，"德国人刻板"，那么我们就称之为消极的文化定型。

人类的认知方式和民族之间的文化差异决定了文化定型的客观存在性和必要性，它是文化分析和文化学习不可避免地方法，无可否认，文化定型作为跨文化理解和交际的切入点，是人类应付复杂的外部世界时不得不采用的一种基本认知策略，但是由于它对文化差异过分简单化的概括，因此存在着很大的局限性和片面性。根据 Scollon & Scollon 的观点，它是一种无视群体内部存在差异的思维方式，是一种无视普遍性以外还存在着特殊性的思维方式。贾玉新也指出，文化定型是一种极端的做法，它不仅把整个群体的文化特征应用到该群体的每个成员，而且把该群体的长处和短处都夸大了，所以文化定型的最大弊端就是夸大群体内部成员的相似性，而忽略了群体内个体的差异。在跨文化交际过程中，当人们把某个群体的文化特征应用到该群体的每个成员身上进行判断时，其实就是一种先入为主、以偏概全的做法，如果这个判断是负面的，带有贬低其他群体的话，那么必然会造成交际失误，影响交际质量。正如 Porter 所指出："文化定型会使我们相信，所有爱尔兰人都是红头发、急脾气；所有日本人都个子矮、龇牙、狡猾；所有犹太人都精明而贪婪；所有黑人都迷信且懒惰。虽然这些概念为人们普遍接受，但它们并不正确。"因为文化定型毕竟过于简单化和标签化，很多时候是建立在半真实的、歪曲的或不真实的前提下，从而使人对其他文化的个体产生认识的偏差。另外，文化定型是后天习得的行为，一旦形成便容易在我们日常生活中不断得到强化，成为我们思维中放之四海而皆准的"真理"。所以在交际实践中人们更倾向于做出选择性的记忆，坚持以前形成的印象，形成一种思维的惰性，总是期待某群体成员会有某种特定的行为模式，更倾向于注意那些与我们的文化定型相吻合的现象，当出现对方的行为与我们所持有的文化定型不一致时，我们甚至会怀疑别人行为的正确性。因此，文化定型的这一特点的确会给交际者带来困惑，从而阻碍跨文化交际的顺利进行。

文化定型的另一个弊端就是夸大群体间的差异性，容易产生对其他群体成员的偏见与歧视。Runymede Trust 认为定型、偏见和歧视三者之间存在着因果关系，定型产生偏见，偏见导致歧视，歧视导致排外和不平等，那么后果也就不堪设想了。

三、偏见

偏见（Prejudice）这一术语来源于拉丁文 Pracjudicium，其在拉丁文中的意义是"以事先所做出的决定或先前的经验为基础的判断"。Allport 把偏见定义为"一种以错误的或不可变通的概括为基础的反感态度。这种态度可能是隐性的，也可能是公开的。它可以针对一个群体，也可能针对某一群体的个体"。它是一种随意的对外部群体所有成员或部分成员的一种诋毁态度，如"意大利人事前聪明，德国人事中聪明，法国人事后聪明"，这些都是带有负面情感的态度，常常以无理由的厌恶、规避、怀疑、仇恨等形式表现出来。偏见不是一般性的错误看法，而是一种僵化的，不可逆转的，不可改正的态度，它是基于错误的判断或是先入之见，是对别的群体或个人采取的否定的态度，它是一种不健康、不合理的心态。

偏见在跨文化交际中的表现是多方面的，Brislin 认为偏见表现在以下几个方面：根据内群体的标准评价外群体,并认为其他群体是低下的。譬如,有些美国白人认为黑人是低人一等的种族,从这个意义上来说,民族中心主义思想本身就是一种偏见;对外群体成员持有敌意,因为对方的存在威胁着内群体利益;(3)对外群体持有反感,但通常自己不承认有偏见,而且会通过一些不显眼但比较积极的行为来掩饰自己的偏见;某一群体在某些情况下(如正式场合),对其他群体在态度上、表面上虽然表现得比较友好,但内心却有意识与他们保持一定的距离,这往往表现为轻微的偏见;当某一群体的成员与不同群体的成员相处时产生"不自在"或者有压迫感时,不愿意与他们有任何接触。

由上可见,当某个群体对其他群体产生强烈的偏见时,往往会采取避免接触的方式,从而阻碍了跨文化交际的进行。极端的偏见甚至会发展为歧视的行为,即拒绝给予其他群体成员平等的机会,包括就业、住房、政治权利、教育、娱乐机会以及其他社会特权等。随着对其他群体的歧视程度的加剧,很有可能演变为暴力行为。

三、克服跨文化交际心理障碍的对策

树立对文化定型的反思意识,以达到对定型的超越。在跨文化交际中,不同文化背景的人为了相互了解,就必须建立某种文化定型,然而这些文化定型的过分概括和标签化,又可能人为地制造屏障,妨碍文化之间的交流和理解。一方面是架设桥梁,沟通文化的使者;另一方面是构筑壁垒,隔绝文化的危险。这一"桥"与"墙"文化定型的打破与建立的矛盾,高一虹称之为"跨文化交际悖论"。既然文化定型是不可避免的认知方式,那么,根据 Stella Ting-Toomey 的观点,我们只有尽量避免对外部群体成员不加思考的定式思维(mindless stereotyping),而是要对定式思维有一定的反思意识(mindful stereotyping),其实就是要提高对文化定型的认知。譬如说,当我们认为"法国人都很傲慢"的时候,首先我们要清楚地认识到这是一种定式思维是以偏概全的,片面不合理的;另外,我们还要反思这样的文化定型是如何形成的。因此,只有通过不断反思才能超越定式思维,克服偏见,从而减少定型的不准确性,避免跨文化交际的失误。

增强文化相对论意识,克服民族中心主义的偏见。文化相对主义(Cultural Relativism)的核心是尊重差别并要求相互尊重的一种社会训练。它强调多种生活方式的价值,强调以寻求理解与和谐共处为目的,不去评判甚至破坏那些不与自己原有文化相吻合的东西。在跨文化交际越来越频繁的时代背景下,我们应该适当采取文化相对论的观点,以宽容的态度和开阔的胸襟对待不同的文化,在积极平等的对话中理解对方文化,承认世界上每种文化都是独一无二的,民族文化没有优劣之分,文化价值是相对的,不存在一个放之四海皆准的标准去判断一种文化的优劣。另外,在强调各民族的文化差异的同时,我们也应该充分意识到人类文化存在的共性。只有通过构建多元文化的视野,增强对文化差异的敏感性,才能克服民族中心主义思想的傲慢和偏见,以促进跨文化交际的有效进行。正如费孝通先生所说,我们对待世界上不同的文化应该采取的态度是:"各美其美,美人之美,美美与共,天下大同"。

　　培养文化移情能力，克服交际心理障碍。文化移情（Empathy）是指交际主体自觉地转换文化立场，在交际中有意识地超越本土文化的俗套和框架模式，摆脱自身文化的约束，置身于另一种文化模式中，真实地感受、领悟和理解另一种文化，不以自己的经验和文化准则作为解释和评价别人行为的标准，就是必须设身处地，将心比心，推己及人。文秋芳指出："对异国文化的理解和宽容来源于换位思维能力的提高，即一旦我们从对方的角度考虑问题，就不会认为异国文化奇怪或不可思议"。文化移情是跨文化交际能力的重要组成部分，一般包括六个步骤：承认世界的多元化；充分认识自我；悬置自我；以别人的视角看待问题；做好移情的准备；重塑自我。因此，为了克服由于各种偏见带来的交际障碍，我们必须培养文化移情能力，力求在感情上对异质文化产生共鸣，以缩小与异质文化的心理距离，成为交际主体之间在语言、文化和情感之间的纽带和桥梁，有效促进不同文化背景的群体或个人之间的交流和沟通。正如刘润清为《跨文化交际——外国语言文学中的隐蔽文化》所作序中所说："两种文化相遇，只有区别，没有优劣，尽量去理解、容忍、接纳对方，而不是排斥、敌视、污蔑对方，世上缺少的是"多文化人"。

第九章 大学生跨文化交际能力的培养

第一节 跨文化人的身份与能力培养

一、跨文化人的身份

跨文化交际通常是指本族语者与非本族语者之间语言行为的交际，以及任何在非语言层面有种种差异的人们之间的交际。它是具有不同文化背景的交际者以各自文化代言人的角色，以不同的文化观念和符号系统为基础进行的交流。这种观念和符号系统的差异足以改变交流事件。跨文化交际的成败取决于诸多因素，如交际者的世界观、价值观、思维方式、行为规范以及风俗习惯、宗教信仰等，其中，文化身份（cultural identity）是其重要方面。交际者之间的身份认同是跨文化交际的重要内容。在经济全球化背景下，跨文化交际逐渐成为人们的生活常态，因不同文化的碰撞产生的问题日益突出。在跨文化交际语境中，个体的所有身份都与文化相关并受到文化的约束，都可以被看成是一种文化身份。如何在复杂多变的社会环境下，建立良好的文化身份认同，进行有效的跨文化交际变得日益重要。最早关于文化身份问题的研究可见于社会学和心理学领域。研究认为，个体的文化身份是由赖以生存的社会所建构的，并非是与生俱来的，文化身份具有多样性和流动性的特点。以跨文化交际的视角研究身份的文化因素始于20世纪80年代末。随后，有了宏观层面的关于身份的塑造和构建对跨文化交际的影响的探讨。笔者拟从交际者的说话内容、交际话题、行为模式、逻辑方式和思维模式等微观层面，探讨文化身份在跨文化交际中的作用。

（一）关于文化身份的定义

身份一词来源于英文"identity"，在"剑桥英语词典"网站（Cambridge Dictionary）中的意思是"who a person is, or the qualities of a person or group that make them different from others"，是指一种区别于他人或团体的自我认定。在《美国传统词典》（*American Heritage Dictionary*）中，"identity"的意思是"the collective aspect of the set of characteristics by which a thing is definitively recognizable or know"，即身份、特征从本质上确认或识别某物的一系列特征的综合。在2005年出版的萨缪尔·亨廷顿（Samuel P.Huntington）的《我们是谁——美国国家特性面临的挑战》（Who Are We? The

Challenges to American's National Identity）中，"identity"的定义是："身份是一个个体或群体的自我感觉。它是自我意识的产物，通过意识到我或我们作为一个整体所拥有的独特特性，与你或他们区别开来"，即身份就是想象中的自我，是我（我们）愿意成为什么人或我（我们）认为我（我们）是什么人。

关于文化身份，在跨文化交际和社会科学领域是一个乌托邦式的概念，它被广泛地运用在亚文化、民族语言学和种族认同研究中。20世纪50年代初，美国精神分析家爱利克·埃里克森（Erik H.Eriksson）提出，文化身份是指成员长期共同生活在民族共同体中所形成的对本民族最具有意义的事物的肯定性确认。换言之，文化身份是个体对一个群体或文化的身份认同感，或者个体受其所属群体或文化的影响，对该群体或文化产生的认同感。跨文化交际学者玛丽·冯（Mary Fong）给文化身份下了另一个定义：文化身份是一种社会建构，是一种对群体成员都有意义的共同语言符号和非语言行为系统的交际认同，该群体成员之间都有一种归属感，并具有共同的传统、历史、语言和一套得体的行为规范。她强调，文化身份是享有共同文化的群体归属感。这种共同文化既包括语言符号，也包括非语言行为。萨缪尔·亨廷顿（Samuel P.Huntington）指出，文化身份对大多数人来说是最有意义的东西。它影响交际者的自我意识和他人意识，即交际者对自己文化身份的定位，以及群体以外的人、组织或团体对此交际者所属群体的整体认识和评价。

（二）文化身份的特征

1.文化身份具有多样性

Tadasu T Imahori 和 William R Cupach 在身份管理理论（identity management theory）中提出，身份具有多样性。个体同时拥有多重身份，并且身份会随场景、时间、话题的转变而改变。在职场中，我们凸显的是我们的职业身份；在家庭里，与父母、子女、夫妻相处时，我们凸显的是家庭身份；在跨文化交际中，我们凸显的是我们的文化身份。Tadasu T Imahori 和 William R Cupach 指出，特别是在与来自不同文化的个体交流中，"文化身份"是人际关系发展的中心，灵活多变的"身份管理"在跨文化交际中占有极其重要和必要的地位。爱利克·埃里克森（Erik H Eriksson）将"文化身份"摆放在个人的中心位置，认为"文化身份"是个人"共同文化"的核心内容。交际学家德洛丽丝（Dolores Tanno）用多重身份这样描述自己，当她跟家人在一起时，西班牙人血统使她具有了"西班牙人"的标识；"墨西哥裔美国人"，则反映了她的身份中最重要的两种文化；"拉美人"，又将她跟其他南美洲的西班牙后裔在历史文化上联系起来。她强调，她是这一切的综合，每个身份都反映了如身份标识、历史、文化等不同层面。

2.文化身份具有流动性

英国文化研究学者斯图亚特·霍尔（Stuart M Hall）在《文化身份与族裔散居》一文中指出，"我们先不要把身份看作已经完成的、然后由新的文化实践加以再现的事实，而应该把身份视作一种'生产'，它永不完结，永远处于过程之中，而且总是在内部而非在外部构成的再现。"可见,身份是流动的、构建的和不断变化的。身份的确认不是一个简单的过程。在跨文化交际过程中,文化身份更是受到不断的妥协、强化与挑战,它的形成过程同样被视为一个建构的过程。我眼中的我和别人眼中的我在很大程度上存在不一致性。当我认为我是谁和别人认为我是谁产生分歧时,文化冲突便随之出现。例如,当有人问一位美国华裔二代移民来自哪里时,他可能会感到无所适从。若他在美国出生,只去过中国4次,尽管他具有中国面孔,但几乎不会讲中文。在这种情况下,他的身份往往难以得到确认,在交际中常会受到质疑,其文化身份也会不断地经受挑战。那么,如何避免或缓解这种在跨文化交际中产生的误解或冲突呢?丁允珠(Ting-Toomey)的身份协商理论提出,在类似交易性的跨文化交际环境中,交际者不断地维系、修正、挑战和支持自我和他人预期的自我形象,努力呈现出预期的各种身份,同时也试图去挑战或支持他人的各种身份。在协商中寻求平衡,在互动中建构文化身份。

(三)文化身份在跨文化交际中的作用

1. 文化身份限制说话内容和交际话题

"荷兰人意味着什么?在到美国之前,对此我毫无概念。在荷兰的时候,我从未有过明显的民族主义和对祖国的强烈自豪感。但现在,身处美国的我意识到这一切对我很重要。我乐于告诉别人我来自荷兰,我喜欢向别人讲述关于荷兰的故事。我甚至带来了诸如木鞋、钥匙扣等很有荷兰特色的东西,并乐此不疲地展示给外国朋友。"文化身份就像文化与交际的桥梁,在跨文化交际中起到了关键的作用,它限制了说话的内容,左右着交际的话题。例如,中国自古以来就有"民以食为天"的说法,中国的饮食文化源远流长、博大精深,在中国文化中具有重要地位。中国的八大菜系、数十种烹饪方法让中国美食享誉全球。中国语言文字中诸多有关饮食文化的谚语具有丰富的内涵,如"食、色、性也""巧妇难为无米之炊""食之无味、弃之可惜"等。在跨文化交际中,中国人也乐于介绍和讨论中国的饮食文化,善于烹饪中国美食,甚至开展饮食外交。对于拉丁美洲国家的人们,音乐是其生活中不可或缺的一部分。无论是在大街小巷,还是节日狂欢,无论是餐厅酒吧,还是工作休闲,音乐都随处可见。拉美音乐既保留了印第安传统音乐特色,又有着西班牙、葡萄牙殖民文化以及非洲黑人音乐的元素,热情奔放、具有多元化的特征。当墨西哥、古巴或阿根廷人与具有其他文化背景的人交流时,他们常常会将话题转向音乐,或者以音乐为媒介传播本国文化。《美国独立宣言》(The Declaration of Independence)中,"人人生而平等,造物主赋予他们若干不可剥夺的权利,其中包括生命权、自由权和追求幸福的权利"的主张奠定了"美国梦"的思想基础。"美国梦"是美国人普遍的文化信念,是美国文化的缩影,是激励世代美国人不懈努力获得美好生活的民族精神,是美国人文化身份的根基。在跨文化交际中,文化身份在很大程度上限制了交际者的说话内容,对交际话题有一定的引导作用。

2. 文化身份影响交际者的行为模式

文化对于属于它的群体成员的行为具有预知和导向作用。文化身份的定义强调了文化群体的共同性。在跨文化交际中，文化身份不仅在语言层面限制交际者的话语内容，而且在非语言层面也影响个体的行为模式。例如，在中国文化中，习以为常的"晒衣服"行为，在习惯了使用烘干机的外国人看来可能是奇怪的、难以理解的。在美国文化中，学生可以随时在课堂上打断老师讲话，对讲授内容提出质疑。这一司空见惯的行为模式，在"尊师重道"的东方文化学者看来可能是难以接受的。在集体主义凸显的文化里，老年人往往具有颇高的社会地位，普遍受到年轻人的尊重与爱戴；而在个体主义文化里，年龄不再是决定个人社会地位的重要标准。在公共交通秩序文化方面，中国提倡尊老爱幼，鼓励年轻人主动给老年人让位；而在欧美国家，这一举动会被认为是对"被让者"能力的质疑。即使同为中国人，由于南、北方文化身份的差异，在寒冷的冬季，也存在南方人习惯于开窗透气，北方人习惯于关上门窗开暖气的习惯差异。总之，文化身份渗透在各种社会行为之中，具有不同文化身份的交际者在跨文化交际中必然会存在文化冲突。

3. 文化身份决定逻辑方式和思维模式

沙龙·威尔金森（Sharon Wilkinson）在研究4名美国大学生赴法交换学习时提出，很多跨文化交流问题源自文化误解而不是语言误解，而文化误解的根源来自于不同逻辑方式和思维模式的碰撞。即便是在同一种母语环境下，不同地域产生的不同文化身份也将决定人们不同的逻辑方式和思维模式。例如，上海人的一种逻辑方式和思维模式，可以概括为：约束自我行为，明确自我身份，不给别人添麻烦，同时也不希望别人给自己添麻烦。这种在外地人看来是"计较"的心态，上海人自己定义为"识相"。这其实跟旧时上海拥挤的居住环境有着密切的关系。20世纪80年代的上海，人均居住面积不足4 m2，二十几口人需要共用水龙头、厕所、厨房等公共设施。在这种环境下，只有个体具有良好的自我约束力才有助于维护邻里之间长期和谐相处，"不给对方添麻烦"才能在各自的空间内平衡发展。即便到了今天，居住条件得到了改善，这种特定时期产生的文化逻辑和思维模式已深深扎根于上海人的思想中。

文化身份深刻地影响着交际双方对话题的把握、行为的导向和思维的定势。一方面，如果跨文化交际者一味地按照自己的愿望构建和表现自我身份，过度强调自身文化，对交际对象所具有的文化特征忽视、漠视甚至轻视，都会阻碍跨文化交际的顺利实现。另一方面，交际一方一味地迁就对方，盲目崇拜、模糊或丧失自己的文化身份，同样无法建立平等的跨文化交际，还会抹杀交流中的文化多元性。在复杂多变的国际国内形势下，交际双方只有相互包容，努力寻求身份认同，实现跨文化交际中个体文化身份的重建，用恰当的方式将自己对世界的认知传递给来自不同文化群体的人，在互相理解中展开成功有效的跨文化交际。

二、跨文化翻译能力培养

高校英语的教学重心一直在阅读理解能力以及写作能力的培养上，但在近几年，我国教育部提出高校英语的教学目标应该是综合能力的培养，教学侧重点应放在翻译和表达上，为大学生步入社会后的国际交流打下基础。

（一）翻译能力培养重要性

我国在国际舞台上扮演的角色越来越重要，与其他国家的交流变得更多，英语是目前国际上通用的交际语言，不仅在国际交流方面，各大网站资料以及科研成果都需要具有一定的翻译能力才能顺利查阅，高校学生毕业后会进入社会工作，当前许多企业对于毕业生的英语能力十分看重，因此大学生的英语翻译能力显得尤为重要。翻译能力的培养不但可以促进大学生学习习惯的养成，还能够促进大学生实际应用能力提高，并且英语翻译能力的培养可以提升学生的成绩，因此高校英语教学中应该提高跨文化翻译内容的教学比重。

（二）大学英语教学中跨文化翻译能力培养的问题及解决方案

1. 教材选择与编写

目前我国高校缺乏科学合理的翻译教材，英语课堂上的翻译练习主要以翻译英语教材课文为主，这样的翻译教学方式容易使大学生感到枯燥。教师可以从明确教材重要性着手，通过自主编写英语教材提高英语翻译教学质量。在编写时要注意考虑本校大学生的实际英语水平和词汇积累量，同时将翻译教学的目标定位明确，主要是帮助学生提高日后的翻译交际能力，且为了激发学生的翻译学习兴趣，教材编写的内容应选择学生感兴趣的题材，增加翻译练习内容的趣味性。除此之外，高校也可以不编写教材，在日常的翻译教学之余，教师可以多带领学生观看英文原版电影、小说等，合作翻译讨论，这样能使高校翻译教学内容呈现多元化特征，不仅能帮助学生提升学习兴趣还在课堂教学中充分尊重了学生自主性，用这个方法锻炼学生的翻译能力不仅教学效果好，课堂氛围也能得到保障，且长此以往学生的词汇量会大大增加。

2. 跨文化意识培养

英语具有独特的文化背景，要从能力出发培养大学生的英语翻译技巧促使大学生养成跨文化意识，帮助大学生从文化层面提高对于翻译文章的理解。目前大部分高校的英语教师对于培养学生的跨文化意识还没有概念，由于我国的母语语境和英语不同，在翻译教学时教师并没有提示学生注意语境，这就导致大学生翻译练习的效率不高且准确率很低。

众所周知，英语翻译不仅是语言的转化，也是两种文化的交流和碰撞，教师在引导学生进行英语翻译训练时，要有意识地提醒学生注意语境，在翻译之前为学生科普文章背景，帮助学生养成良好的翻译习惯，引导学生翻译之前对英语作品背景及内涵充分了解掌握，同时在翻译练习的过程中给学生留出足够的发挥空间，在潜移默化中引导学生用合理的词语对原文的语意进行转换。在高校英语翻译教学中，教师不仅要传授给学生基本的翻译理论和框架，还需要在日常教学活动中融入扩展教学内容，有目的的培养学生的跨文化翻译意识，久而久之达到学生能在翻译之前主动了解原文背景的效果，有效帮助学生提高翻译水平。此外英汉文化间的差异性较大，教师想进一步提高学生的跨文化翻译能力，需要不断地向学生讲解中英文化的异同,引导学生自主进行课外学习,鼓励学生查询了解英语语言国家的文化、历史以及发展过程等。同时想使英语跨文化翻译水平快速提高,学生也要有一定的中文语言素养,以便将英文内容按照国内语言习惯完美的翻译出来,避免出现低级语言翻译错误。

如某高校英语教师为培养学生的跨文化翻译意识,经常在课堂教学活动中穿插有关中英语言环境和习惯的不同引起的翻译笑话,在活跃课堂的同时也能将语言文化差异对于翻译效果的影响传达给学生,且该教师在每次进行新课讲解前会为学生科普本课涉及的文化及历史背景,在课后也会为学生留拓展提高性作业,引导其了解以英语为母语的国家独特文化。

3. 翻译教学模式

目前,我国大部分高校英语教师依然采用比较滞后的教学模式进行日常教学活动,传统教学模式主要是以教师为中心,由教师简单讲解翻译理论后要求学生进行大量的翻译练习,根据翻译任务完成情况来评价学生的学习效果,这种教学模式不仅无法锻炼学生的自主学习能力,也没有将跨文化翻译理论融入日常教学当中,并且师生间交流和学生的课堂参与度都比较少,不利于学生翻译能力提升。

教学方法和模式会对教学效果产生较大影响,不同高校的教学理念存在差异,英语翻译教学的侧重点也有所不同,但为提高大学生的跨文化翻译水平,高校英语教师应根据学生的专业、未来发展需求制定相符合的教学计划,并通过合理的教学方法达到目标。教师可以积极应用尖端教学手段,避免长期单一的使用同一种教学方法引导学生进行翻译练习,有意识的观察大学生对各种教学手段的反馈,寻找学生的兴趣点,并利用学生的兴趣点提高翻译教学效果。同时要注意在课堂上充分尊重学生的主体地位,将翻译课堂变得生动起来,注意在教学过程中与学生的互动,改善教师在课堂上唱"独角戏"的情况。此外教师也可以利用信息技术提高翻译教学趣味性,构建英语翻译平台,在课余时间通过线上教学对学生进行辅导,为学生提供更便捷的学习模式。

如某高校英语教师为提升大学生的跨文化翻译能力,改变了以往的单一教学模式,每隔一段时间会更换教学方法,不断为学生提供新的教学体验,帮助其保持英语翻译学习积极性的同时也有效提高了大学生的英语成绩。

(三)大学英语教学跨文化翻译能力培养建议

跨文化翻译能力的培养重点在于翻译目的、功能、语言文化等,同时也是大学生在进行翻译学习时要注意的问题。教师在进行跨文化翻译的能力培养时,需将翻译要素作为参考,在教学过程中讲解翻译要点、框架等翻译技巧,帮助学生迅速提高翻译能力以及翻译质量,针对目前我国大部分高校的英语跨文化翻译教学现状,可以提出以下建议:

第一是调整教学大纲,建立健全英语翻译教学体系。即从高校角度出发,提升对于英语跨文化翻译教学的重视程度,结合高校实际教学目标和学生的接受程度制定出科学的教学大纲，将翻译能力加入大学英语主要教学目标中，切实提高翻译能力在大学英语能力培养中的地位。高校可以在原有的教学大纲基础上进行改进，加入新的教学理念和方法，随着时代发展和学生需求的改变不断完善高校英语跨文化翻译教学体系，合理分配英语教学时间和资源，对这项工作提供支持。

第二是改变教学内容，促进学生的跨文化翻译意识提升。目前高校的英语翻译能力主要是通过日常教学和阅读理解培养，在英语教育板块中没有将翻译能力设置成独立教育单元，因此想切实落实国家关于培养大学生综合能力的号召，可以从教学内容上着手，结合英语教学主干，在日常教学中有计划的加入翻译技巧、理论等内容。同时为提高学生对于跨文化翻译技能的应用能力，教师也可以根据学生不同专业的日后发展需求，弹性调整翻译教学内容，为学生提供更多的实用性翻译技巧。

第三是提高学生学习兴趣。英语学习贯穿整个高校教学内容，大学生容易感到枯燥，且翻译能力培养的难度较大，学生对于翻译学习的兴趣不高是我国大学英语翻译教学中普遍存在的情况。为改善这种现状，英语教师可以在教学过程中增加趣味性内容，结合多元化教学手段提升学生的学习兴趣，且在翻译技巧教学时可以不局限于教材，教师应要求学生收集自己感兴趣的文章进行翻译练习，不仅能加速学生习惯英语的语境和历史发展过程，也有助于拓宽学生的知识面，且这样的教学手段赋予了学生充分的自主选择权力，有助于其学习兴趣的提高。除此之外，教师可以利用多媒体结合小组讨论的教学模式，引导学生分组翻译感兴趣的文章，通过交流互动促使学生共同提升翻译水平。

第四是重视理论教学。目前从我国高校英语教学中对于翻译技巧和基础理论的缺失比较严重，随着时代进步已经逐渐无法满足社会需求，因此教师应有意识地在日常教学过程中加入翻译理论和技巧的指导，先帮助学生形成基本的翻译理论框架，结合理论指导系学生的翻译练习，在学生对翻译技巧有基本了解后，在翻译练习中加入跨文化翻译的内容，向学生科普跨文化翻译理论，引导学生学习文化冲突和融合，减少学生的翻译错误。

综上所述，跨文化翻译能力是高校英语教学中一个重要的能力培养方向，教师想培养大学生英语翻译水平需要将跨文化翻译教学渗透到高校英语教学每个环节中，通过翻译理论和技巧教学帮助学生提高翻译能力。

第二节　跨文化交际能力培养

随着中国的综合国力和国际地位的日益提高，汉语逐渐成为国际上关注的焦点之一。国际汉语教学事业迅猛发展，但是高素质的国际汉语教师还比较稀缺，因此国家设立了以培养高水平国际汉语教师专业人才为目标的汉语国际教育专业。

一、跨文化交际课程建设现状和存在的问题

在山师汉语国际教育专业本科跨文化交际课堂上，教师仍以传统的讲授法为主，但是可以感受到教师努力在传统上追求创新和趣味。在讲授理论知识的过程中设置其他趣味性活动。例如邀请学生分享跨文化交际案例，带领同学们一起进行案例分析，又如邀请留学生来到课堂与中国学生一起交流，在课堂上观看文化冲突有关视频，一定程度上突破了传统教学的束缚，取得了良好的教学效果，然而，还是存在与其他高校相同的一些问题。

（一）教学没有体现出课程重心

目前许多高等学校对跨文化交际课程目标的定位已经有了比较正确的认知，那就是跨文化交际课程不仅应该是对中外各种文化知识的理解和掌握，培养学生在实践中的跨文化交际能力和相应文化意识占据更重要的地位。但是这种认知并没有真正反映在实际教学实践中。该课程是一个综合性很强的学科，要求学生具有多方面的知识储备和能力，但是各学校在使用教材、课程设置、教学方法以及内容选择等方面又没有明确统一的标准，这就使得课程在各个学校的具体实施过程中的随意性较大。虽然各学校都以传授跨文化知识和跨文化交际理论，培养学生的跨文化交际能力等为主要教学内容，也都以胡文仲、许力生等先生的教材为主，但实际的教学实施情况仍然是由任课老师自己决定的，仍采用比较传统的教学内容、教学模式及考核方式等，因此，跨文化交际能力培养的重心在课程建设中没有真正体现出来。

（二）课程内容亟待优化

国际汉语教师职业能力的培养首先需要足够的专业知识。汉语国际教育专业有自身的显著的学科特点：汉语国际教育专业的人才肩负着外国人教师的使命和责任，教授汉语，推广解释汉文化。另外，汉语国际教育是面向外国人的文化教学，而且大部分学生为具有相对成熟的价值观念的成年人，因此在教学中要时刻注意把握一个正确的"度"，教师要具备开阔的视野，允许不同声音的存在。这一特点必须在课程内容中得到体现：淡化纯理论探索，增加实训实践环节和情景模拟环节，提高学生解决跨文化交际问题的能力，除此之外还应该强化中国文化的阐释等。这些内容目前亟须补充完善。

（三）课程资源亟待完善

目前大部分高校的跨文化交际课程教学利用了部分网络视频资源、留学生资源，但实践训练严重不足，学生大部分时间在听教师进行知识的传授，在"纸上谈兵"，一旦真正在跨文化交际中遇到问题与冲突，反而手足无措，跨文化交际能力得不到实质性的有效的提高。

二、有效提高学生跨文化交际能力的办法

（一）增设相应的选修课

作为汉语国际教育专业的学生，具备一定的跨文化交际和解决跨文化交际中所产生的矛盾和冲突的能力是学习和将来工作的基础。但专门的、针对学生跨文化交际能力提升的课程不多且重视不够。在山东师范大学汉语国际教育专业本科课程中，涉及跨文化交际的课程只有一门跨文化交际学概论，该课程教材比较重视理论的教学，案例分析比较少。因此，学校可以增设以实践能力培养为重点的案例分析课程，另外，为了使学生更多地了解外国文化和外国的礼仪，避免在跨文化交际中产生冲突，学校也应开设相应必修课或选修课程。这样一来可供学生选择的课程更加丰富，学生们就可以依据自己的不足或者兴趣又或者未来想要深造的方向选择课程，有目的的完善自己的知识体系，在各方面文化的影响下逐渐培养跨文化交际的意识。

（二）提供更多的跨文化交际机会

一般来说，该专业的学生虽然有充足的跨文化交际的理论知识，但是常常缺少理论知识付诸交际实践的机会，使学生在真正跨文化交际时常出现问题，跨文化交际的能力并不高。教师虽然在课堂上邀请了留学生来与中国学生交流，但次数较少，时间也比较紧张，同学们讨论的内容也都是常见文化冲突的问题，比如喝热水、让座等等，在短时间内难以发现新的文化冲突。有些学生因为性格比较内敛，在谈论时只是旁观，不能体验到真正的跨文化交际过程。因此，教师可以分配多组中外学生共同进行"一对一"辅导，给学生创造更多跨文化交际的机会，学生在真实的环境中逐步提高跨文化交际能力。

（三）优化课堂教学模式

课堂教学的重点不仅仅应该是基本理论的传授，更重要的是实践。因此跨文化交际课程按照课时可以分为三个部分：

1-8周的教学活动以教师教授为主，主要讲授跨文化交际基本理论和基本知识，为之后的实践活动打下基础。9-16周应将课堂交给学生，学生对教师教授的内容进行整合理解，吸收到自己的知识体系中去，搜集资料了解不同的文化，并尝试从跨文化角度出发做主题报告，向同学介绍世界不同文化特征，提高文化包容度，尊重各国的文化，允许不同声音的存在，如此一来，学生会对跨文化交际充满信心。学生也可以就自己与留学生交往过程中出现的问题做报告，给其他同学提供经验。17-18周课堂主体仍为学生，学生从汉语生词、语法、课文教学中选择一个知识点，从跨文化的角度设计教学并进行试讲。

这种教学模式不仅实现了学生学习跨文化交际的理论知识，而且能够将理论付诸实践，让学生亲身体验跨文化交际过程并进行课堂展示，提高了跨文化交际能力和语言表达能力。除此之外，汉语知识的教学也锻炼了学生的教学实践能力。

国际汉语教师肩负着汉语国际推广的重任,具备较强的跨文化交际能力是成功进行汉语教学的前提。在国际汉语教师的培养过程中,跨文化交际相关课程发挥着举足轻重的作用。对于我国汉语国际专业跨文化交际课程目前存在的一些问题,应该积极寻求对策,优化课程培养出优秀的国际汉语教师。

第三节 英语教学中跨文化交际能力培养

习近平总书记在2013年9月至10月间提出了"一带一路"的合作倡议,倡议世界各国共同推动人类命运共同体建设,加强互联互通,扩大人文交流。近年来,全球经济一体化进程加速,跨文化沟通成为常态,跨文化交际能力成为国际社会对人才和学生个人发展的共同需求,国家迫切需要培养大批具有国际视野、通晓国际规则、能够参与国际事务和国际竞争的综合型人才。因此,如何培养学生的跨文化交流能力、如何做到知识课堂技能化,成为大学英语教学亟须探究的问题。英语作为世界通用语言,在跨文化交际中扮演着不可或缺的角色。大学英语教学不仅要确保学生全面了解西方文化内涵,还要让学生在对比中弘扬中国文化,发出中国声音。在拥有足够的文化底蕴的基础上,与人进行跨文化交流则需要较强的英语口语能力。因此,对西方文化的学习、具有良好的口语能力,成为提高跨文化交际能力最重要的两个方面。

一、跨文化交际能力的培养现状

从当前大学英语教学实践来看,教学模式比较传统、思维相对固化,偏重于单纯的语言教学,忽视了语言产生的文化依托,更多的是把学生的思想、文化、生活等简单地用英语符号来表达。教学模式基本以课堂为主,课外活动极少,学生的参与度低、自主性差,以应付大学英语四级考试和六级考试为学习目标,学习的重点是语法、单词和阅读理解,对英语语言产生的历史和文化认知很少。同时,教师的跨文化交际能力也普遍比较薄弱,大部分高校无此方面的系统规划,专业教材的编写存在局限性。这些因素叠加,造成我国大学英语教学跨文化交际能力的培养水平不高,不能更好地适应国际化发展的需要。

二、跨文化交际能力培养存在的问题

(一)对学习西方文化的必要性认知不足

近几年,我国大学英语教学改革取得了一定的成效,但仍有部分教师的教学思维和教学模式没有跟上教改的节奏,依然处于传统教学模式的桎梏中。部分教师认为只要讲授教学大纲的全部知识点,就完成了对这门课程的教学,认为学生只要熟练掌握了课本语法、词汇、发音等考点,就算学好了这门语言,忽略了跨文化交际能力在学生学习语言中的重

要性和必要性。语言如果缺乏文化的导入，则会出现很多语用错误，无法进行良好的跨文化交流。

（二）对西方文化的学习和理解存在短板

通过近些年教学改革的推进和英语教学模式的探讨，西方文化在学习英语特别是英语交流方面的重要性日益提高。然而，大部分教师缺乏国外留学经历所特有的浸入式语言环境，自身对西方语言习惯非常陌生，在备课中很难将课本知识与其蕴藏的文化融合起来，导致对英语表达一知半解，出现语言语用错误和社交语用错误。例如，在面对恭维和赞扬的时候，由于东西方文化的差异，回答会有所不同。当别人说"Your English is quite fluent"，最合适的回答应为"Thank you"或"It's very kind of you to say so"等，表示欣然接受，而不是"哪里哪里"或"一般般"等表示谦虚、受之有愧的回答。这只是社交语用错误的冰山一角。再如，当表达"随时可以来问我"的含义时，最合适的表达是"Feel free to ask me"；当表达"会议或课堂的总结"时，习语表达为"Let's wrap it up"。这些习语的表达方式，部分教师没有掌握，从而出现错误的表达，其根本原因在于对西方文化和社会习俗的了解存在短板。

（三）教材短缺和课程设置偏少

目前，很多高校缺少讲授西方文化知识的教材，比如《欧洲文化入门》。由于没有认识到跨文化交际的重要性，很多高校教师只专注于国内应试教育的相关教材编制，导致讲授西方文化时没有合适的教材。对于课程设置方面，没有为非英语专业学生设置此类跨文化交际课程，包括口语实践、西方文化导论等课程。教材短缺和课程安排不足，是学生学习西方文化兴趣不高、积极性不足的重要原因。

（四）口语应用交流不畅

口语培养需要大量的交流实践。很多教师仍然按照传统教学模式，在课堂上重点讲解英语词汇、阅读理解、写作练习和语法等内容，学生缺少口语练习机会，英语对话和交流极少，"填鸭式"的英语教学，造成大部分学生的英语实际应用能力还停留在"哑巴英语"阶段。当前，英语口语教学的效果远未达到预期，原因有三。一是口语练习时间短。口语表达能力的提高要靠长时间不间断地学习、交流、使用，短时间的课上练习，难以形成良好的语言表达习惯和思维记忆。二是口语表达的机会少。只有课堂的短暂练习，课后没有机会和场所巩固和提高。三是学生之间的口语水平比较接近，互相之间的口语交流对于提升英语水平事倍功半。

三、针对跨文化交际能力培养的应对策略

（一）提高对西方文化培养的重视程度

首先，教师要结合当今国内外背景，使学生充分认识到跨文化交际能力的培养是学好

英语是提高跨文化交际能力的前提。其次，在推动建设人类命运共同体的背景下，所有专业的学生都需要具备跨文化交际能力，只有这样，才能在各自的工作领域更加游刃有余。针对不同专业的学生，需要设置不同的西方文化学习方案，为每个学生提供新的学习途径，做到因材施教，激发学生对于跨文化交际能力的自我增强意识，使他们积极主动收集学习信息，努力掌握英语中的习惯表达。

（二）提高教师自身的综合素质和能力

教师要加强自身对西方文化及语言习惯的了解，阅读更多关于欧美文化的书籍，参加相关培训和交流，学习跨文化交际的培养策略，提高自己的教学水平。通过与本校外教经常沟通交流，教师可以增强对西方民族性格、思维方式、语言习惯等文化和习俗的了解，以期更好地教授学生，培养学生的跨文化交际能力。

（三）加强跨文化交际相关教材编写和课程设置

教材是英语学习的基础，是学生学习、了解国外文化的主要工具。随着大学英语改革的推进，为适应国际化发展趋势，教学目标必然发生改变，大学英语教材编写也应顺势而为、因时而变。大学英语教材内容要注重不同地域文化的差异性，基于地理环境、社会人文和风俗习惯合理编写跨文化交际教材。教师要对各类教材广泛研读，了解不同学校的教学方式和教学策略，吸收各类教学精华，创新已有教学方式。教师要增强去伪存真的鉴别能力，把合适的书籍、电影、网站以及报纸杂志等相关材料推荐给学生，鼓励学生利用课下时间对感兴趣的文化领域进行探究性学习。在跨文化交际相关课程方面，学校要根据本校不同专业学生的需求，为学生提供必修课和选修课等多种学习途径，使其有充足的选择空间，保证跨文化交际培养的有序开展。

（四）为学生提供专业的口语环境

针对实战练习缺乏的困境，高校在课程编排时要适当增加口语实践课堂，也可在学校某个区域设置外语角供大家交流。在口语实践课堂中，教师应弱化在课堂上的主体地位，鼓励学生自主选择交流主题，进行信息收集和提炼。教师要转变角色，充当交流中的对话者，对学生抛出的话题积极参与并应答，教师的回答更侧重跨文化属性，有针对性地引导学生将语言表达、文化差异、思维方式紧密地融合到交流中，既有中西方文化和观点的碰撞，又能提升学生的口语表达能力，做到理论与实践相结合，提高学生的跨文化反应能力。

（五）完善跨文化交际能力培养的体制机制建设

高校要加强对大学英语教学中跨文化交际能力培养工作的重视，建立健全体制机制，除了增加相关课程设置、提高现有教师能力水平外，还应做好以下工作。

提升大学英语教师的选配水平，加强师资队伍建设。在选配教师时，高校应更多选择有国外学习、任教经历的青年教师，这些教师口语标准、语境把握相对精准、对西方文化相对了解，有利于言传身教，提高学生的学习兴趣。

加强国内外大学间的交流与合作。高校在坚持社会主义办学方向的同时，也要做好国际交流与合作，坚持"请进来""走出去"的原则，邀请国外大学优秀教师来国内任教，本校大学英语教师去国外学习、培训。建立国内外学生校际间交流学习机制，在大学招生时适当增加国际学生的比例。通过这些措施，增加教师之间、学生之间的国际交流，对跨文化交际能力培养必将起到极大的推动作用。

总之，提高跨文化交际能力培养水平是开展国际合作和国际交流的必然要求，高校要充分认识培养学生跨文化交际能力的重要性，千方百计提高师资队伍的跨文化交际意识和能力，加强跨文化交际教材与课程建设，为学生提供更优质的语言环境，使学生的跨文化交际水平满足社会发展的需求。

第四节 跨文化交际意识培养

语言不仅是文化方面的一项重要构成部分，还是文化的一种重要表现形式。文化通过一定的积累可以构成语言。同时，语言的发展又会促使文化进一步发展，两者之间既相互影响、相互促进又相辅相成。由于英语翻译是将英语译成汉语，因此两者之间存有的文化差异会在一定程度上对翻译产生影响。我们必须加强学生跨文化交际意识的培养，增强学生跨文化交际能力和跨文化翻译能力。

一、对于英语翻译教学来讲进行跨文化交际意识培养拥有的意义

（一）有助于提高英语翻译教学任务完成速率

英语教师在英语翻译课程教学过程中，除了传授学生英语翻译方面的相关技巧、方法外，还要注重对学生讲述使用英语国家的基本文化及风土人情等。因为语言的诞生依托于文化，文化的发展又受语言的影响，彼此之间既紧密相连又相互作用。跨文化交际意识培养作为英语翻译教学方面的基础并进行教学实践，不仅有助于提升英语翻译教学任务完成进度、速度与质量，还有助于在英语翻译教学进程中把培养跨文化交际意识更具成效的融入各个环节之中，进而达到提高学生跨文化交际能力及增强学生跨文化交际意识的教学目的。

（二）有助于提升学生的英语翻译成效

通常情况来讲，可以将英语翻译划分为三个环节，也就是剖析原文、译文表达及译文检验。其中剖析原文主要是对英文的原意进行剖析，是英语翻译的核心部分，亦是后续翻译进程的基础；译文表达，主要是依据学生对文章的理解对原文进行翻译、表达；译文检验主要是对英语译文中的单词拼写、语法等进行检查，从而保障译文的准确性。

由于原文剖析是英语翻译中的核心步骤，因此这一步骤的落实质量将直接影响英语翻

译的整体质量。比如，学生若对英语原文的整体理解有出入，将会致使翻译出来的英语译文与原本文章表述的意思产生较大的差异。若是把培育跨文化交际意识作为英文翻译教学的基础，将有助于学生更深入、准确地剖析及理解原文表述的意思和含义。对此，不仅有助于提高学生英语翻译能力跟效率，还有助于提高学生辨析多义词等专业化能力，加深对英语词汇语法的深入理解，提升学生英语翻译成效，有助于翻译译文跟英语原文保持高度的一致性。

（三）有助于提升译文的流畅度

英文翻译不是一项简单的文字互译，而是通过运用一种民族语言表达另一种民族语言所要表达的含义。因而，对于学生来讲，若在切实的英语翻译进程中，仅仅关注英语原文表达的表层含义，那么多半翻译出的译文不仅会失去表述的实际含义，还会致使译文句子本身的流畅度出现一定的问题。由此可见，当学生在进行英语翻译时，首先应当对原文语句表述的深层含义给予充分的剖析和理解。对此，要求实施英语翻译的学生应当对将英语作为第一语言的国家文化拥有一定的了解，唯有充分了解相应国家的文化、语言环境及语言表达习惯等，方能令学生更迅速、精准且深入地对英语原文进行正确的剖析跟理解。

显而易见，将培育跨文化的交际意识作为现如今英语翻译教学的基础，可以提高学生实践译文能力。例如，培育跨文化的交际意识有助于增强学生英语译文表达能力，有助于提高学生对英语原文的理解能力及英语翻译进程中对于英文结构的充分剖析能力等。学生通过实践、学习可以了解更为立体化的英语国家文化，从中感受到、了解到国家之间的文化差异、特点及相似之处，充分运用汉语具有的读写习惯对译文结构予以更恰当的调整，不仅能更加充分地展现原文蕴含的意境及原文表达的含义，更适合中国读者的阅读习惯。

二、教学进程中存有的问题

（一）欠缺对跨文化交际意识的重视程度

由于学校未能将其充分融入教学计划及学生的培育进程中，因此对学生发展有一定的限制。另外，传统的教育模式过于注重词汇、语法及应试方面的教学，不利于学生英语翻译能力的进一步提高。

（二）教学模式及教学内容存在问题

其中的问题主要由两部分构成，也就是教学内容及教学方式欠缺实用性及欠缺足够的适用性。主要体现在无法激发学生的学习兴趣，课堂教学成效不高，无法实现教学目标等。

（三）英语教师素质方面的问题

造成此方面问题的原因有两个：其一，储备人才时欠缺明确的目标，致使新招收的教师能力素质一般，未能满足英语翻译教学方面的教学需要；其二，欠缺专业化、多样化的教师培训活动。在一定程度上限制教师的教育教学水准，限制学生进一步发展。

三、将跨文化交际意识培养作为基础的英语翻译教学建议

（一）加大跨文化交际意识方面的重视力度

作为英语翻译教学之中的重要参与者：学校、教师及学生，皆应当充分施展各自于其中的重要作用，从而进一步加强跨文化交际意识培育，加大重视力度，以便更好地增强英语翻译教学效果。

其一，对于学校方面来讲，应当充分认知到跨文化交际意识在英语翻译教学进程中的重要作用，于校园内部对跨文化意识具有效用予以宣传，令英语教师更加积极主动地把跨文化交际意识培育充分融入日常英语翻译教学进程及教学目标当中。与此同时，学校还应当于教学计划的制订中，给英语教师提供充分的教育教学指导。

其二，对于英语教师来讲，应当对跨文化交际意识与英语翻译教学之间的关系进行积极主动且深入化的研究，加深在跨文化交际意识领域中的理解，从而提高思想素质及综合素养，以便更好地将培育跨文化交际意识方面的各项相关工作落实到位。将学校制订各项教学计划及教学方针作为依据更严谨地落实各项教育教学活动，有助于更快更好地实现教学目标。

其三，对于学生方面而言，首先需要积极且主动配合教师及学校各项工作，然后自觉参与学校跟教师构建的各项关于培育跨文化交际意识的活动，以便更具成效地强化跨文化交际方面的意识，提升水准，更好地增强英语翻译能力。

（二）改善教学方式新编教学内容

若想更好地将跨文化交际意识培养作为英语翻译教学的基础，英语教师需要对教学内容进行重新编制，打破并改进传统的教育教学方式，从而更好地满足学生在英语翻译方面的学习需要。英语教师可以从以下两方面予以着手：

其一，注重提高教学内容及教学模式的实用性。对此，英语教师在对教学内容进行重新编制时，不仅需要对英语教材作为基础予以充分参考，还需要通过互联网技术查找、搜寻与跨文化交际相关的各类知识与讯息。同时，还应当充分了解现如今社会发展对人才的切实需求，有助于制定出更科学、恰当、全面且具有高实用效用的教学内容。不仅有助于让学生于日常课堂学习中了解中西方文化存在的差异开阔眼界，还有助于解放学生的学习思维，提高学生的学习积极性及学习灵活性。

其二，注重提高教学内容及教学方式方法的适用性。对此，英语教师在对教学内容进行重新编制时，应当充分参考学校制订的教学计划，以此为基准构建自身的英语翻译教学目标。同时，还应当依据学生在英语翻译学习进程中的切实状况，适当对学校制订的教学计划予以改良，从而进一步提升教学计划的运用价值。唯有如此，才能够更有效地提升学生的学习成效，有助于进一步帮助学生增强跨文化交际能力及交际意识。

(三)提高英语教师素质

英语教师作为培育、增强学生跨文化交际意识，以及以此为基础的英语翻译能力的重要培育者，学校要注重提高英语教师的综合素质，从根本上提高英语翻译的教育教学品质、质量和成效。因此，学校若想要进一步强化学生在跨文化方面的交际意识及交际能力，首要任务应当是重点培养及增强英语教师的跨文化交际意识及交际能力。唯有从事英语翻译教学的英语教师本身具备此项意识、认同此项意识的重要性，方能更加注重培育学生此方面的意识并予以充分重视，从而进一步推动学生良好发展。对此，学校在提高英语教师素质方面应当落实好下述两方面工作：

其一，最基本的英语教师聘用工作。对于学校来讲，在实施招募英语教师之前，应当严格遵循学校对于英语教师的分岗位职责标准，再结合学校对此岗位的切实需要及学校当前的切实状况调整或制定新的招募标准，之后方可严格遵循招募标准实施人才招募。对于人才招募要求，应当通过跨文化交际能力、英语翻译能力的考核及职业道德素养和教学水平、能力等方面的考核，录用其中最优秀的应聘者。对于其中具备较为丰富的培养跨文化交际意识有经验者应当优先予以录用。

其二，落实好英语教师的综合培训工作。对此学校可以通过举办多样化的活动丰富培训内容。其中必备的培训内容有：专业化的英语翻译能力培训、跨文化方面的交际意识、交际能力培训及相应的教育教学能力、职业道德素养等方面的培训。通过这些内容、模块的培训提高英语教师的专业能力及综合素养，同时还应当定期对教师培训成效予以考核，从而及时发觉教师在教育教学方面存在的能力弱项，为其制定更具针对性的培训。

综上所述，我们发现将培育跨文化交际意识作为英语翻译的教学基础，已然成为现如今全球经济一体化影响下，学校及英语教师必然做出的一项选择。所以，英语教师应当重新编制教学内容，改进以往的教育教学方式，进一步提高英语翻译方面的教学品质、质量和成效；对于学校而言，应当注重提升专业人才的储备及英语教师专业能力、综合素养。从根本上提高整个英语教师队伍的教学水准及教学品质。通过学校、教师及学生们一同努力，不仅有助于加大学生才能的培育力度，提高培育成效，还有助于满足社会对高素质翻译人才的迫切需求。

第十章 跨文化交际教学策略

第一节 语言教学的跨文化维度

在文化全球化的当今,多维度跨文化交际能力已是当前人们交流沟通应具备的能力之一,多维度跨文化能力的高低已经成为目前衡量人才综合能力的因素之一。而英语作为第二语言,在生活活动中具有重要意义,因此,提高英语跨文化交际能力已逐渐成为英语教学的主要目标。教师在英语教学中引导学生形成跨文化理念,帮助学生掌握英语文化知识,提高学生的英语综合素质,促进学生的全面发展。

一、多维度跨文化交际能力的内涵

跨文化交际在 20 世纪由美国学者提出,这一理论的提出在之后被语言学家、心理学家等从不同的角度进行研究,从而形成现今的跨文化交际理论。跨文化交际能力的构成复杂,其主要强调使用者自身的能力,在交际过程中,可以运用自身的文化、认知、情感等。进而达到跨文化交际的目的。因此,跨文化交际具有多维度的特点。而多维度的文化特点,让跨文化在交际过程中,不只是语言之间的交流,更是文化之间的交流与碰撞。而且在交流过程中,由于主体之间的差异性,其个人的价值观念也会形成交流,而这些文化方面的交流会给交流者带来不良影响。而多维度跨文化交际能力的形成,可以帮助交流者正视英语文化交流过程中形成的文化冲击,正视不同民族、不同国家文化之间的差异。

二、大学英语教学中影响多维度跨文化能力提升的因素

(一)重视理论教学,教学模式单一

大学英语是大学教学的重点,在大学英语教学中,其培养学生的方向也逐渐发生改变,更加注重提升学生的英语能力,帮助学生养成英语综合素养。但在实际大学英语教学中,教师仍过于重视对学生英语理论的教学。英语等级是学生学习英语的主要教学目标,因此,教师在开展英语教学活动的过程中,仍采用传统的英语教学模式,培养学生掌握英语知识。英语等级评价的形成,不仅影响教师的教学观念,学生在学习英语知识的过程中,也会产

生注重英语成绩的思想观念，而忽视通过英语学习，增强自身的应用交际能力。使大学英语的开展失去了教学意义。同时，教师对英语教学没有形成正确的认知，忽视多维度跨文化交际能力在英语教学中的重要性，没有把其与英语教学相结合，不利于学生跨文化交际能力的提升，学生在学习过程中，也没有发挥自身的主观能动性，仅是被动地学习英语，英语学习态度不积极，不利于学生跨文化能力的提升。

（二）英语结构不完整，缺乏英语兴趣

在英语教学中，帮助学生形成系统化的知识理论体系是教师教学的重点。但在大学英语教学中，教师在指导学生学习英语时，以英语等级考试内容作为英语教学内容，致使其无法形成完整的英语知识体系。由于英语教学内容的分散性，教师无法把培养学生多维度跨文化交际能力融入英语教学中。知识的分散性，让学生不能通过学习英语了解相关的英语文化背景与思想，以至于学生的英语文化视野过于片面，影响交际能力的提升。兴趣是指导学生学习最好的教师，但由于学生对英语学习存在一定认知偏差，注重提升自身的专业能力，不注重对英语知识的学习。教师在制定课程内容的过程中，不重视引导学生的学习兴趣。其教学内容过于刻板化，学生难以发挥自身的学习自主性。

（三）资源利用不合理，忽视交际能力

多维度跨文化交际能力的主要提升方法是通过系统化的英语教学帮助学生对英语文化形成正确的认知，促使学生英语交际能力增强。在大学英语教学中，教师虽然应用现代信息技术辅助自身开展教学活动。但在教学过程中，其教学重点仍是英语读写方面，没有指导学生英语听说方面的能力，因此，在大学英语学习中，可以发现学生关于英语听说方面的能力较差，影响学生英语交际能力的养成。并且教师对英语教学资源的利用存在一定的不合理性。教师没有利用教学资源，为学生营造英语文化情景，学生对英语文化的代入感较低，达不到引导学生了解英语文化知识、提高其交际能力的作用。

三、多维度跨文化交际能力的重要作用

多维度跨文化交际能力是社会人才发展应具备的重要能力之一。在大学英语教学中，提高学生的交际能力，满足当前企业对人才的要求，增加学生就业概率。而且学生多维度跨文化交际能力的形成，丰富了学生的文化素养，促使学生在交际过程中，可以很好地理解其中所包含的语境文化背景，理解语言中所包含的深意。在大学英语教学中，培养多维度跨文化交际能力，为其提供新的教学思路。促使教师以多维度的眼光，看待自身的教学活动，发现自身教学中的不足之处，进而加以改正，提高教学质量。学生英语交际能力的提高，开阔了学生的视野，使学生对自身的发展形成一个正确的认知，制订学习计划，提高自身能力。

四、大学英语教学多维度跨文化交际能力培养模式

（一）树立全面教学思维，改变教学模式

在大学英语教学中，教师应把培养学生多维度跨文化交际能力，作为教学的首要目标，进而构建多维度跨文化交际能力的培养模式。首先，教师在构建培养模式的过程中，树立全面教学思维观念。教师用全面的眼光看待英语教学活动，对英语教学形成一个正确的认知。大学英语教学的开展不仅要丰富学生的英语知识，还应让学生在学习英语的过程中，使英语综合能力得到相应的锻炼。因此，教师全面教学思维的树立，不仅改变了教师的英语观念，也帮助教师转变了自身的教学方式。在传统英语教学中，教师过于重视对学生理论知识的增加。其教学模式的转变，不再把提升学生的英语成绩放在教学首位，而是更加注重对英语交际能力的培养。其次，在构建过程中，还调整英语教学模式，对英语教学进行重新规划。教师准确掌握多维度跨文化交际能力的具体内涵，从而结合实际情况，把其融入教学之中，让其更加符合实际的教学情况。教师可以运用以互动为主的教学方式，调动学生对英语教学活动的参与度，让学生以互相交流的方式，学习英语知识。

（二）完善英语知识结构，激发英语兴趣

英语知识结构是构建培养模式的基础，因此，大学英语在教学安排上，调整英语课程的结构，让英语等级考试内容形成系统化的英语体系，而且增加关于英语文化的相关知识。教师也应发挥自身的作用，做好课前准备，把英语文化融入英语教学内容中，丰富学生的学习内容。在调整英语知识结构的过程中，教师还应掌握学生的英语水平与英语能力。帮助学生制定英语学习目标，促进学生的发展。兴趣是指导学生学习最好的教师，教师在构建培养模式过程中，应注重对学生学习兴趣的激发。教师利用教学资源，为学生营造良好的英语学习环境，激发学生的英语学习兴趣。帮助学生组建英语兴趣小组，鼓励小组成员在日常用英语进行交流，提高学生的英语交际能力。

（三）运用英语情景教学，结合英语实际

在构建英语交际能力培养模式的过程中，教师把英语情景教学法融入其中。教师在英语课堂中，利用信息技术等新兴技术为学生构建学习情景，增加学生的代入感。情景教学模式在构建过程中，教师应把教学内容与文化背景融合在一起，使其更加自然地呈现在学生面前，学生不仅学习了英语知识，也了解到相应的英语文化知识。同时，在构建过程中，教师还应把实际教学融入其中，引导学生和外教交流，加深学生对英语语意的理解。

多维度跨文化交际能力是大学英语教学的主旨，教师通过应用结合信息技术、营造教学情景等方法，解决了大学英语教学中、教学模式陈旧、学生缺乏学习兴趣等问题，达到了构建英语交际能力培养模式的目的。

第二节　元认知与跨文化交际能力

自美国斯坦福大学儿童认知心理学家 John H.Flavell 提出"元认知"这一概念以来，外语学界对元认知的研究主要集中于元认知策略对外语学习的作用和对外语教学的启示这两方面。语言的学习和文化密不可分，任何外语学习者的外语学习过程都是一个学习和适应另一种文化的过程。因此，可以假设外语学习者跨文化交际能力的发展可能受到其自身元认知水平和元认知策略的影响。国内学者对元认知和元认知策略与外语学习的研究涉及听力、口语、阅读、词汇、写作、翻译及多媒体教学等许多方面，但对二者与跨文化交际能力的探讨还比较少。因此，对于元认知和元认知策略是否能够影响外语学习者跨文化交际能力的发展是值得学者和外语教师关注的一个课题。

一、元认知及其理论渊源

根据认知科学的观点，语言学习实质上是一个信息处理的过程，外语学习则是人脑在已有知识的基础上建立的一套某一外语的语言结构规则和使用规则，并在使用外语的过程中不断对已形成的规则进行加工和修改，逐步建构起学习者有关这一语言的内化规则。在这个过程中，外语学习者的外语知识系统一方面会受到母语和外语规则的约束，另一方面会受到自身认知能力和各种社会文化因素的制约。外语学习者控制这一复杂过程，操作众多变量因素，对自身学习过程进行规划、监控、评价和修正，就是"对于认知的认知"或"元认知"。

在 John H.Flavell 看来，元认知反映和调节认知活动的任何方面的知识与认知活动，即认知主体根据学习任务，在实现某个具体学习目标的过程中对自身的认知过程进行主动规划，同时不间断地根据监控采集的信息采取一系列的调节措施。简而言之，元认知包括两个方面：一是认知主体对自我认知的知识的了解；二是认知主体对认知过程的调节。它是个人在中自身思维过程自我意识的基础上，对主体认知过程的自我反省、自我控制、自我评价和自我调节。它是学习理论文献中的元记忆、元注意、元理解、元学习等术语的总称，属于认知活动中更高一级的策划、指挥和执行机构。

按照 John H.Flavell 的观点，认知主体的元认知由三个方面构成，即：对认知主体的认知，对认知对象的认知，以及对认知策略的知识。Baker 进一步指出元认知其实就是对认知的认知，是学习者在学习活动中以学习过程为目标进行的一种自我规划、自我监控、自我评估和自我调节或矫正。根据他们的观点，外语学习者的元认知就是外语学习者对于自己、学习对象（外语）和学习过程（包括学习策略）三个方面的认知构成的一个整体。它可能是隐性的，也可能是显性的，但总是对外语学习者的学习过程起着指导作用，实现对学习过程中三个主要因素——语言知识、学习心理和社会文化的有效协调,实现对外语学习全过程的规划、监控、评价和矫正,使其成为一种学习者的主动认知活动。

二、元认知策略和学习策略

元认知策略是学习策略的重要组成部分,在国内外学者对学习策略的研究中,一直被研究者所重视。O'Malley 和 Chamot 将学习策略分为元认知策略、认知策略和社会与情感策略,三者在学习者的学习过程中相互作用,相互影响,共同决定了学习者的认知效果。其中,元认知策略发挥主导作用,直接影响学习者采用何种认知策略和社会与情感策略,决定了学习者是否能够对学习过程进行有意识地规划和监控,持续评估和矫正学习活动。如果学习者不能有效地运用元认知策略,他就不能针对自己的学习活动制定明确的计划,树立可行的学习目标,监控和矫正学习行为,更不可能基于当前的学习情况规划下一步的学习活动。

按照元认知的定义,元认知策略就是认知主体以认知活动为认知对象,在规划、监控、评价和矫正四个方面所采取的学习策略:一是规划策略,指认知主体根据早已确定的学习目标,事先对学习活动进行规划,预测学习过程中的关键任务和最终结果,同时预判可能出现的问题和构建相应的解决方案。二是监控策略,指认知主体对认知过程中的认知活动实施及时的评价和反思,并以此为依据调整其他认知策略。三是评价策略,指认知主体如何根据认知目标的完成情况对认知效果和所采取的认知策略进行评价和反思。四是矫正策略,指认知主体在认知活动结束,对认知结果进行评价和反思后,针对低效或无效的认知活动和策略采取的矫正和补救措施。

需要指出的是,这四种策略对学习过程的影响并不等同,而是呈现一种等级关系。就外语学习而言,规划策略起主导作用,是外语学习者语言使用水平的决定性因素,同时也是其他学习者运用其他三种策略的基础。另外,元认知策略中的监控策略与 Krashen 的监控模式并不一致,后者强调学习者对其所使用的语言结构的监控,而前者适用于包括语言结构在内的全过程的学习活动,是对学习过程中各种学习行为和效果的高层次的认知活动,也是后续运用评价策略和矫正策略的基础。

元认知策略对于外语学习的重要性得到了一些实证研究的支持。例如 Carrell 证实了适当的元认知策略训练能够明显提高学习者的二语阅读能力,而且策略培训是否有效与学习者个体的认知方式存在一定的相关性。之后,O'Malley 和 Chamot 提出 CALLA 模式,指出元认知策略训练能够帮助学习者对自身的学习活动实现有效地规划、监控和评价,使外语学习成为自觉和能动的认知活动。研究结果表明,这种训练模式在各种教学情景(包括语法、写作、词汇教学等)中都效果良好,对于学习者的学习效果具有积极作用。

根据上述观点,可见元认知策略是培养学生自主学习能力的关键所在。

三、元认知和元认知策略对于发展跨文化交际能力的价值

程晓堂和郑敏认为外语学习者会在学习过程中注意到不同文化背景的交际者在言语和非言语手段上存在差异，应将这一认知策略视为外语学习中所特有的学习策略。但是，除此之外，其他研究者对此鲜有研究，至于对元认知策略的使用与跨文化能力培养之间的关系研究，则更为少见。这一现象可能源自于对学习策略使用影响因素的研究。如文秋芳指出，认同文化背景的差异会促使学习者选择和运用不同的学习策略，某一学习策略可能适用于某种文化背景的学习者，但可能不适用于其他文化背景的人群。但也有学者认为，相对于文化背景因素，学习者采用何种学习策，更多地取决于他们的个体差异。因此，文化背景因素对于学习策略的选择并不是十分重要。

应当指出的是，国外相关研究中的研究对象并非严格意义上的外语学习者，大多是以英语为第二语言的学习者。即使放宽外语学习的定义范围，我们也可以发现，研究对象的本族语文化和目标语文化之间并不存在中西文化之间的显著区别。因此，上述研究认为学习者的文化差异对于学习策略的选择和使用不存在显著影响，没有必要将这一点视为决定学习策略的主要变量。在这种观点的影响下，国内学者也没有对文化差异因素的影响给予应有的重视。但是，由于中国的外语教学发生于单语言环境，与国外的二语教学和外语学习存在显著区别，因此，如果忽视跨文化交际的需求，将会对中国外语学习者的学习策略使用方面的研究，尤其是元认知策略使用方面的研究，造成不利影响。

在国内外语教学环境下，鉴于中英文承载的中西文化的巨大差异，外语学习者的学习过程在本质上属于一种跨文化学习活动，或者说外语学习过程是学习者发展跨文化交际能力的过程。这种能力的发展要求学习者具备较高水平的自我认知能力，能够对学习活动进行有效的感知、评价、监控、解读和调节，并具备一定的计划、预测、评估、反思和矫正能力。这种能力实质上就是学习者的元认知能力，它对学习者的跨文化交际能力发展具有重要作用，在相当程度上决定了学习者的跨文化交际能力发展水平。按照 Bennett 的跨文化敏感度发展模型，学习者是否能够提高其跨文化敏感度，取决于他们是否能够在较高的层次上对文化差异进行解读、体验和处理，在具备这种能力的基础上，学习者才能够从民族中心主义阶段过渡到民族相对主义阶段。也就是说，学习者如果提高了自己对文化差异的解读能力，就会相应地提高自己的跨文化敏感度，最终实现跨文化交际能力的发展。从元认知的角度来看，这种解读文化差异的能力就是外语学习者或跨文化学习者的元认知能力，也就是一种较高层次上的对于学习过程的认知能力，使其能够实现自我感知、自我监控、自我评价和调节，树立自我文化意识，促进自主学习。

有鉴于此，外语教师在发展学生的跨文化交际能力过程中，应当对发展学生的元认知能力和元认知策略的使用有所认识，并通过下述方式给予明确指导：一是明确学习任务、学习方法和可能的学习成果，制定可行的学习计划；二是监控学习计划的进展程度；三是

评价学习成果；四是针对无效或成效不高的环节提出改进策略并执行。

在具体学习任务方面，我们可以要求学习者尝试解释特定跨文化交际案例中所呈现的文化差异，分析案例中相关人物的心理过程和文化行为模式，判断案例中的交际行为是否有效，尝试提出可能解决问题的交际方式，反思自己在学习过程中的收获。这些方法在本质上都是用来鼓励学习者在元认知的层面上进行思考，权衡不同交际行为的利弊，从而支持发展学习者跨文化交际能力的目标。我们需要鼓励学习者在跨文化学习中勤于思考，养成制定学习计划的良好习惯，善于模拟假设的跨文化交际行为（即"移情"策略），及时进行事后反思，这不仅能够提升学习者的元认知水平，也能够提高他们的元认知策略运用能力，而且满足跨文化敏感度发展模型中跨文化能力发展的要求。

第三节　跨文化交际教学法概论

一、翻译与跨文化交际的关系

翻译本身即是一种交流活动，翻译的本质即跨文化交际。翻译所涉及的问题一般都被归总为语言和文化两个方面。萨丕尔-沃尔夫假设就曾想解决语言和文化的关系问题，并提出语言决定思维和文化的观点。拥护这一观点的学者强调语言对文化的巨大影响，甚至有学者认为英文的普遍使用会导致西方价值观的植入，从而影响本土文化。也有很多学者认为萨丕尔-沃尔夫假设夸大了语言对文化的作用，因为没有哪个文化是完全孤立和封闭的，文化间都有相似性。我们认为文化的普适性和独特性同时存在于语言中，因为语言表达了文化，语言和文化互生共长，文化的独特性塑造了语言的独特性，因生理、心理和社会产生的普适性也使语言具有了普适性。所以翻译就是一个实现跨文化交际的过程，在文化的普适性和独特性之间斡旋，寻找最合适地衔接。翻译和跨文化交际的交合点表现在"跨越文化"，因为两个领域都寻求克服文化交际障碍。作为译者，其最大的使命就是成功达成两个文化间的交流，包括各种符号的暗示、语境和立场。所以说，译者的角色是传达一个文化对另一个文化的表情、意图、理解和期许，作为中间的协调者，译者必须具备双重文化知识，通过一系列理解和文化过滤来为两个文化搭桥。可见，翻译的本质即是跨文化交际活动。

二、翻译教学要注重培养学生跨文化交际意识

在翻译教学中，我们常说要培养起学生的翻译意识。何为翻译意识？简言之，就是专业意识加语言敏感度。所谓专业意识就是能自觉从译学角度思索、揣摩自己的译文，能因时制宜地调整翻译策略与方法；所谓语言敏感度即对语境的高度敏感，能从语境角度思考

词句的翻译。专业意识实际上也包括了语言和文化的转换意识，尤其是跨文化转换意识。举个简单的例子：翻译"以外贸为龙头"，我们不会译成"with foreign trade as the dragon head"，而知道转换成"with foreign trade as the flagship"；翻译"鱼米之乡"，可以直接过渡成"a land of honey and milk"。更进一步说，翻译者不仅仅是一个语言输出管道，更是一个参与跨文化沟通的中介者，能积极、灵活地发挥文化交流作用。比如口译实践中，译者就常常根据说话者本意，把可能引起听话一方反感的文化错误剔除或加以修改，所以我们在翻译教学中，除了传统教学需要教授的翻译基础理论和基本技巧，还需要培养学生的跨文化交际意识，帮助学生建立全面的翻译意识。

为此，笔者于2015年10月对丽水学院2013级民族学院和教育学院英语专业学生做了一次调查。调查包括两份内容：一份是富含文化内容的翻译练习，一份是关于翻译中跨文化意识的调查问卷。参与调查学生总共110人，问卷收回110份。因为是英语专业三年级学生，经过一年的翻译训练，在语言能力上已有一定基础，较能体现大学生的实际情况。根据学生回答，笔者对调查情况作了一个总结，以下根据问卷调查的四个维度来分析。第一是关于文化的重要性，54%的同学认为文化在翻译中相当重要，60.9%的同学认为两者的关系很密切，63.6%的同学认为文化问题引起的翻译困难最多，而且有70%的同学在自己的翻译实践中曾遭遇文化转换的拦路虎。所以说绝大部分同学对文化的重要性有比较深的认识，普遍认为文化不仅是英语学习的重要内容，而且是翻译的重要因素。第二是关于文化翻译能力。虽然有75.5%的同学认为自己具有相当的跨文化交际能力，但是有80%的同学承认自己无法自如进行翻译中的文化转换。笔者从另一份对学生的跨文化翻译测试中看到，总共30个句子和短语，12个汉译英和18个英译汉，翻译正确8到9个句子的人数占比例最大，有26.4%；其次就是只翻译正确3个句子的，占11.3%；而能翻译正确15个以上句子的只有7.5%。测试表现出学生对英语文化内容了解较少，凡涉及文化信息的英文内容普遍难以识别，而且对中文过渡到英文的文化转换也一筹莫展。总之，学生的实际跨文化翻译能力较差。第三个维度是自我文化学习。80.9%的同学认为自己对英语文化了解较少，56.4%的同学认为在专业和课外学习中文化学习所占比例不大，62.7%的同学认为通过各方面学到的文化知识不多。这一结果证明学生对英语文化知识的学习量不够，而且对自己的文化知识掌握情况也是不满意的。第四个维度是文化教学内容。71.8%的同学认为专业教学中文化内容较少，63.6%的同学认为当前教学没有注重文化，54.5%的同学认为翻译教学要重视中西文化对比学习。而学生英语文化习得的途径，根据答卷情况，最多的是通过网络，其次是图书和教材，再次是课堂和讲座。所以说学生的文化学习途径大多是通过课外，我们的教学中并没有渗透进足够的文化内容，这也是造成学生文化学习缺失症的一大原因。

这一调查研究说明学生的文化翻译能力不足主要是由英语文化知识输入不够引起，学生虽然对文化的重要性有清醒的认识，但由于主流教学中的文化内容少，使得学生不能从正面地认识和习得英语文化，反映到翻译实践中就表现出不能自如进行跨文化转换和交际。

所以，翻译教学要培养起学生的跨文化交际意识还是需要从英语学习的源头上加强文化内容的教授和学习。

三、应用跨文化培训方法教授文化知识

提高学生的文化翻译能力，必须提高学生的中西文化知识，跨文化意识的培养不仅是翻译一门课程的要求，更是外语专业学生综合能力培养的一部分。随着社会发展，全球化日益紧密的交流关系使得文化教学已经成为当前英语教学的一个重点。对于文化如何教的问题，西方早在20世纪中期就开始了研究。二战后美国向海外大量派驻人员，但由于跨文化沟通的问题导致工作效率低下，由此美国率先开始了跨文化培训，跨文化交际研究也从此逐步展开。以下是对美国几十年来跨文化培训方法发展的简要回顾：

20世纪60年代的美国主要以学院培训的模式（university training model）为主，强调认知，以讲座为核心授课模式，注重信息的传递。这种模式的缺点是学习者只停留在认知层面，没有掌握在新环境下学习和工作的沟通技巧。但这种方式简便易行，也适合教师用影视幻灯等可视手段来展现文化差异。60年代中期出现文化对比法（Contrast-American），它以美国文化为主体参照，以另一个文化为客体对比，设置一些情景，以角色扮演的方式来习得必要的交际技巧。

20世纪70年代主要以经验法模式为主，它注重通过体验来学习，是针对学院培训模式的不足而提出的。当时最普遍使用的体验式培训就是仿真游戏。"BAFA BAFA"和"Albatross"就属于这种培训模式。其中前者是用于培训美国海军驻海外部队的，它把受训者分成两个文化小组，假设双方互访，制造交际情景。用模拟游戏来开展跨文化培训比较生动有趣，但它也存在致命缺陷——"人造文化"缺乏真实性。另一类的仿真称为地域仿真（Area Simulation），即通过模仿真实的自然环境来培养受训者的生活适应能力。

最典型的经验法就是文化同化法（the cultural assimilator）。文化同化法是美国伊利诺斯大学心理学家们共同研发的。这种方法一开始给学习者描述一个关键事件，然后给出解决问题的四五个选项。正确的选择能顺利解决问题，而错误的选择则为学习者提供了警示与纠正的机会。文本最后还会对每一个选项给出具体解释供学习者参考。这种方法在20世纪60年代诞生后，在70和80年代进一步发展，尤其是经过布里斯林（R.W.Brislin）等人在美国夏威夷东西文化中心的研究和开发，成为一种主要的文化培训方法。

同时期兴起的还有文化自我意识模式（Culture Self-Awareness Model），该模式学习者有明确的自我文化意识，能充分地认识自己的文化和价值观为前提。培训使用了当时先进的技术手段——录像，通过观看演员表演的文化交流场景，学习者进行讨论并做汇报和总结。

20世纪80年代是跨文化培训的成熟期。这一时期由于经济发展，全球商业活动激增，跨国交际需求很多，这个阶段的培训采用多种手段并用的综合教学方法。

到了 20 世纪 90 年代,出现了一个新的跨文化培训方法,被称为行为修正训练(Behavior Modification Training)。它以 Bandura 的社会学习理论为理论依据,认为培训有四个核心:注意力、记忆力、再创力和动机。强调学习者经过观察和体验,对东道国文化行为留有记忆,然后在实践中把记忆付诸行动。动机则指促成这一学习过程的内外动机。这一方法利于改变学习者的一些文化习惯行为,尤其是在本文化中习以为常,而在他文化中却难以接受和理解的行为。这一方法已经更多地走向理论化,不适合本节要探讨的实用性文化培训方法。

从西方几十年的跨文化培训方法发展来看,对具体可操作的培训方法已经研究到一定固化的程度,把能开发的方法基本都用上了,从大体上看,一方面是说教式的文化输入,一方面是体验式的经验习得,另外还包括一个对自我文化的深刻认识。如何利用好国外多年研究的积累,进行适应性的改变,以运用到我国外语教学上来,是高校外语工作者应思考的一个问题。

国内对文化教学的呼声早在 20 世纪 80 年代就开始了,但因为种种原因,我们只是停留在学术争论和极小部分的试验上,仅在国内教师的学术探讨中,我们才能看到这些跨文化教学的方法和建议。桂诗春先生在其《应用语言学》(1988)一书中倡导将社会文化项目纳入外语教学大纲。他认为广义的文化可以由专门的课程,如背景知识课、概况课来讲授;狭义的文化则应渗透到外语课中进行,主要靠教师掌握。他还介绍了几种传授社会文化知识的方法,即文化旁白(cultural aside)、同化法(cultural assimilators)、文化包(cultural capsules)和文化丛(cultural clusters)。张红玲也提出跨文化教学的几种常用方法:文化讲座、关键事件(critical assimilator)、文化包、文化群和模拟游戏。张向阳总结的现有文化教学方法有概况介绍法、开设专门课程、结合课文介绍有关文化知识、比较对照法、角色扮演法。胡文仲和高一虹介绍了 8 种文化教学法:文化渗透、文化旁白、文学作品分析、文化片段、文化包、文化丛、文化多棱镜和人种学方法训练。近年来发表的学术论文提出的文化教学法也有诸如开设跨文化交流课程、组织跨文化交流的活动、讲座、影视播放、角色扮演、戏剧演出等。国内提出的文化教学法多少参照了国外的文化培训法,文化教学应该到教学实践中去,用事实来说话,所以教学方法是实行力的一个关键。"在教学中培养学生的跨文化交际能力既涵盖教学内容,也涵盖教学方法,只是在教材中添加一些跨文化交际的内容并不能有效提高学生的跨文化交际能力。方法在某种意义上甚至比内容更重要"。正因为此,我们把国内学者建议的文化教学方法和国外跨文化培训方法相对照,提取符合普通高校学生水平的可行教学方法,通过专门的跨文化交际课程或运用在各门传统课程的教学中以提高学生的跨文化意识和交际能力。这些可行的方法概括如下:一方面是在课堂上,教师应引导学生阅读并教授有关文化的相关内容。比如:文学作品和社会文化热点等;用讨论和辩论的手段阅读关键事件以加强跨文化交流意识;通过角色扮演,增进学习兴趣和语言实践能力;通过影视观摩并写观后感进行讨论交流;开设专门跨文化交际课程;以文化工作坊的形式,通过小组合作查找资料,报告别国状况,在课内做 PPT 呈现。另一方面是在课外,可行的方法有讲座,利用影视幻灯教具,介绍他国史、地、宗教、哲学等人文景观；戏剧表演，体验西方文化，增强语言实践能力；有条件的情况下还可以开展文化交流活动。

四、结合跨文化教学提高翻译意识

跨文化转换能力已是翻译能力培养中必不可少的一个方面，由于翻译课堂的局限性，提高学生跨文化交际能力更多的要通过与其他课程的通力合作。如上所述的文化教学方法，绝大多数适用于其他课程设计，对于提高翻译实践中的跨文化意识，我们需要在广泛开展的文化教学基础上，再对翻译教学进行强化，增加文化翻译的分量。笔者认为改善学生的跨文化翻译能力，提高学生的翻译意识，翻译课程设计可以从 3 方面进行考虑：教学内容调整、教学方法改革和教师知识结构优化。

教学内容上突出跨文化交际翻译教学的特点，可以添加中西文化的对比讲授，包括历史、宗教、哲学、艺术、文学等意识形态和英语国家人民的生活习俗；以个案为例子介绍语言与文化的关系；在翻译方法上增加如何缩短文化距离的专题，介绍达成文化对等的方法。鉴于翻译课时有限，教师可以考虑从传统的以技巧为中心转向以文化为中心的课程设计，从而系统性地涵盖上述所有内容。

教学方法上，两节课的教学时间对翻译这样的实践性课程来说显得比较紧张，所以教师应该引导学生向课外学习拓展，而不要沿用惯常的讲练模式，在文化内容的教学上可以参考跨文化培训方法。比如可以让学生在课外组成小组，通过合作学习相应任务的文化内容，然后在课堂上以汇报的形式完成任务。教师在该专题的文化内容基础上，教授相关的翻译技巧并进行点拨和拓展，然后以翻译练习来巩固和讨论技巧的运用。以学生高度参与和内容紧密结合的特色完成每一次的授课，从而提高学习效度，养成学生跨文化意识和翻译意识。

此外教师的知识结构也需要调整。因为一直以来教师在翻译教学上也没有充分重视文化内容，而更关注翻译理论和翻译技巧，文化和翻译关系往往只是一次带过，师资队伍本身的外语文化知识也不足，所以提倡培养学生的跨文化意识，同时也是教师提升自身外语文化知识和跨文化认知能力的过程。

总之，单纯的语言能力已不能满足当今时代对外语人才的需求，跨文化交际能力的提高势在必行，要全面培养学生的翻译能力也离不开文化教学和跨文化转换意识的培养，这不仅是翻译教学的任务，也是整体外语教学的任务，我们只有在教学的各个层面渗透入跨文化教学的意识和方法，才能改观传统的教学导向，使之适应时代的需求和变化。

第四节 文化教学

建设一带一路从政治互信，经济合作与文化交流三个方面出发，其中政治互信与经济合作以文化交流为基础。而翻译是不同国家与民族之间进行文化交流的重要工具。我国经济的发展速度越来越快，对外的文化交流正逐渐深入，特别是推进"一带一路"的建设以来，英语翻译能力已然是各行各业应用型人才都应具备的重要能力。

一、中国文化翻译教学的重要性

实行改革开放政策以来，我们虽然较为注重对英语的教学，但通常优先考虑培养阅读与听说的能力，而对写作及翻译能力的培养较为忽视。传统的大学英语教学首先对词汇及语法等语言方式进行学习和理解，对于文化的教学，特别是针对使用英语介绍中国文化的教学，却逐渐被边缘化。在普通高等院校里，非英语专业并不专门开设英语翻译课程，在教材和试卷考核中在一定程度上缺少翻译学习的材料，尽管在英语课堂上有对翻译方法进行介绍和讲解，也只是单纯的为应付考试而服务。人们已经慢慢遗忘了翻译的重要使命，即对西方文化进行学习理解和对外介绍中国文化这一使命。除此以外，在进行跨文化交流和学习的过程中，同样有着与中国文化输出相比，更重视外来文化的输入的倾向，学生彼此之间甚至存在着母语文化失语症的现象。所以，现阶段，在大学英语教学的过程中必须增强对中国文化的翻译的指导。

二、中国文化与大学英语翻译

第一，语言表达以词汇为基础，学生要具有一定程度的翻译水平。在英语教学的过程中，为了更好地翻译练习，老师要指导学生进行中国文化对应的英译词汇方面的积累，进而解决在翻译过程中的遇到的词穷和词语误用等问题。一则，学生能够适当的增添带有中国特色的词汇和短语，以此扩大输入的力度。比如说一带一路在英文中可以翻译为 the Belt and Road : the Silk Road Economic and the 21st Century Maritime Silk Road。二则，学生可以把收集到的词汇进行分类总结，实现主题和表达相一致，形成半固定词块，建设中国特色主题词汇的结构，减少词语误用的情况发生，进一步加强表达的有效程度。

第二，因为在英语中缺少一些能够进行对照的实物或者概念，所以如何对有民族特色的文化进行表达翻译同样是一个难点。在大学英语的教学过程中，要合理的增添文化翻译的方法和语篇翻译的技巧训练。其中，文化翻译的方法大致涵盖了直译、意译、借译和模糊翻译等。比如说纸老虎进行直译出来就是 paper tiger；物以类聚，人以群分进行借译出来就是 Birds of a feather flock together；揠苗助长在英文中进行模糊翻译就是 Spoil things by excessive enthusiasm。然而，在进行语篇翻译时，要做的更多是比较母语和目的语之间具有的表达差异性，使用合句、分句、转换、省略、换序等翻译方法，从而提高语句表述的通顺性，逻辑性和连贯性。比如说，这天夜晚皓月当空，人们合家团圆，共赏明月，这句话在英文中就可以翻译成 On this day, under the dazzling bright moon, families reunite and enjoy the moon's beauty。这句话的原文偏重语意连贯，但是译文通过进行添加增补 on、under 和 and 等表达方位且具有连接性的虚词，更重视形式上的连接。

三、目前我国大学翻译教学中传统文化的缺失分析

从目前来看，在教育改革不断深入发展背景下，我国大学翻译教学获得了一定创新发展，提升了翻译教学质量与水平，更加顺应时代发展需求，凸显了学生在学习中的主体位置，促进了大学翻译教学的改革完善，然而也仍旧存在着缺失传统文化的现象，引起这一现象发生的原因主要有以下几方面。一是教材因素，一般来说我国高校英语翻译课程教材在内容比例上更加注重西方传统文化的讲解、中英互译的比较以及翻译理论知识与技巧讲解，没有融入充足的中华民族传统文化，教材内容对西方的感恩节、圣诞节等介绍众多，而对于中国传统的元宵佳节、春节等传统文化内容介绍少之又少，翻译教材这种不够重视母语传统文化讲解的情况严重影响了当代大学生对国家传统文化以及本土文化的了解与学习，阻碍了传统文化在高校教育的传承弘扬，导致学生很难在未来的翻译工作实践中更好地传播中华传统文化，不利于我国优质翻译人才的培养。

其次，人为因素在大学翻译教学中也是造成传统文化传播效果不佳的另一主要因素。有些大学英语教师受传统教育观念影响，盲目迎合高校人才培养目标，更加注重学生英语翻译课程的学习分数与成绩，虽然学生能够顺利通过四级、六级等英语专业考试，却没有充分了解中国传统文化，难以提升翻译水平和质量。例如，对于我国传统文化中的儒家思想翻译时，儒家思想所提倡的"仁"，很多学生会根据这个字的表面意识直接翻译成"righteousness"、"forgiveness"或者"benevolent"等，却很少深入思考那个词语可以将儒家文化精髓充分体现出来这一问题。

四、完善中国文化翻译教学的策略

（一）增加教材中的本土文化

在进行翻译练习的过程中，教材没有解释任何的翻译理论和方法，甚至都没有系统性的介绍翻译知识。除此以外，教材内容与题材大多涉及的是西方的社会文化而不是中国文化。因为在大学英语的教学过程中，学生使用英语对中国文化进行表达和翻译的机会受限于教材的既定内容，这种情况对培养学生使用英语进行文化交流时输出中国文化的能力十分不利。

综上，在大学英语课堂上所使用的教学资料，其内容应该尽可能的包括政治经济，历

史文化和社会科学等多方面，不仅要有西方的还要有中国本土的。与此同时，要对有关于中西方文化的题材的文章翻译资料进行适度增补。

（二）引进微课加强英语翻译

在实际的课堂教学中，老师能够通过有趣生动的视频进行教学，划分类别进行不一样的翻译理论和方法的展示与讲解，从而将与中国文化主题有关的案例进行分析结合，例如饮食文化，礼仪习俗和儒家思想等方面的案例，可全面性的对顺译法，拆分法和删词法等翻译技巧进行梳理，从而形成一套翻译技巧的教学视频。

不同的视频里都在一定程度上包含了文化元素以及翻译的知识点，将其整合在一起就形成了一个较为完整的翻译讲座模块。老师可以在学生完成自主学习和课前练习后，合理规划时间开展翻译活动，提供给学生一些讨论、问答和吸收消化知识的机会，让他们的网上学习和离线资源相结合。

（三）创新大学英语评价模式

英语考核试卷里，翻译这一题型占据的分值和难度都有所增加，随之大学的英语教学中其考核评价方式也要进行调整。以突出文化翻译的重要意义为目的，老师要指引学生注重学习文化知识以及翻译的能力，要把文化知识和翻译水平增加到考核评价的标准当中。

第一，在课堂教学活动中，要转变以往那种过分突出词汇和语法知识的做法，适当补充介绍民族文化的教学环节，在对课文进行讲解时，要适当地增加介绍与之相关的文化背景，指引学生对中西方文化之间的差异进行分析和对比；

第二，要组织学生开展以文化知识和翻译方法为核心的课堂实训活动，以此培养并增强学生的文化修养以及跨文化交流沟通的能力。其中学生的参与情况可作为考核评价标准的一部分；

第三，针对大学英语的期末考核要添加对文化知识与文化翻译水平的考察。

（四）设置传统文化的选修课

从文化教育方面来说，现阶段高等院校的英语类教学安排还有着很多不足的地方。有一部分英语类的选修课，在加强学生的语言能力和扩大学生的文化知识储备方面没有起到作用，不能实际的加强学生的跨文化交流沟通的能力。高等院校应该按照增强文化教育的要求，对大学英语类教学安排进行重新规划，适度增添一些以介绍中国文化和研究文化翻译为主的英语课程。例如，针对不一样年级的学生，分别开设中国文学，传统民间艺术和中国通史等选修课；还可以按照学生不同的英语水平，在一些课程上实现英汉双语教学；开设有关中国文化的课程对中国文化的基本知识进行系统性的介绍，并同时拓展使用英语对中国文化进行表达和翻译的实训活动。另一方面，老师要特别注意一点，即指引学生多参加课外阅读活动。课外阅读的输入作为积累文化知识的一大途径，在英语教学中，英语老师和相关的选修老师可以为学生规划阅读课外读物，从而指引学生阅读有关中国文化的图书。

(五)增加中国传统文化翻译实践练习

想要培养一名合格的翻译人才,离不开有效的翻译实践练习,有些教师在讲解教材知识后,只是让学生按部就班地完成教材课后练习题目,这些题目侧重于考查学生对句型结构、语法结构、词汇应用情况,无法有效训练学生的实践翻译能力,影响了学生翻译水平提升。因此,教师要结合教学内容适当增加中国传统文化翻译的实践练习,引导学生以词汇、句子为传统文化翻译依据,由浅及深、循序渐进的帮助学生在翻译传统文化过程中深入感知熟悉中华民族传统文化,实现中西文化的有效结合。

例如,教师可以在中秋节来临之际,在课堂上用中文讲解中秋节日的起源与含义等内容,让学生在课后将这些内容用英语表达出来,这种教学方式既考察了学生对传统文化相关词汇的积累与运用,也加深了学生对传统文化的感情,有助于传统文化在学生心中的生根与发展。

(六)重视传统文化内涵翻译

大学翻译教学过程中要加强对中华传统文化内涵的翻译教学,确保学生在翻译过程中可以保留原意,彰显传统文化内涵,传递传统文化思想精神。比如春节这一节日是我国传统的重要节日,在历史长河发展中逐渐形成了具有特色的传统年俗文化,人们会在过年时贴窗花、互相拜年、给压岁钱、一起包饺子吃年夜饭等,这些是中华儿女从小便耳熟能详的年俗文化,然而想要找到这些内容相对等的准确翻译方式却十分困难,一旦没有注重中西方存在的表达差异问题,将会引起翻译笑话,不仅没有准确传播我国传统文化,还容易让外国友人错误理解中国传统文化内涵,由此可见,大学英语教师在中华传统文化的实际翻译教学过程中,要灵活采取有效教学手段全面提升学生对文化内涵的翻译水平。

填充与缩略结合教学法。教师在中国传统文化翻译教学时,为了降低学生学习难度,让有关理论渗透到翻译教学中可以将填充教学法与缩略教学法合二为一,进一步简化译文,凸显中华传统文化主题内容。

音译教学法。在翻译中国传统文化有关内容过程中,想要有效避免翻译替换和篡改问题发生,就要注重文化内涵的准确翻译传达。教师可以使用音译教学法,将没有英语词汇对应的中华传统文化内容清晰鲜明的翻译出来,比如将"饺子"使用音译法翻译成"jiaozi",将中国闻名世界的"中国功夫"使用音译法翻译成"Chinese kung fu"。

意译教学法。所谓意译教学法就是指教师在传统文化翻译教学中,重视文化精神内涵,综合考虑中西方实际存在的文化差异和表达方式等因素,将传统文化精神通过英文翻译准确清晰的传递出来。只有这样,才能够实现我国传统文化在世界国际环境中的广泛传播,发挥出传统文化在国家建设中的重要价值与作用,让翻译工作水平更上一个层次。

使学生文化翻译的能力得到提高的一个重要前提就是要让学生对文化有广泛的了解和深入的理解。翻译是进行文化交流的工具,但是文化交流具有双向性,我们不仅要对目的语文化有所了解,还要对我们的民族文化有所掌握。自一带一路建设以来,对外开放的进程逐渐加深，新时代已然到来，我们要做到全面性的知晓西方文化，与此同时还要让全世界全面性的了解中国，以此促进中国文化进入世界。在大学英语的教学过程中，必须注重培养提高学生的文化翻译水平，特别是应该增强针对中国文化的翻译教学活动，以此使学生能够正确的使用英语对中国文化进行表达和翻译。

参考文献

[1] 郭艾青. 跨文化交际视角下大学英语翻译教学中的中国传统文化输入研究 [J]. 新课程研究（中旬刊），2017(03)：33-34.

[2] 简丽. 论大学英语教学中的中国传统文化翻译 [J]. 湖北函授大学学报，2017, 30(03)：167-168.

[3] 王曦, 王珊珊. 融中国传统文化于课堂，提升大学英语翻译教学 [J]. 中国校外教育，2015(20)：11-12.

[4] 叶立刚. 大学英语传统中国文化翻译教学策略分析 [J]. 读与写，2018, 15(28)：3.

[5] 倪筱燕. 大学生中国传统文化翻译能力培养 [J]. 牡丹江教育学院学报，2018(10)：59-61.

[6] 陈宏. 大学英语教育中翻译专业在"弘扬中国传统文化"中的作用 [J]. 求知导刊，2018(28)：74-74.

[7] 肖婷. 探索大学英语专业教学中融入中国传统文化 [J]. 卷宗，2018(10)：254-255.

[8] 陈博娟. 跨文化交际视域下中华传统文化融入英语翻译教学的策略 [J]. 西部素质教育，2018, 4(2)：150-151.

[9] 任小华. 英语学习与文化认同——基于非英语专业大学生的调查研究 [J]. 广西民族师范学院学报，2011(1)：129-133.

[10] 唐丽萍. 中国高等英语批判教育的哲学追问 [J]. 外语与外语教学，2008(11)：25-29.

[11] 高洁. CET-4改革背景下的大学英语翻译教学研究 [J]. 石家庄职业技术学院学报，2018(1)：68-71.

[12] 唐丽萍. 批判教育在高等英语教育中的适用性调查与思考 [J]. 当代外语研究，2012(3)：137-140.

[13] 陈道明. 隐喻与翻译—认知语言学对翻译理论研究的启示 [J]. 外语与外语教学，2002(9)：40-43.

[14] 王寅, 李弘. 语言能力、交际能力、隐喻能力"三合一"教学观—当代隐喻认知理论在外语教学中的应用 [J]. 四川外国语学院学报，2004(6)：140-143.

[15] 李满红, 陈清. 英语专业生隐喻能力与翻译水平关系探究 [J]. 湖南第一师范学院学报，2015(2)：57-60.

[16] 叶子南. 对翻译中"词性转换"的新认识 [J]. 中国翻译, 2007（6）: 52-53.

[17] 苗兴伟, 廖美珍. 隐喻的语篇功能研究 [J]. 外语学刊, 2007（6）: 51-56.

[18] 王守元, 刘振前. 隐喻与文化教学 [J]. 外语教学, 2003（1）: 48-53.

[19] 陈道明. 隐喻与翻译—认知语言学对翻译理论研究的启示 [J]. 外语与外语教学, 2002（9）: 40-43.

[20] 王寅, 李弘. 语言能力、交际能力、隐喻能力"三合一"教学观—当代隐喻认知理论在外语教学中的应用 [J]. 四川外国语学院学报, 2004（6）: 140-143.

[21] 李满红, 陈清. 英语专业生隐喻能力与翻译水平关系探究 [J]. 湖南第一师范学院学报, 2015（2）: 57-60.

[22] 叶子南. 对翻译中"词性转换"的新认识 [J]. 中国翻译, 2007（6）: 52-53.

[23] 苗兴伟, 廖美珍. 隐喻的语篇功能研究 [J]. 外语学刊, 2007（6）: 51-56.

[24] 王守元, 刘振前. 隐喻与文化教学 [J]. 外语教学, 2003（1）: 48-53.